建筑工程资料管理

（含实训）

主　编：廖礼平
副主编：黄丙利　林荣辉　林　鹏
　　　　龚　晓

东南大学出版社
·南京·

内容提要

本书根据《建设工程文件归档整理规范》(GB/T 50328—2001)和《建筑工程施工质量验收统一标准》(GB 50300—2013)等最新规范组织编写。全书紧紧围绕资料整理这个任务展开,同时结合工程实例全面阐述建筑工程资料整理的要点和注意事项。教材注重能力的培养,培养学生具备一个合格资料员的基本素质和能力。

本书共分两篇,第一篇为基本知识篇,包括六个项目单元,分别为:建筑工程资料管理的基本知识;建设单位工程资料管理;监理单位工程资料管理;施工单位工程资料管理;竣工验收及备案资料管理;工程资料的归档及移交。第二篇为实训指导篇,包括32个实训任务。

本书可以作为高等职业技术教育、高等专科教育、成人高等教育等建筑工程技术专业、工程造价专业、建筑经济管理专业、工程管理专业的教学用书,也可作为工程管理人员业务学习参考用书。

图书在版编目(CIP)数据

建筑工程资料管理:含实训 / 廖礼平主编. —南京:东南大学出版社,2014.12(2017.12 重印)
 ISBN 978-7-5641-5406-6

Ⅰ.①建… Ⅱ.①廖… Ⅲ.①建筑工程—技术档案—档案管理 Ⅳ.①G275.3

中国版本图书馆 CIP 数据核字(2014)第 303112 号

建筑工程资料管理(含实训)

出版发行:东南大学出版社
社　　址:南京市四牌楼 2 号　邮编:210096
出 版 人:江建中
责任编辑:史建农　戴坚敏
网　　址:http://www.seupress.com
电子邮箱:press@seupress.com
经　　销:全国各地新华书店
印　　刷:常州市武进第三印刷有限公司
开　　本:787mm×1092mm　1/16
印　　张:23.25
字　　数:595 千字
版　　次:2014 年 12 月第 1 版
印　　次:2017 年 12 月第 2 次印刷
书　　号:ISBN 978-7-5641-5406-6
印　　数:3001—4000 册
定　　价:59.00 元

本社图书若有印装质量问题,请直接与营销部联系。电话:025 - 83791830

前　言

随着工程建设的飞速发展,工程资料管理工作已成为工程建设过程中不可缺少的一项关键工作。高素质、懂专业的建筑工程资料管理人员已成为建筑市场中建设单位、监理单位、施工单位等急需的人才,是建设单位、监理单位和建筑施工单位项目一线的技术骨干。建立一支高素质的建筑工程资料管理人员队伍,对推动建筑技术与管理的进步,促进建设工程领域的健康发展,将起到极其重要的作用。

本书根据《建设工程文件归档整理规范》(GB/T 50328—2001)和《建筑工程施工质量验收统一标准》(GB 50300—2013)等最新规范组织编写。全书紧紧围绕资料整理这个任务展开,同时结合工程实例全面阐述建筑工程资料整理的要点和注意事项。教材注重能力的培养,培养学生具备一个合格资料员的基本素质和能力。

本教材本着"够用、实用"的原则,在内容取舍上突出了以下特点:

1. 实用性。建筑工程资料管理是一门应用性很强的学科,本书从这一目标出发,在内容和实例分析方面,注重与工程实际相结合,以提高学生的工程实际应用能力为主线,重视培养学生的工程能力素质和动手能力。书中列举的具有工程背景的实例,力求体现我国在工程项目建设中的现实做法,具有较强的实用性、可读性和可操作性。同时,从教学考虑,教师可根据学时多少和培养目标要求取舍相关内容。

2. 系统性。本教材弥补了建筑类专业系列教材中各教材之间内容重复多、知识陈旧、不便教学的缺陷。本书内容顺序合理,思路清晰,概念准确,章节结构紧凑,重点突出,信息量大,配套性好,前后呼应,融为一个完整的知识体系。

3. 动态性。当前的工程建设项目资料管理是投资者从决策开始到项目建成后运营的全过程的动态管理,本书力求为学生提供一种动态的工程建设资料管理理念。

本书可以作为高等职业技术教育、高等专科教育、成人高等教育等建筑工程技术专业、工程造价专业、建筑经济管理专业、工程管理专业的教学用书,也可以作为工程管理人员业务学习参考用书。

  本书由廖礼平担任主编,由黄丙利、林荣辉和龚晓、林鹏担任副主编,同时,郭杨、张亮以及丁杰参与了本书的编写工作。其中,基本知识篇第1、4章由廖礼平编写,第2章由林荣辉编写,第3章由龚晓编写,第5章由张亮、黄丙利编写,第6章由郭杨、丁杰编写;实训指导篇由廖礼平、黄丙利、林鹏编写。本书由廖礼平编写大纲,并对全书进行系统设计、修改和统稿。在本书的编写过程中参阅了大量的文献和资料,同时得到了东南大学出版社的大力支持,在此对他们表示衷心的感谢。

  由于编者的水平有限,书中难免存在不足和疏漏之处,恳请读者批评、指正。

编 者
2014 年 9 月

目 录

第一篇 基本知识篇

1 建筑工程资料管理的基本知识 ······ 1
  1.1 建筑工程资料管理的主要内容 ······ 1
  1.2 工程资料的管理职责 ······ 5
  1.3 资料员的基本要求和工作职责 ······ 7
  1.4 建筑工程资料的形成过程 ······ 9
  1.5 建筑工程资料管理规范内容简介及意义 ······ 31
2 建设单位工程资料管理 ······ 34
  2.1 建设单位工程资料的内容 ······ 34
  2.2 建设单位工程资料管理基本要求 ······ 60
  2.3 建设单位工程资料形成流程 ······ 62
3 监理单位工程资料管理 ······ 64
  3.1 监理管理资料 ······ 64
  3.2 进度控制资料 ······ 76
  3.3 质量控制资料 ······ 82
  3.4 造价控制资料 ······ 98
  3.5 分包资质资料 ······ 102
  3.6 合同管理资料 ······ 105
  3.7 监理工作总结 ······ 115
4 施工单位工程资料管理 ······ 117
  4.1 施工技术资料收集、整理工作职责 ······ 117
  4.2 施工资料的内容、管理规定和管理流程 ······ 119
  4.3 施工单位文件材料 ······ 147
  4.4 工程质量控制资料的内容 ······ 204
  4.5 工程质量控制资料填写及整理要求 ······ 212
  4.6 工程质量验收资料的整理 ······ 243
5 竣工验收及备案资料管理 ······ 253
  5.1 建设工程项目竣工档案管理 ······ 253
  5.2 建设工程项目竣工档案验收与备案报送 ······ 255
  5.3 建设工程项目竣工档案编制规范及要求 ······ 258

5.4 建设工程项目竣工图编制要求 ·265
6 工程资料的归档及移交 ·268
6.1 工程文件的归档 ·268
6.2 工程文件的验收与移交 ·283

第二篇 实训指导篇

1 填写施工监理日志 ·288
2 编制监理工程师通知单 ·290
3 图纸会审记录 ·292
4 施工技术交底记录 ·294
5 编写单位工程开工报告 ·296
6 填写工程开工/复工报审表 ·298
7 施工组织设计审批 ·300
8 填写施工现场质量管理检查记录 ·302
9 编制混凝土浇灌令 ·304
10 填写隐蔽工程验收资料 ·307
11 填写施工日志 ·310
12 填写工程联系函 ·312
13 建筑测量放线定位工作报验 ·314
14 建筑物沉降、变形观测测量记录 ·316
15 工程物资进场报告 ·319
16 见证取样送检 ·322
17 实验报告汇总 ·324
18 填写施工技术核定单 ·327
19 填写工程经济签证单 ·329
20 编制质量事故报告 ·332
21 填写安全检查、考核资料 ·334
22 填写土方开挖工程检验批质量验收记录表 ·337
23 填写建筑安装材料、设备及配件产品进场验收记录 ·339
24 填写模板安装工程检验批质量验收记录表 ·341
25 编制钢筋加工、钢筋安装工程检验批质量验收资料 ·345
26 填写混凝土原材料及配合比设计检验批质量验收记录 ·349
27 填写检验批质量验收记录 ·351
28 填写分项工程质量验收记录 ·355
29 填写分部（子分部）工程验收记录 ·357
30 编制监理工程师通知回复单 ·359
31 填写单位工程观感质量检查记录 ·361
32 填写单位工程质量竣工验收记录 ·363

参考文献 ·365

第一篇 基本知识篇

1 建筑工程资料管理的基本知识

知识点

(1) 掌握工程资料的概念、分类。
(2) 掌握工程资料的管理职责。
(3) 掌握资料员的基本要求和工作职责。
(4) 掌握建筑工程资料的填写、编制、审核及审批要求。
(5) 掌握建筑工程资料的质量要求。
(6) 掌握建筑工程资料的验收、移交与归档。

基本要求

学生通过本单元的学习,达到以下基本要求:
(1) 理解建筑工程技术资料管理的概念;熟悉建设工程文件和档案资料管理的意义与职责。
(2) 培养学生对于工程资料的归档范围与质量要求的掌握能力。
(3) 培养学生严谨认真的责任感和工作作风以及实事求是的职业道德和团队协作的精神。

1.1 建筑工程资料管理的主要内容

1.1.1 工程资料基本概念

1) 工程资料(engineering document)

建筑工程在建设过程中形成的各种形式信息记录的统称,简称工程资料。包括工程准备阶段文件、监理资料、施工资料、竣工图和工程竣工文件。

2) 工程准备阶段文件(engineering preparatory stage document)

建筑工程开工前,在立项、审批、征地、拆迁、勘察、设计、招投标等工程准备阶段形成的文件。

3) 监理资料(supervision document)

建筑工程在工程建设监理过程中形成的资料。

4) 施工资料(construction document)

建筑工程在工程施工过程中形成的资料。

5) 竣工图(as-built drawings)

建筑工程在竣工验收后,反映建筑工程施工结果的图纸。

6) 工程竣工文件(engineering completion document)

建筑工程在竣工验收、备案和移交等活动中形成的文件。

【说明】 建设工程档案(project archive)是指在工程建设活动中直接形成的具有归档保存价值的文字、图表、声像等各种形式的历史记录,也可简称为工程档案。

建设工程档案资料是指规划文件资料、建设文件资料、施工技术资料、竣工图与竣工测量资料、竣工验收资料、声像资料等。

资料是一个相对性、动态性极强的概念,外延极宽。只要对人们研究、解决某一问题有信息支持价值,无论其具体是什么,均可视为资料。

档案是保存备查的历史文件。档案是由文件(或叫文书)转化而来的。广义的"文件"不仅指常规的机关文书,也包括技术文件、各种手稿等工作中直接使用的材料。

1.1.2 工程资料的分类

(1) 工程资料可分为工程准备阶段文件、监理资料、施工资料、竣工图和工程竣工文件5类。

(2) 工程准备阶段文件可分为决策立项文件、建设用地文件、勘察设计文件、招投标及合同文件、开工文件、商务文件6类。

(3) 监理资料可分为监理管理资料、进度控制资料、质量控制资料、造价控制资料、合同管理资料和竣工验收资料6类。

(4) 施工资料可分为施工管理资料、施工技术资料、施工进度及造价资料、施工物资资料、施工记录、施工试验记录及检测报告、施工质量验收记录、竣工验收资料8类。

(5) 工程竣工文件可分为竣工验收文件、竣工决算文件、竣工交档文件、竣工总结文件4类。

【说明】 建设工程文件和档案资料的载体

档案的记载手段是多种多样的,除了纸质材料之外,还存在大量其他形式的载体,包括磁性材料、感光材料和其他合成材料等。建设工程文件和档案资料的特殊载体档案包括声像档案、缩微档案和电子档案。

建设工程声像档案是竣工档案不可缺少的重要组成部分,是反映建设工程现场原地物、地貌和工程施工主要过程及建成后的建（构）筑物的照片和录音、录像档案。

录音、录像档案，是指用专门的器械和材料，采用录音、录像的方法，记录声音和图像的一种特殊载体的档案，分为机械录音档案（唱片档案）、磁带录音档案和磁带录像档案等。

照片档案是指采用感光材料，利用摄影的方法记录形象的历史记录。

电子档案，是指利用计算机技术形成的，以代码形式存储于特定介质上的档案，如磁盘、磁带、光盘等。

1.1.3　建筑工程资料的填写、编制、审核及审批要求

（1）工程准备阶段文件和工程竣工文件的填写、编制、审核及审批应符合国家现行有关标准的规定。

（2）监理资料的填写、编制、审核及审批应符合现行国家标准《建设工程监理规范》（GB 50319—2013）的有关规定。监理资料用表宜符合本规范附录 B 的规定；附录 B 未规定的，可自行确定。

（3）施工资料的填写、编制、审核及审批应符合国家现行有关标准的规定。施工资料用表宜符合《建筑工程资料管理规程》附录 C 的规定；附录 C 未规定的，可自行确定。

【说明】《建筑工程资料管理规程》（JGJ/T 185—2009）

住房和城乡建设部于 2009 年 10 月 30 日，以第 419 号公告正式发布《建筑工程资料管理规程》为行业标准，编号为 JGJ/T 185—2009，自 2010 年 7 月 1 日起实施。该规程实施后将成为规范建筑工程资料管理的重要依据。

附录 A、B、C、D、E 及本规程用词说明、引用标准名录及条文说明。

规范中的附录分别是：附录 A 工程资料形成、类别、来源、保存及代号索引；附录 B 监理资料用表；附录 C 施工资料用表；附录 D 竣工图绘制；附录 E 竣工图图纸折叠方法。

1.1.4　工程资料编号

（1）工程准备阶段文件、工程竣工文件宜按照《建筑工程资料管理规程》附录 A 表 A2.1（见表 1-1）中规定的类别和形成时间顺序编号。

（2）监理资料宜按《建筑工程资料管理规程》附录 A 表 A.2.1 中规定的类别和形成时间顺序编号。

（3）施工资料编号宜符合下列规定。

① 施工资料编号可由分部、子分部、分类、顺序号 4 组代号组成，组与组之间应用横线隔开，如下所示：

$$\underset{A}{\times\times}-\underset{B}{\times\times}-\underset{C}{\times\times}-\underset{D}{\times\times\times}$$

A 为分部工程代号，可按《建筑工程资料管理规程》附录 A.3.1 的规定执行。

B 为子分部工程代号，可按《建筑工程资料管理规程》附录 A.3.1 的规定执行。

C 为资料的类别编号，可按《建筑工程资料管理规程》附录 A.2.1 的规定执行。

D 为顺序号，可根据相同表格、相同检查项目，按形成时间顺序填写。

② 属于单位工程整体管理内容的资料,编号中的分部、子分部工程代号可用"00"代替。

③ 同一厂家、同一品种、同一批次的施工物资用在两个分部、子分部工程中时,资料编号中的分部、子分部工程代号可按主要使用部位填写。

(4) 竣工图可按《建筑工程资料管理规程》附录 A 表 A.2.1(见表 1-1)中规定的类别和形成时间顺序编号。

(5) 工程资料的编号应及时填写,专用表格的编号应填写在表格右上角的编号栏中;非专用表格应在资料右上角的适当位置注明资料编号。

【说明】 建设项目分为建设项目、单项工程、单位工程、分部工程、分项工程 5 个层次。

1.1.5 建筑工程资料的质量要求

(1) 工程资料应与建筑工程建设过程同步形成,反映建筑工程的建设情况和实体质量。

(2) 工程资料的管理应符合下列规定:①工程资料管理应制度健全、岗位责任明确,并应纳入工程建设的各个环节和各级相关人员的职责范围;②工程资料的套数、费用、移交时间应在合同中明确;③工程资料的收集、整理、组卷、移交及归档应及时。

(3) 工程资料的形成应符合下列规定:①工程资料形成单位应对资料内容的真实性、完整性、有效性负责,由多方形成的资料,应由各方各负其责;②工程资料的填写、编制、审核、审批、签认应及时,其内容应符合相关规定;③工程资料不得随意修改,当需修改时,应实行划改,并由划改人签署;④工程资料的文字、图表、印章应清晰。

(4) 工程资料应为原件;当为复印件时,提供单位应在复印件上加盖单位印章,并应有经办人签字及日期。提供单位应对资料的真实性负责。

(5) 工程资料应内容完整、结论明确、签认手续齐全。

(6) 工程资料宜按本规程附录 A 图 A.1.1(见图 1-2)中主要步骤形成。

(7) 工程资料宜采用信息化技术进行辅助管理。

【说明】 图纸折叠应符合下列规定(如图 1-1):①折叠时图面应折向内侧成手风琴风箱式;②折叠后幅面尺寸应以 4# 图为标准;③图签及竣工图章应露在外面;④3#~0# 图纸应在装订边 297 mm 处。

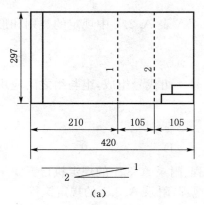 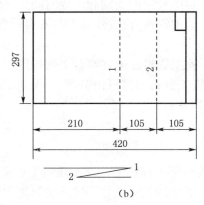

图 1-1 3# 图纸折叠示意图

1.1.6　对工程资料的收集、整理与组卷的规定

1）工程资料的收集、整理与组卷应符合的规定

（1）工程准备阶段文件和工程竣工文件应由建设单位负责收集、整理与组卷。

（2）监理资料应由监理单位负责收集、整理与组卷。

（3）施工资料应由施工单位负责收集、整理与组卷。

（4）竣工图应由建设单位负责组织，也可委托其他单位。

2）工程资料组卷应符合的规定

（1）工程资料组卷应遵循自然形成规律，保持卷内文件、资料内在联系。工程资料可根据数量多少组成一卷或多卷。

（2）工程准备阶段文件和工程竣工文件可按建设项目或单位工程进行组卷。

（3）监理资料应按单位工程进行组卷。

（4）施工资料应按单位工程组卷，并应符合下列规定：①专业承包工程形成的施工资料应由专业承包单位负责，并应单独组卷；②电梯应按不同型号每台电梯单独组卷；③室外工程应按室外建筑环境、室外安装工程单独组卷；④当施工资料中部分内容不能按一个单位工程分类组卷时，可按建设项目组卷；⑤施工资料目录应与其对应的施工资料一起组卷。

（5）竣工图应按专业分类组卷。

（6）工程资料组卷内容宜符合《建筑工程资料管理规程》附录A中表A.2.1的规定。

（7）工程资料组卷应编制封面、卷内目录及备考表，其格式及填写要求可按现行国家标准《建设工程文件归档整理规范》（GB/T 50328—2001）的有关规定执行。

【说明】　立卷的方法为：工程文件可按建设程序划分为工程准备各阶段文件、监理文件、施工文件、竣工图、工程竣工文件五部分。工程准备阶段文件可按建设程序、专业、形成单位等组卷；监理文件可按单位工程、分部工程、专业、阶段等组卷；施工文件可按单位工程、分部工程、专业、阶段等组卷；竣工图可按单位工程、专业等组卷；工程竣工文件可按单位工程、专业等组卷。

立卷过程中宜遵循以下要求：案卷不宜过厚，一般不超过40 mm。案卷内不应有重份文件；不同载体的文件一般应分别组卷。

1.2　工程资料的管理职责

根据国家规定，参加工程的建设、勘察、设计、监理和施工等单位均负有工程资料管理的责任，这些管理职责对参与建设的各方来说，有些是相同的、一致的，将这些参建各方所共有的职责称为通用原则，有些是参与建设的某一方所特有的职责。参建各方应当认真履行通用职责和各自特有的职责。

1.2.1 通用职责

通用职责也称基本原则，主要有以下 5 条：

（1）工程资料的形成应符合国家相关的法律、法规、技术规范、质量验收标准、工程合同和设计文件等的规定。

（2）工程各参建单位应将工程资料的形成和积累纳入工程建设管理的各个环节和全过程中。建设、监理、施工单位应各自组织本单位工程资料的整体管理工作，并应明确相关人员的职责。

（3）工程资料应随工程进度同步收集、整理并按规定进行移交。资料组卷与资料份数应符合规定。

（4）工程资料应实行分级管理，由建设、监理、施工单位主管（技术）负责人组织本单位工程资料的全过程管理工作。建设过程中工程资料的收集、整理和审核工作应有专人负责，并按规定取得相应的岗位资格。

（5）工程各参建单位应确保各自所形成的资料真实、有效、完整和齐全。对工程资料进行涂改、伪造、随意抽撤或毁损、丢失等，应按有关规定对相关责任人予以处罚，情节严重的，应依法追究法律责任。

【说明】 重要工程资料应保持其页码、内容的连续性，不准随意撕扯、抽撤或更换。资料的原始记录均应为真实的原始现场记录，不准再次抄录。当工程资料中有需要修改的内容时，应采取"杠改"的方式修改。"杠改"的部分要清晰可辨，并注明更改原因，在修改位置旁由修改人本人签名承担责任。

1.2.2 各单位职责

1）建设单位职责

（1）应负责工程准备及验收阶段资料的管理工作，并设专人对这些资料和工程档案的编制责任、套数、费用、质量和移交期限等提出明确要求。

（2）必须向参与工程建设的勘察、设计、施工、监理单位提供与建设过程有关的资料。

（3）由建设单位采购的建筑材料、构配件和设备，建设单位应保证建筑材料、构配件和设备符合设计文件和合同要求，并保证相关物资文件的完整、真实和有效。

（4）应负责监督和检查各参建单位工程资料的形成、积累和立卷工作，也可委托监理单位检查工程资料的形成、积累和立卷工作。

（5）对需由建设单位签认的工程资料应签署意见。

（6）应收集和汇总勘察、设计、监理和施工等单位立卷归档的工程档案。

（7）应负责组织竣工图的绘制工作，也可委托施工单位、监理单位或设计单位进行。

（8）列入城建档案馆接收范围的工程档案，建设单位应在组织工程竣工验收前，提请城建档案馆对工程档案进行预验收，未取得《建设工程竣工档案预验收意见》的不得组织工程竣工验收。

（9）建设单位应在工程竣工验收后 3 个月内将工程档案移交城建档案馆。

2）勘察、设计单位职责

（1）应按合同和规定要求提供勘察、设计文件，包括工程洽商和变更。

（2）对需要勘察、设计单位签认的工程资料，应及时签署意见。

（3）应按照有关规定对工程竣工验收出具工程质量检测报告。

3）监理单位职责

（1）应负责监理资料的管理工作，并设专人对监理资料进行收集、整理和归档。

（2）应按照合同约定，在勘察、设计阶段，对勘察、设计文件的形成、累积、组卷和归档进行监督、检查；在施工阶段，应对施工资料的形成、积累、组卷和归档进行监督、检查，使施工资料的完整性、准确性符合有关规定。

（3）对需由监理单位出具或签认的工程资料，应及时进行签署。

（4）列入城建档案馆接收范围的监理资料，监理单位应在工程竣工验收后2个月内移交建设单位。

4）施工单位职责

（1）应负责施工资料的管理工作，实行技术负责人负责制，逐渐建立、健全施工资料管理岗位责任制。

（2）应负责汇总各分包单位编制的施工资料，分包单位应负责其分包范围内施工资料的收集和整理，并对施工资料的真实性、完整性和有效性负责。

（3）应在工程竣工验收前，完成工程施工资料的整理、汇总。

（4）应负责编制施工资料，一般不少于2套，一套自行保存，一套移交建设单位。

5）城建档案馆职责

城建档案馆是长期保存工程资料的专业机构。它不属于参与工程建设的一方主体，但是担负对工程资料重要的管理职责，具体如下：

（1）应负责接收、收集、保管和利用城建档案的日常管理工作。

（2）应负责对城建档案的编制、整理、归档工作进行监督、检查、指导，对国家重点、大型工程项目的工程档案编制、整理、归档工作应指派专业人员进行指导。

（3）在工程竣工验收前，应对列入城建档案馆接收范围的工程档案进行预验收，并出具《建设工程竣工档案预验收意见》。

1.3 资料员的基本要求和工作职责

1.3.1 资料员的基本要求

要当好资料员，除了本身有认真、负责的工作态度外，还必须了解建设工程项目的工程概况，熟悉本工程的施工图、施工基础知识、施工技术规范、施工质量验收规范、建筑材料的技术性能、质量要求及使用方法，有关政策、法规和地方性法规、条文等；还要了解施工管理的全过程,了解每项资料是在什么时候产生的。

【说明】 资料员是施工企业八大员(施工员、质检员、预算员、安全员、材料员、资料员、劳务员、机械员)之一。一项建设工程的质量具体反映在建筑物的实体质量上,即所谓硬件;另外,还反映在该项工程技术资料的质量上,即所谓软件。工程资料的形成主要是靠资料员的收集、整理、编制,因此,资料员在施工过程中担负着十分重要的责任。

1.3.2 资料员的工作职责

1) 熟悉掌握档案资料工作的有关业务知识

(1) 熟悉国家、地区、上级单位有关档案、资料管理的法规、条例、规定等。
(2) 资料的收集、整理、归档。
(3) 报送建设单位归档资料。
(4) 施工单位归档资料。
(5) 报送城建档案馆归档资料。

2) 资料收集过程中应遵守的三项原则

(1) 参与的原则。工程资料管理必须纳入项目管理的程序中,资料员应参加生产协调会、项目管理人员工作会等,及时掌握施工管理信息,便于对资料的管理监控。
(2) 同步的原则。工程资料的收集必须与实际施工进度同步。
(3) 否定的原则。对分包单位必须提供的施工技术资料应严格把关,对所提供的资料不符合规定要求的不予结算工程款。

3) 资料的保管

(1) 分类整理。按质量验收记录、工程质量控制资料核查记录、施工技术管理资料、工程安全和功能检查资料核查及主要功能抽查记录等划分,同类资料按产生时间的先后排序。
(2) 固定存放。根据实际条件,配备必要的存放资料的箱柜存放资料,并注意防火、防蛀、防霉。
(3) 借阅有手续。资料的借阅必须建立一定的借阅制度,并按制度办理借阅手续。
(4) 按规定移交、归档。项目通过竣工验收后,按时移交给公司、建设单位和城建档案部门。

1.3.3 资料员的工作内容

资料员的工作内容按不同阶段划分,可分为施工前期阶段、施工阶段、竣工验收阶段。

1) 施工前期阶段

(1) 熟悉建设项目的有关资料和施工图。
(2) 协助编制施工组织设计(施工技术阶段),并填写施工组织设计(技术方案)报审表,提交现场监理机构审批。
(3) 报开工报告,填写工程开工报审表和开工通知单。

（4）协助编制各工种的技术交底材料。
（5）协助制定各种规章制度。

2）施工阶段

（1）及时收集整理进厂的材料、构配件、成品、半成品和设备的质量保证资料（出厂质量证明书、生产许可证、准用证、交易证），填报工程材料、构配件、设备报审表，由监理工程师审批。

（2）与施工进度同步，做好隐蔽工程验收记录及检验批质量验收记录的报审工作。

（3）阶段性地协助整理施工日记。

3）竣工验收阶段

（1）工程竣工资料的组卷

① 单位（子单位）工程质量验收资料。

② 单位（子单位）工程质量控制资料核查记录。

③ 单位（子单位）工程安全与功能检验资料核查及主要功能抽查资料。

④ 单位（子单位）工程技术施工管理资料。

（2）归档资料（提交城建档案馆）

① 施工技术准备文件，包括图纸会审记录、控制网设置资料、工程定位测量资料、基槽开挖线测量资料。

② 工程图纸变更记录，包括图纸会审记录、设计变更记录、工程洽谈记录等。

③ 地基处理记录，包括地基钎探记录和钎探平面布置点、验槽记录和地基处理记录、桩基施工记录、试桩记录等。

④ 施工材料预制构件质量证明文件及复试试验报告。

⑤ 施工试验记录，包括土壤试验记录、砂浆和混凝土抗压强度试验报告、商品混凝土出厂合格证和复试报告、钢筋接头焊接报告等。

⑥ 施工记录，包括工程定位测量、沉降观测、现场施工预应力、工程竣工测量、新型建筑材料、施工新技术记录等。

⑦ 隐蔽工程检查记录，包括基础与主体结构钢筋工程、钢结构工程、防水工程、高程测量记录等。

⑧ 工程质量事故处理记录。

1.4 建筑工程资料的形成过程

1.4.1 工程资料管理的形成

1）建筑工程资料管理（engineering document management）

建筑工程资料的填写、编制、审核、审批、收集、整理、组卷、移交及归档等工作的统称，简称建筑工程资料管理。如《建筑工程资料管理规程》附录 A 中图 A.1.1 所示（见图 1-2）。

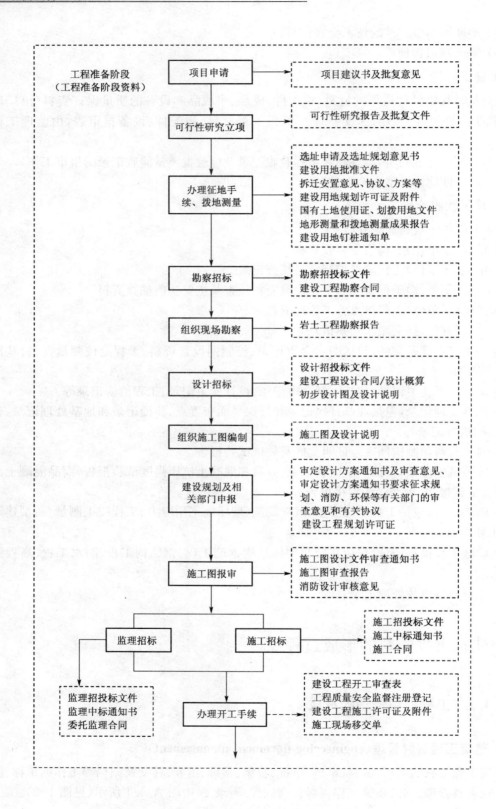

1 建筑工程资料管理的基本知识

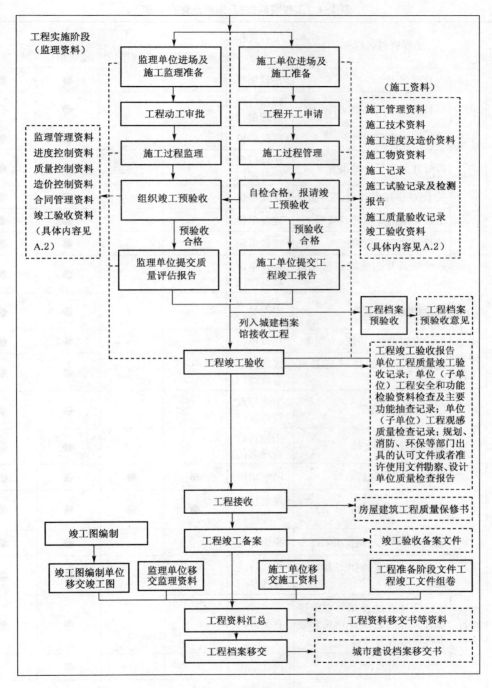

图1-2 工程资料形成

2）工程资料管理的类别、来源、保存

参看《建筑工程资料管理规程》附录 A 中表 A.2.1 工程资料类别、来源及保存要求（见表1-1）。

表 1-1　工程资料类别、来源及保存要求

工程资料类别	工程资料名称		工程资料来源	工程资料保存			
				施工单位	监理单位	建设单位	城建档案馆
A1类	决策立项文件	项目建议书	建设单位			●	●
		项目建议书的批复文件	建设行政管理部门			●	●
		可行性报告及附件	建设单位			●	●
		可行性研究报告的批复文件	建设行政管理部门			●	●
		关于立项的会议纪要、领导批示	建设单位			●	●
		工程立项的专家建议资料	建设单位			●	●
		项目评估研究资料	建设单位			●	●
A2类	建设用地文件	选址申请及选址规划意见通知书	建设单位规划部门			●	●
		建设用地批准文件	土地行政管理部门			●	●
		拆迁安置意见、协议、方案等	建设单位			●	●
		建设用地规划许可证及其附件	规划行政管理部门			●	●
		国有土地使用证	土地行政管理部门			●	●
		划拨建设用地文件	土地行政管理部门			●	●
A3类	勘察设计文件	岩土工程勘察报告	勘察单位	●	●	●	●
		建设用地钉桩通知单(书)	规划行政管理部门	●	●	●	●
		地形测量和拨地测量成果报告	测绘单位			●	●
		审定设计方案通知书及审查意见	规划行政管理部门			●	●
		审定设计方案通知书要求征求有关部门的审查意见和要求取得的有关协议	有关部门			●	●
		初步设计图及设计说明	设计单位			●	
		消防设计审核意见	公安机关消防机构	○	○	●	●
		施工设计文件审查通知书及审查报告	施工图审查机构	○	○	●	●
		施工图及设计说明	设计单位	○	○	●	

续表 1-1

工程资料类别		工程资料名称	工程资料来源	工程资料保存			
				施工单位	监理单位	建设单位	城建档案馆
A4类	招投标及合同文件	勘察招投标文件	建设单位 勘察单位			●	
		勘察合同*	建设单位 勘察单位			●	●
		设计招投标文件	建设单位 设计单位			●	
		设计合同*	建设单位 设计单位			●	●
		监理招投标文件	建设单位 监理单位		●	●	
		委托监理合同*	建设单位 监理单位		●	●	●
		施工招投标文件	建设单位 施工单位	●	○	●	
		施工合同*	建设单位 监理单位	●	○	●	●
A5类	开工文件	建设项目列入年度计划的申报文件	建设单位			●	●
		建设项目列入年度计划的批复文件或年度计划项目表	建设行政管理部门			●	●
		规划审批申报表及报送的文件和图纸	建设单位 设计单位			●	
		建设工程规划许可证及其附件	规划部门			●	●
		建设工程施工许可证及其附件	建设行政管理部门	●	●	●	●
		工程质量安全监督注册登记	质量监督机构	○	○	●	●
		工程开工前的原貌影像资料	建设单位	●	●	●	
		施工现场移交单	建设单位	○	○	○	
A6类	商务文件	工程投资估算资料	建设单位			●	
		工程设计概算资料	建设单位			●	
		工程施工图预算资料	建设单位			●	

续表 1-1

工程资料类别		工程资料名称	工程资料来源	工程资料保存			
				施工单位	监理单位	建设单位	城建档案馆
A类其他资料							
B类		监理资料					
B1类	监理管理资料	监理规划	监理单位		●	●	●
		监理实施细则	监理单位	○	●	●	●
		监理月报	监理单位		●	●	
		监理会议纪要	监理单位	○	●	●	
		监理工作日志	监理单位		●		
		监理工作总结	监理单位		●	●	●
		工作联系单(表B.1.1)	监理单位 施工单位	○	○		
		监理工程师通知(表B.1.2)	监理单位	○	○		
		监理工程师通知回复单*(表C.1.7)	施工单位				
		工程暂停令(表B.1.3)	监理单位	○	○	○	●
		工程复工报审表*(表C.3.2)	施工单位	●	●	●	●
B2类	进度控制资料	工程开工报审表*(表C.3.1)	施工单位	●	●	●	●
		施工进度计划报审表*(表C.3.3)	施工单位	○	○		
B3类	质量控制资料	质量事故报告及处理资料	施工单位	●	●	●	●
		旁站监理记录*(表B.3.1)	监理单位	○	●	●	
		见证取样和送检见证人员备案表(表B.3.2)	监理单位 或 建设单位	●	●	●	
		见证记录*(表B.3.3)	监理单位	●	●	●	
		工程技术文件报审表*(表C.2.1)	施工单位	○	○		
B4类	造价控制资料	工程款支付申请表(表C.3.6)	施工单位	○	○	●	
		工程款支付证书(表B.4.1)	监理单位			●	
		工程变更费用报审表*	施工单位	○	○	●	
		费用索赔申请表	施工单位	○	○	●	
		费用索赔审批表(表B.4.2)	监理单位	○		●	
B5类	合同管理资料	委托监理合同*	监理单位		●	●	●
		工程延期申请表(表C.3.5)	施工单位	●	●	●	
		工程延期审批表(表B.5.1)	监理单位	●	●	●	●
		分包单位资质报审表*(表C.1.3)	施工单位	●	●	●	

续表 1-1

工程资料类别		工程资料名称	工程资料来源	工程资料保存			
				施工单位	监理单位	建设单位	城建档案馆
B6类	竣工验收资料	单位(子单位)工程竣工预验收报验表*	施工单位	●	●	●	
		单位(子单位)工程质量竣工验收记录**	施工单位	●	●	●	●
		单位(子单位)工程质量控制资料核查记录*	施工单位	●	●	●	●
		单位(子单位)工程安全和功能检验资料核查及主要功能抽查记录*	施工单位	●	●	●	●
		单位(子单位)工程观感质量检查记录*	施工单位	●	●	●	●
		工程质量评估报告	监理单位	●	●	●	●
		监理费用决算资料	监理单位		○	●	
		监理资料移交书	监理单位		●	●	
B类其他资料							
C类		施工资料					
C1类	施工管理资料	工程概况表(表C.1.1)	施工单位	●	●	●	●
		施工现场质量管理检查记录*(表C.1.2)	施工单位	○	○		
		企业资质证书及相关专业人员岗位证书	施工单位	●	○		
		分包单位资质报审表*(表C.1.3)	施工单位	●	●	●	
		建设工程质量事故调查、勘查记录(表C.1.4)	调查单位	●	●	●	●
		建设工程质量事故报告书	调查单位	●	●	●	●
		施工检测计划	施工单位	○	○		
		见证记录*	监理单位	●	●	●	
		见证试验检测汇总表(表C.1.5)	施工单位	●	●	●	
		施工日志(表C.1.6)	施工单位	●			
		监理工程师通知回复单*(表C.1.7)	施工单位	○	○		
C2类	施工技术资料	工程技术文件报审表*(表C.2.1)	施工单位	○	○		
		施工组织设计及施工方案	施工单位	○	○		
		危险性较大分部分项工程施工方案专家论证表(表C.2.2)	施工单位	○	○		

续表 1-1

工程资料类别		工程资料名称	工程资料来源	工程资料保存			
				施工单位	监理单位	建设单位	城建档案馆
C2类	施工技术资料	技术交底记录(表C.2.3)	施工单位	○			
		图纸会审记录**(表C.2.4)	施工单位	●	●	●	●
		设计变更通知单**(表C.2.5)	设计单位	●	●	●	●
		工程洽商记录(技术核定单)**(表C.2.6)	施工单位	●	●	●	●
C3类	进度造价资料	工程开工报审表*(表C.3.1)	施工单位	●	●	●	●
		工程复工报审表*(表C.3.2)	施工单位	●	●	●	●
		施工进度计划报审表*(C.3.3)	施工单位	○	○		
		施工进度计划	施工单位	○	○		
		人、机、料动态表(表C.3.4)	施工单位	○	○		
		工程延期申请表(表C.3.5)	施工单位	●	●	●	●
		工程款支付申请表(表C.3.6)	施工单位	○	○	●	
		工程变更费用报审表(表C.3.7)	施工单位	○	○	●	
		费用索赔申请表(表C.3.8)	施工单位	○	○	●	
C4类	施工物资资料	出厂质量证明文件及检测报告					
		砂、石、砖、水泥、钢筋、隔热保温、防腐材料、轻集料出厂质量证明文件	施工单位	●	●	●	●
		其他物资出厂合格证、质量保证书、检测报告和报关单或商检证等	施工单位	●	○	○	
		材料、设备的相关检验报告,型式检测报告,3C强制认证合格证书或3C标志	采购单位	●	○	○	
		主要设备、器具的安装使用说明书	采购单位	●	○	○	
		进口的主要材料设备的商检证明文件	采购单位	●	○	●	●
		涉及消防、安全、卫生、环保、节能的材料、设备的检测报告或法定机构出具的有效证明文件	采购单位	●	●	●	
		进场检验通用表格					
		材料、构配件进场检验记录(表C.4.1)	施工单位	○	○		
		设备开箱检验记录(表C.4.2)	施工单位	○	○		

续表1-1

工程资料类别		工程资料名称	工程资料来源	工程资料保存			
				施工单位	监理单位	建设单位	城建档案馆
C4类	施工物资资料	设备及管道附件试验记录(表C.4.3)	施工单位	●	○	●	
		进场复试报告					
		钢材试验报告	检测单位	●	●	●	●
		水泥试验报告	检测单位	●	●	●	●
		砂试验报告	检测单位	●	●	●	●
		碎(卵)石试验报告	检测单位	●	●	●	●
		外加剂试验报告	检测单位	●	●	○	
		防水涂料试验报告	检测单位	●	○	●	
		防水卷材试验报告	检测单位	●	○	●	
		砖(砌块)试验报告	检测单位	●	●	●	●
		预应力筋复试报告	检测单位	●	●	●	
		预应力锚具、夹具和连接器复试报告	检测单位	●	●	●	●
		装饰装修用门窗复试报告	检测单位	●	○	●	
		装饰装修用人造木板复试报告	检测单位	●	○	●	
		装饰装修用花岗石复试报告	检测单位	●	○	●	
		装饰装修用安全玻璃复试报告	检测单位	●	○	●	
		装饰装修用外墙面砖复试报告	检测单位	●	○	●	
		钢结构用钢材复试报告	检测单位	●	●	●	●
		钢结构用防火涂料复试报告	检测单位	●	●	●	
		钢结构用焊接材料复试报告	检测单位	●	●	●	
		钢结构用高强度大六角头螺栓连接副复试报告	检测单位	●	●	●	●
		钢结构用扭剪型高强螺栓连接副复试报告	检测单位	●	●	●	●
		幕墙用铝塑板、石材、玻璃、结构胶复试报告	检测单位	●	●	●	●
		散热器、采暖系统保温材料、通风与空调工程绝热材料、风机盘管机组、低压配电系统电缆的见证取样复试报告	检测单位	●	○	●	
		节能工程材料复试报告	检测单位	●	●	●	

续表 1-1

工程资料类别	工程资料名称	工程资料来源	工程资料保存			
			施工单位	监理单位	建设单位	城建档案馆
	通用表格					
	隐蔽工程验收记录(表 C.5.1)	施工单位	●	●	●	●
	施工检查记录(表 C.5.2)	施工单位	○			
	交接检查记录(表 C.5.3)	施工单位	○			
	专用表格					
	工程定位测量记录*(表 C.5.4)	施工单位	●	●	●	●
	基槽验线记录	施工单位	●	●	●	●
	楼层平面放线记录	施工单位	○	○		
	楼层标高抄测记录	施工单位	○	○		
	建筑物垂直度、标高观测记录*(表 C.5.5)	施工单位	●	○	●	●
C5类	沉降观测记录	建设单位委托测量单位提供	●	○	●	●
施工记录	基坑支护水平位移监测记录	施工单位	○	○		
	桩基、支护测量放线记录	施工单位	○	○		
	地基验槽记录**(表 C.5.6)	施工单位	●	●	●	●
	地基钎探记录	施工单位	○	○	●	●
	混凝土浇灌申请书	施工单位	○			
	预拌混凝土运输单	施工单位	○			
	混凝土开盘鉴定	施工单位	○			
	混凝土拆模申请单	施工单位	○			
	混凝土预拌测温记录	施工单位	○			
	混凝土养护测温记录	施工单位	○			
	大体积混凝土养护测温记录	施工单位	○			
	大型构件吊装记录	施工单位	○	○	●	●
	焊接材料烘焙记录	施工单位	○			
	地下工程防水效果检查记录*(表 C.5.7)	施工单位	○	○	●	●
	防水工程试水检查记录*(表 C.5.8)	施工单位	○	○	●	●
	通风(烟)道、垃圾道检查记录*(表 C.5.9)	施工单位	○	○	●	●
	预应力筋张拉记录	施工单位	●	○	●	●

续表 1-1

工程资料类别		工程资料名称	工程资料来源	工程资料保存			
				施工单位	监理单位	建设单位	城建档案馆
C5类	施工记录	有粘结预应力结构灌浆记录	施工单位	●	○	●	●
		钢结构施工记录	施工单位	●	○	●	
		网架(索膜)施工记录	施工单位	●	○	●	●
		木结构施工记录	施工单位	●	○	●	
		幕墙注胶检查记录	施工单位	●	○	●	
		自动扶梯、自动人行道的相邻区域检查记录	施工单位	●	○	●	
		电梯电气装置安装检查记录	施工单位	●	○	●	
		自动扶梯、自动人行道电气装置检查记录	施工单位	●	○	●	
		自动扶梯、自动人行道整机安装质量检查记录	施工单位	●	○	●	
C6类	施工试验记录及检测报告	通用表格					
		设备单机试运转记录*(表C.6.1)	施工单位	●	○	●	●
		系统试运转调试记录*(表C.6.2)	施工单位	●	○	●	●
		接地电阻测试记录*(表C.6.3)	施工单位	●	○	●	●
		绝缘电阻测试记录*(表C.6.4)	施工单位	●	○	●	●
		专用表格					
		建筑与结构工程					
		锚杆试验报告	检测单位	●	○	●	●
		地基承载力检验报告	检测单位	●	○	●	●
		桩基检测报告	检测单位	●	○	●	●
		土工击实试验报告	检测单位	●	○	●	●
		回填土试验报告(应附图)	检测单位	●	○	●	●
		钢筋机械连接试验报告	检测单位	●	○	●	●
		钢筋焊接连接试验报告	检测单位	●	○	●	●
		砂浆配合比申请单、通知单	检测单位	○	○		
		砌筑砂浆抗压强度试验报告	检测单位	●	○	●	●
		砌筑砂浆试块强度统计、评定记录(表C.6.5)	检测单位	●		●	●
		混凝土配合比申请单、通知单	检测单位	○	○		

续表 1-1

工程资料类别		工程资料名称	工程资料来源	工程资料保存			
				施工单位	监理单位	建设单位	城建档案馆
C6 类	施工试验记录及检测报告	混凝土抗压强度试验报告	检测单位	●	○	●	●
		混凝土试块强度统计、评定记录(表 C.6.6)	检测单位	●		●	●
		混凝土抗渗试验报告	检测单位	●	○	●	●
		砂、石、水泥放射性指标报告	检测单位	●	○	●	●
		混凝土碱总量计算书	检测单位	●		●	●
		外墙饰面砖样板粘结强度试验报告	检测单位	●		●	●
		后置埋件抗拔试验报告	检测单位	●	○	●	●
		超声波探伤报告、探伤记录	检测单位	●	○	●	●
		钢构件射线探伤报告	检测单位	●	○	●	●
		磁粉探伤报告	检测单位	●	○	●	●
		高强度螺栓抗滑系数检测报告	检测单位	●	○	●	●
		钢结构焊接工艺评定	检测单位	○	○		
		网架节点承载力试验报告	检测单位	●	○	●	●
		钢结构防腐、防火涂料厚度检测报告	检测单位	●	○	●	●
		木结构胶缝试验报告	检测单位	●	○	●	●
		木结构构件力学性能试验报告	检测单位	●	○	●	●
		木结构防护剂试验报告	检测单位	●	○	●	●
		幕墙双组分硅酮结构密封胶混匀性及拉断试验报告	检测单位	●	○	●	●
		幕墙的抗风压性能、空气渗透性能、雨水渗透性能及平面内变形性能检测报告	检测单位	●	○	●	●
		墙体节能工程保温板材与基层粘结强度现场拉拔试验	检测单位	●	○	●	●
		外墙保温浆料同条件养护试件试验报告	检测单位	●	○	●	●
		结构实体混凝土强度检验记录(表 C.6.7)	施工单位	●	○	●	●
		结构实体钢筋保护层厚度检验记录*(表 C.6.8)	施工单位	●	○	●	●
		围护结构现场实体检验	检测单位	●	○	●	●
		室内环境监测报告	检测单位	●	○	●	●
		节能性能检测报告	检测单位	●	○	●	●

续表 1-1

工程资料类别		工程资料名称	工程资料来源	工程资料保存			
				施工单位	监理单位	建设单位	城建档案馆
C6类	施工试验记录及检测报告	给排水及采暖工程					
		灌(满)水试验记录*(表C.6.9)	施工单位	○	○	●	
		强度严密性试验记录*(表C.6.10)	施工单位	●	●	●	●
		通水试验记录(表C.6.11)	施工单位	●	○	●	
		冲(吹)洗试验记录(表C.6.12)	施工单位	●	○	●	
		通球试验记录	施工单位	●	○	●	
		补偿器安装记录	施工单位	●	○	●	
		消火栓试射记录	施工单位	●	○	●	
		安全附件安装检查记录	施工单位	●	○		
		锅炉烘炉试验记录	施工单位	●	○	●	
		锅炉煮炉试验记录	施工单位	●	○		
		锅炉试运行记录	施工单位	●	○	●	
		安全阀定压合格证书	检测单位	●	○	●	
		自动喷水灭火系统联动试验记录	施工单位	●	○	●	●
		建筑电气工程					
		电气接地装置平面示意图表	施工单位	●	○	●	●
		电气器具通电安全检查记录	施工单位	●	○	●	
		电气设备空载试运行记录*(表C.6.13)	施工单位	●	○	●	●
		建筑物照明通电试运行记录	施工单位	●	○	●	●
		大型照明灯承载试验记录*(表C.6.14)	施工单位	●	○	●	
		漏电开关模拟试验记录	施工单位	●	○		
		大容量电气线路结点测温记录	施工单位	●	○		
		低压配电电源质量测试记录	施工单位	●	○		
		建筑物照明系统照度测试记录	施工单位		○		
		智能建筑工程					
		综合布线测试记录	施工单位	●	○	●	●
		光纤损耗测试记录	施工单位	●	○	●	●
		视频系统末端测试记录	施工单位	●	○	●	●

续表 1-1

工程资料类别		工程资料名称	工程资料来源	工程资料保存			
				施工单位	监理单位	建设单位	城建档案馆
C6类	施工试验记录及检测报告	子系统检测记录(表C.6.15)	施工单位	●	○	●	●
		系统试运行记录	施工单位	●	○	●	●
		通风与空调工程					
		风管漏光检测记录(表C.6.16)	施工单位	○	○	●	
		风管漏风检测记录(表C.6.17)	施工单位	●	○	●	
		现场组装除尘器、空调机漏风检测记录	施工单位	○	○	●	
		各房间室内风量测量记录	施工单位	●	○	●	
		管网风量平衡记录	施工单位	●	○	●	
		空调系统试运转调试记录	施工单位	●	○	●	●
		空调水系统试运转调试记录	施工单位	●	○	●	●
		制冷系统气密性实验记录	施工单位	●	○	●	●
		净化空气系统检测记录	施工单位	●	○	●	●
		防排烟系统联合试运行记录	施工单位	●	○	●	●
		电梯工程					
		轿厢平层准确度测量记录	施工单位	○	○	●	
		电梯层门安全装置检测记录	施工单位	●	○	●	
		电梯电气安全装置检测记录	施工单位	●	○	●	
		电梯整机功能检测记录	施工单位	●	○	●	
		电梯主要功能检测记录	施工单位	●	○	●	
		电梯负荷运行试验记录	施工单位	●	○	●	●
		电梯负荷运行试验曲线图表	施工单位	●	○	●	
		电梯噪声测试记录	施工单位	○	○	○	
		自动扶梯、自动人行道安全装置检测记录	施工单位	●	○	●	
		自动扶梯、自动人行道整机性能、运行试验记录	施工单位	●	○	●	●
C7类	施工质量验收记录	检验批质量验收记录*(表C.7.1)	施工单位	○	○	●	
		分项工程质量验收记录(表C.7.2)	施工单位	●	●	●	
		分部(子分部)工程质量验收记录**(表C.7.3)	施工单位	●	●	●	●

续表 1-1

工程资料类别		工程资料名称	工程资料来源	工程资料保存			
				施工单位	监理单位	建设单位	城建档案馆
C7 类	施工质量验收记录	建筑节能分部工程质量验收记录**（表7.4）	施工单位	●	●	●	●
		自动喷水系统验收缺陷项目划分记录	施工单位	●	○	○	
		程控电话交换系统分项工程质量验收记录	施工单位	●	○	●	
		会议电视系统分项质量验收记录	施工单位	●	○	●	
		卫星数字电视系统分项工程质量记录	施工单位	●	○	●	
		有线电视系统分项工程质量验收记录	施工单位	●	○	●	
		公共广播与紧急广播系统分项工程质量验收记录	施工单位	●	○	●	
		计算机网络系统分项工程质量验收记录	施工单位	●	○	●	
		应用软件系统分项工程质量验收记录	施工单位	●	○	●	
		网络安全系统分项工程质量验收记录	施工单位	●	○	●	
		交配电系统分项工程质量验收记录	施工单位	●	○	●	
		公共照明系统分项工程质量验收记录	施工单位	●	○	●	
		给排水系统分项工程质量验收记录	施工单位	●	○	●	
		热源和热交换系统分项工程质量验收记录	施工单位	●	○	●	
		冷冻盒冷却水系统分项工程质量验收记录	施工单位	●	○	●	
		电梯和自动扶梯系统分项工程质量验收记录	施工单位	●	○	●	
		数据通信接口分项工程质量验收记录	施工单位	●	○	●	
		中央管理工作站及操作分站分项工程质量验收记录	施工单位	●	○	●	
		系统实时性、可维护性、可靠性分项工程质量验收记录	施工单位	●	○	●	
		现场设备安装及检测分项工程质量验收记录	施工单位	●	○	●	

续表 1-1

工程资料类别	工程资料名称	工程资料来源	工程资料保存			
			施工单位	监理单位	建设单位	城建档案馆
C7 类 施工质量验收记录	火灾自动报警及消防联动系统分项工程质量验收记录	施工单位	●	○	●	
	综合防范功能分项工程质量验收记录	施工单位	●	○	●	
	视频安防监控系统分项工程质量验收记录	施工单位	●	○	●	
	入侵报警系统分项工程质量验收记录	施工单位	●	○	●	
	出入口控制(门禁)系统分项工程质量验收记录	施工单位	●	○	●	
	巡更管理系统分项工程质量验收记录	施工单位	●	○	●	
	停车场(库)管理系统分项工程质量验收记录	施工单位	●	○	●	
	安全防范综合管理系统分项工程质量验收记录	施工单位	●	○	●	
	综合布线系统性能检测分项工程质量验收记录	施工单位	●	○	●	
	系统集成网络连接检测分项工程质量验收记录	施工单位	●	○	●	
	系统集成网络连接分项工程质量验收记录	施工单位	●	○	●	
	系统集成综合管理及其功能分项工程质量验收记录	施工单位	●	○	●	
	系统集成可维护性和安全性分项工程质量验收记录	施工单位	●	○	●	
	电源系统分项工程质量验收记录	施工单位	●	○	●	
C8 类 竣工验收资料	工程竣工报告	施工单位	●	●	●	●
	单位(子单位)工程质量竣工验收**(表C.8.2.1)	施工单位	●	●	●	
	单位(子单位)工程质量竣工验收**(表C.8.2-1)	施工单位	●	●	●	●
	单位(子单位)工程质量控制资料核查记录*(表C.8.2-2)	施工单位	●	●	●	●
	单位(子单位)工程安全和功能检验资料核查及主要功能抽查记录*(表C.8.2-3)	施工单位	●	●	●	●

续表 1-1

工程资料类别		工程资料名称		工程资料来源	工程资料保存			
					施工单位	监理单位	建设单位	城建档案馆
C8类	竣工验收资料	单位(子单位)工程观感质量检查记录**表(表C.8.24)		施工单位	●	●	●	●
		施工决算资料		施工单位	○	○	●	
		施工资料移交书		施工单位	●		●	
		房屋建筑工程质量保修书		施工单位	●	●	●	
C类其他资料								
D类		竣工图						
D类	竣工图	建筑与结构竣工图	建筑竣工图	编制单位	●		●	●
			结构竣工图	编制单位	●		●	●
			钢结构竣工图	编制单位	●		●	●
		建筑装饰与装修竣工图	幕墙竣工图	编制单位	●		●	●
			室内竣工图	编制单位	●		●	●
		建筑给水、排水与采暖竣工图		编制单位	●		●	●
		建筑电气竣工图		编制单位	●		●	●
		智能建筑竣工图		编制单位	●		●	●
		通风与空调竣工图		编制单位	●		●	●
		室外工程竣工图	室外给水、排水、供热、供电、照明管线等竣工图	编制单位	●		●	●
			室外道路、园林绿化、花坛、喷泉等竣工图	编制单位	●		●	●
D类其他资料								
E类		工程竣工文件						
E1类	竣工验收资料文件	单位(子单位)工程质量竣工验收记录**		施工单位	●	●	●	●
		勘察单位工程质量检查报告		勘察单位	○	○	●	●
		设计单位工程质量检查报告		设计单位	○	○	●	●
		工程竣工验收报告		建设单位	●	●	●	●
		规划、消防、环保等部门出具的认可文件或准许使用文件		政府主管部门			●	●
		房屋建筑工程质量保修书		施工单位	●	●	●	●

续表 1-1

工程资料类别	工程资料名称		工程资料来源	工程资料保存			
				施工单位	监理单位	建设单位	城建档案馆
E1类	竣工验收资料文件	住宅质量保证书、住宅使用说明书	建设单位			●	
		建设工程竣工验收备案	建设单位	●	●	●	●
E2类	竣工决算文件	施工决算资料*	施工单位	○	○	●	
		监理费用决算资料	监理单位		○	●	
E3类	竣工文档文件	工程竣工、档案预检验收意见	城建档案管理部门			●	●
		施工资料移交书*	施工单位	●		●	
		监理资料移交书*	监理单位		●	●	
		城市建设档案移交书	建设单位			●	
E4类	竣工总结文件	工程竣工总结	建设单位			●	●
		竣工新貌影像资料	建设单位	●		●	●
	E类其他资料						

【说明】 1. 表中工程资料名称与资料保存单位所对应的栏中"●"表示"归档保存";"○"表示"过程保存",是否归档保存可自行确定。

2. 表中注明"＊"的表,宜由施工单位和监理或建设单位共同形成;表中注明"＊＊"的表,宜由建设、设计、监理、施工等多方共同形成。

3. 勘察单位保存资料内容应包括工程地质勘察报告、勘察招投标文件、勘察合同、勘察单位工程质量检查报告以及勘察单位签署的有关质量验收记录等。

4. 设计保存资料内容应包括审定设计方案通知书及审查意见、审定设计方案通知书要求征求有关部门的审查意见和要求取得的有关协议、初步设计图及设计说明、施工图及设计说明、消防设计审核意见、施工图设计文件审查通知书及审查报告、设计招投标文件、设计合同、图纸会审记录、设计变更通知单、设计单位签署意见的工程洽商记录(包括技术核定单)、设计单位工程质量检查报告以及设计单位签署的有关质量验收记录。

1.4.2 工程资料管理的代号索引

施工资料编制时,分部(子分部)工程代号应按表1-2填写,表中未明确的分部(子分部)工程代号可依据相关标准自行确定。《建筑工程资料管理规程》附录A中表A.3.1分部(子分部)工程代号索引表如表1-2所示。

表 1-2 《建筑工程资料管理规程》附录 A 表 A.3.1

分部工程代号	分部工程名称	子分部工程代号	子分部工程名称	分项工程名称	备注
01	地基与基础	01	无支护土方	土方开挖,土方回填	
		02	有支护土方	排桩,降水,排水,地下连续墙,锚杆,土钉墙,水泥土桩,沉井与沉箱,钢及混凝土支撑	单独组卷
		03	地基及基础处理	灰土地基,砂和砂石地基,碎砖三合土地基,土工合成材料地基,粉煤灰地基,重锤夯实地基,强夯地基,振冲地基,砂桩地基,预压地基,高压喷射注浆地基,土和灰土挤密桩地基,注浆地基,水泥粉煤灰碎石地基,夯实水泥土桩地基	复合地基单独组卷
		04	桩基	锚杆静压桩及静力压桩,预应力离心管桩,钢筋混凝土预制桩,钢桩,混凝土灌注桩(成孔、钢筋笼、清孔,水下混凝土灌注)	单独组卷
		05	地下防水	防水混凝土,水泥砂浆防水层,卷材防水层,涂料防水层,金属板防水层,塑料板防水层,细部构造,喷锚支护,复合式衬砌,地下连续墙,质构法隧道,渗排水,盲沟排水,隧道、坑道排水,预注浆、后注浆,衬砌裂缝注浆	
		06	混凝土基础	模板、钢筋、混凝土,后浇带混凝土,混凝土结构缝处理	
		07	砌体基础	砖砌体,混凝土砌块砌体,配筋砌体,石砌体	
		08	劲钢(管)混凝土	轻钢(管)焊接,劲钢(管)与钢筋的连接,混凝土	
		09	钢结构	焊接钢结构,栓接钢结构,钢结构制作,钢结构安装,钢结构涂装	单独组卷
02	主体结构	01	混凝土结构	模板、钢筋、混凝土、预应力、现浇结构、装配式结构	
		02	劲钢(管)混凝土结构	劲钢(管)焊接、螺栓连接、劲钢(管)与钢筋的连接、劲钢(管)制作、安装、混凝土	
		03	砌体结构	砖砌体,混凝土小型空心砌块砌体,石砌体,填充墙砌体,配筋砖砌体	
		04	钢结构	钢结构焊接,紧固件连接,钢零部件加工,单层钢结构安装,多层及高层钢结构安装,钢结构涂装,钢构件组装,钢构件预拼装,钢网架结构安装,压型金属板	单独组卷
		05	木结构	方木和原木结构,胶合木结构,轻型木结构,木构件	单独组卷
		06	网架和索膜结构	网架制作,网架安装,索膜安装,网架防火,防腐涂料	单独组卷
03	建筑装饰装修	01	地面	整体面层:基层,水泥混凝土面层,水泥砂浆面层,水磨石面层,水油渗面层,水泥钢(铁)屑面层,不发火(防爆的)面层;板块面层:基层,砖面层(陶瓷锦砖、缸砖、陶瓷地砖和水泥花砖面层),大理石面层和花岗石面层,预制板块面层(预制水泥混凝土、水磨石板块面层),料石面层(条石、块石面层),实木复合地板面层(条材、块材面层),中密度(强化)复合地板面层(条材面层),竹地板面层	

续表 1-2

分部工程代号	分部工程名称	子分部工程代号	子分部工程名称	分项工程名称	备注
03	建筑装饰装修	02	抹灰	一般抹灰,装饰抹灰,清水砌体勾缝	
		03	门窗	木门窗制作与安装,金属门窗安装,塑料门窗安装,特种门安装,门窗玻璃安装	
		04	吊顶	暗龙骨吊顶,明龙骨吊顶	
		05	轻质隔墙	板材隔墙,骨架隔墙,墙活动隔墙,玻璃隔墙	
		06	饰面板(砖)	饰面板安装,饰面砖粘贴	
		07	幕墙	玻璃幕墙,金属幕墙,石材幕墙	单独组卷
		08	涂饰	水性涂料涂饰,溶剂型涂料涂饰,美术涂饰	
		09	裱糊与软包	裱糊,软包	
			细部	橱柜制作与安装,窗帘盒、窗台板和暖气罩制作与安装,门窗套制作与安装,护栏和扶手制作与安装,花饰制作与安装	
04	建筑屋面	01	卷材防水屋面	保温层,找平层,卷材防水层,细部构造	
		02	涂膜防水屋面	保温层,找平层,涂膜防水层,细部构造	
		03	刚性防水屋面	细石混凝土防水,密封材料嵌缝,细部构造	
		04	瓦屋面	平瓦屋面,油毡瓦屋面,金属板屋面,细部构造	
		05	隔热屋面	架空屋面,蓄水屋面,种植屋面	
05	建筑给水排水及采暖	01	室内给水系统	给水管道及配件安装,室内消火栓系统安装,给水设备安装,管道防腐、绝热	
		02	室内排水系统	排水管道及配件安装,雨水管道及配件安装	
		03	室内热水供应系统	管道及配件安装,辅助设备安装,防腐,绝热	
		04	卫生器具安装	卫生器具安装,卫生器具给水配件安装,卫生器具排水管道安装	
		05	室内采暖系统	管道及配件安装,辅助设备及散热器安装,金属辐射板安装,低温热水地板辐射采暖系统安装,系统水压试验及调试,防腐,绝热	
		06	室外给水管网	给水管道安装,消防水泵接合器及室外消火栓安装,管沟及井室	
		07	室外排水管网	排水管道安装,排水管沟与井池	
		08	室外供热管网	管道及配件安装,系统水压试验及调试,防腐,绝热	
		09	建筑中水系统及游泳池系统	建筑中水系统管道及辅助设备安装,游泳池水系统安装	
		10	供热锅炉及辅助设备安装	锅炉安装,辅助设备及管道安装,安全附件安装、烘炉、煮炉和试运行,换热站安装,防腐、绝热	单独组卷

续表 1-2

分部工程代号	分部工程名称	子分部工程代号	子分部工程名称	分项工程名称	备注
05	建筑给水排水及采暖	11	自动喷水灭火系统	消防水泵和稳压泵安装,消防水箱安装和消防水池施工,消防气压给水设备安装,消防水泵接合器安装,管网安装,喷头安装,报警阀组安装,其他组件安装,系统水压试验,气压试验,冲洗,水源测试,消防水泵调试,稳压泵调试,报警阀组调试,排水装置调试,联动试验	单独组卷
		12	气体灭火系统	灭火剂储存装置的安装,选择阀及信号反馈装置安装,阀驱动装置安装,灭火剂输送管道安装,喷嘴安装,预制灭火系统安装,控制组件安装,系统调试	单独组卷
		13	泡沫灭火系统	消防泵的安装,泡沫液储罐的安装,泡沫比例混合器的安装,管道阀门和泡沫消火栓的安装,泡沫产生装置的安装,系统调试	单独组卷
		14	固定水炮灭水系统	管道及配件安装,设备安装,系统水压试验,系统调试	单独组卷
06	建筑电气	01	室外电气	架空线路及杆上电气设备安装,变压器、箱式变电所安装,成套配电柜、控制柜(屏、台)和动力、照明配电箱(盘)及控制柜安装,电线、电缆导管和线槽敷设,电缆头制作,导线连接和线路电气试验,建筑物外部装饰灯具、航空障碍标志灯和庭院路灯安装,建筑照明通电试运行,接地装置安装	
		02	变配电室	变压器、箱式变电所安装,成套配电柜、控制柜(屏、台)和动力、照明配电箱(盘)安装,裸母线、封闭母线、插接式母线安装,电缆沟内和电缆竖井内电缆敷设,电缆头制作,导线连接和线路电气试验,接地装置安装,避雷引下线和变配电室接地干线敷设	
		03	供电干线	裸母线、封闭母线、插接式母线安装,桥架安装和桥架内电缆敷设,电缆沟内和电缆竖井内电缆敷设,电线、电缆导管和线槽敷设,电线、电缆空管和线槽敷线,电缆头制作,导线连接和线路电气试验	
		04	电气动力	成套配电柜、控制柜(屏、台)和动力、照明配电箱(盘)及安装,低压电动机、电加热器及电动执行机构检查、接线,低压电气动力设备检测、试验和空载试运行,桥架安装和桥架内电缆敷设,电线、电缆导管和线槽敷设,电线、电缆穿管和线槽敷线,电缆头制作,导线连接和线路电气试验,插座、开关、风扇安装	
		05	电气照明安装	成套配电柜、控制柜(屏、台)和动力、照明配电箱(盘)安装,电线、电缆导管和线槽敷设,电线、电缆导管和线槽敷线,槽板配线,钢索配线,电缆头制作,导线连接和线路电气试验,普通灯具安装,专用灯具安装,插座、开关、风扇安装,建筑照明通电试运行	

续表 1-2

分部工程代号	分部工程名称	子分部工程代号	子分部工程名称	分项工程名称	备注
06	建筑电气	06	备用和不间断电源安装	成套配电柜、控制柜（屏、台）和动力、照明配电箱（盘）安装，柴油发电机组安装，不间断电源的其他功能单元安装，裸母线、封闭母线、插接式母线安装，电线、电缆导管和线槽敷设，电线、电缆导管和线槽敷设，电缆头制作、导线连接和线路电气试验，接地装置安装	
		07	防雷及接地安装	接地装置安装，避雷引下线和变配电室接地干线敷设，建筑物等电位连接，接闪器安装	
07	通风与空调	01	送排风系统	风管与配件制作，部件制作，风管系统安装，空气处理设备安装，消声设备制作与安装，风管与设备防腐，风机安装，系统调试	单独组卷
		02	防排烟系统	风管与配件制作，部件制作，风管系统安装，空气处理设备安装，消声设备制作与安装，风管与设备防腐，风机安装，系统调试	单独组卷
		03	建筑设备监控系统	空调与通风系统，变配电系统，照明系统，给排水系统，热源和热交换系统，冷冻和冷却系统，电梯和自动扶梯系统，中央管理工作站与操作分站，子系统通信接口	单独组卷
		04	火灾报警及消防联动系统	火灾、可燃气体探测与火灾报警控制系统，消防联动系统	单独组卷
		05	安全防范系统	电视监控系统，入侵报警系统，巡更系统，出入口控制（门禁）系统，停车管理系统	按分项单独组卷
		06	综合布线系统	综合布线系统	单独组卷
		07	智能化集成系统	集成系统网络，实时数据库，智能化集成系统与功能接口，信息安全	
		08	电源与接地	机房，智能建筑电源，防雷及接地	
		09	环境	空间环境，室内空调环境，视觉照明环境，电磁环境	单独组卷
		10	住宅（小区）智能化系统	火灾自动报警及消防联动系统，安全防范系统（含电视监控系统、入侵报警系统、巡更系统、门禁系统、楼宇对讲系统、住户对讲呼救系统、停车管理系统），物业管理系统（多表现场计量与远程传输系统、建筑设备监控系统、公共广播系统、小区网络及信息服务系统、物业办公自动化系统），智能家庭信息平台	单独组卷
08	通风与空调	01	送排风系统	风管与配件制作，部件制作，风管系统安装，空气处理设备安装，消声设备制作与安装，风管与设备防腐，风机安装，系统调试	
		02	防排烟系统	风管与配件制作，部件制作，风管系统安装，防排烟风口、常闭正压风口设备安装，风管与设备防腐，风机安装，系统调试	

续表 1-2

分部工程代号	分部工程名称	子分部工程代号	子分部工程名称	分项工程名称	备注
08	通风与空调	03	建筑设备监控系统	空调与通风系统,变配电系统,照明系统,给排水系统,热源和热交换系统,冷冻和冷却系统,电梯和自动扶梯系统,中央管理工作站与操作分站,子系统通信接口	
		04	火灾报警及消防联动系统	火灾和可燃气体探测与火灾报警控制系统,消防联动系统	
		05	安全防范系统	电视监控系统,入侵报警系统,巡更系统,出入口控制(门禁)系统,停车管理系统	
		06	综合布线系统	综合布线系统	
		07	智能化集成系统	集成系统网络,实时数据库,智能化集成系统与功能接口,信息安全	
09	电梯	01	电力驱动的引式或强制式电梯安装	设备进场验收,土建交接检验,驱动主机,导轨,门系统,系统轿厢,对重(平衡重),安全部件,悬挂装置,随行电缆、补偿装置,电气装置,整机安装验收	单独组卷
		02	液压电梯	设备进场验收,土建交接检验,液压系统,导轨,门系统,轿厢,平衡重,安全部件,悬挂装置,随行电缆、电气装置,整机安装验收	单独组卷
		03	自动扶梯、自动人行道安装	设备进场验收,土建交接检验,整机安装验收	单独组卷

1.5 建筑工程资料管理规范内容简介及意义

建筑工程资料管理要执行现行的国家法律法规,依据国家、行业标准来进行规范管理,同时还要适应地方法规和标准的要求。在我国,国家立法和验收标准都对工程资料提出了明确的要求,《中华人民共和国建筑法》、《建设工程质量管理条例》、《城市建设档案管理规定》等法律法规,《建设工程监理规范》、《建筑工程施工质量验收统一标准》、《建设工程文件归档整理规范》等国家标准,均把工程资料与档案管理放在重要位置。

近几年,行业管理部门加大了政策指导力度,住房和城市建设部在总结近年来我国建筑工程档案管理的实践经验,借鉴国际先进科研成果和标准规范,先后修改和发布了《房屋建筑和市政基础设施工程竣工验收备案管理办法》、《建筑工程资料管理规程》等部门规章和行业标准,增加、更新了工程资料与档案管理的内容和方法。尤其是随着电子信息技术的发展,建设领域电子文件与电子档案大量产生并广泛应用,保证信息时代城乡建设活动的真实历史记录长期保存和随时利用,已成为各地建设部门,特别是城建档案管理部门、建设系统各业务管理部门以及工程建设、施工、勘察设计、监理等单位所面临的一项重要任务。为此,原建设部于

2007年将电子档案管理纳入了工程资料管理的范围,发布了《建设电子文件与电子档案管理规范》,工程资料管理向着更加科学、更加规范的方向发展。

1)《城市建设档案管理规定》

原建设部于2001年7月4日,以建设部令第90号正式发布《建设部门关于修改〈城市建设档案管理规定〉的决定》,自发布之日起施行。1997年12月23日,建设部令第61号发布的《城市建设档案管理规定》根据此决定作相应的修改,重新发布。

2)《房屋建筑工程和市政基础设施工程竣工验收备案管理办法》

住房和城乡建设部于2009年10月19日以住房和城乡建设部令第2号正式发布修改后的《建设部关于修改〈房屋建筑工程和市政基础设施工程竣工验收备案管理暂行办法〉的决定》,自发布之日起施行。原《房屋建筑工程和市政基础设施工程竣工验收备案管理暂行办法》根据此决定作相应的修改,重新发布。此《办法》制定了更严厉的措施,对工程竣工验收备案提出了更高的要求,是现行规范工程竣工资料验收备案管理的重要法规。

3)《建筑工程资料管理规程》(JGJ/T 185—2009)

住房和城乡建设部于2009年10月30日,以第419号公告正式发布《建筑工程资料管理规程》为行业标准,编号为JGJ/T 185—2009,自2010年7月1日起实施。该规程实施后将成为规范建筑工程资料管理的重要依据。主要内容如下:

(1)总则。包含制定本规程的目的、适用范围及基本要求等。

(2)术语。本术语共计10条,对建筑工程资料管理规范中特有的术语给予定义或说明含义,包括建筑工程资料、建筑工程资料管理、工程准备阶段文件、监理资料、施工资料、竣工图、工程竣工文件、工程档案、组卷、归档。

(3)基本规定。包括工程资料管理的基本规定,工程资料形成的基本规定,工程资料形式、内容、生成步骤等的规定。

(4)工程资料管理。主要包括工程资料分类,工程资料填写、编制、审核及审批,工程资料编号,工程资料收集、整理与组卷,工程资料移交与归档等方面的管理。

(5)附录A、B、C、D、E及本规程用词说明、引用标准名录及条文说明。规范中的附录分别是:附录A 工程资料形成、类别、来源、保存及代号索引;附录B 监理资料用表;附录C 施工资料用表;附录D 竣工图绘制;附录E 竣工图图纸折叠方法;本规程用词说明;引用标准名录;附:条文说明。

4)《建设电子文件与电子档案管理规范》(CJJ/T 117—2007)

原建设部于2007年9月5日,以建设部第712号公告正式发布《建设电子文件与电子档案管理规范》行业标准,编号为CJJ/T 117—2007,自2008年1月1日起施行。此《规范》是各单位收集、积累、整理、鉴定、验收、移交电子文件和加强电子档案管理的依据,对于保证建设电子文件与电子档案的真实性、完整性和有效性,保障建设电子文件和电子档案的安全保管与有效开发利用,具有重要意义。

5)建设工程文件和档案资料管理的意义

(1)按照规范的要求积累而成的完整、真实、具体的工程技术资料,是工程竣工验收交付的必备条件。

(2) 工程技术资料为工程的检查、维护、改造、扩建提供可靠的依据。

(3) 一个质量合格的工程必须要有一份内容齐全、原始技术资料完整、文字记载真实可靠的技术资料。

(4) 对于优良工程的评定,更有赖于技术资料的完整无缺。

(5) 做好建设工程文件和档案资料管理工作也是项目管理的重要内容。

(6) 已建设工程文件和档案资料是建设单位对建设工程管理的依据。

2 建设单位工程资料管理

知识点

(1) 了解建设单位工程资料管理工作职责。
(2) 理解建设单位工程资料形成和收集整理程序。
(3) 掌握建设单位资料管理的内容。
(4) 掌握建设单位文件相关资料的编制工作。

基本要求

通过本项目单元的学习,使学生达到以下要求:
(1) 对建设单位文件资料的收集、整理和组卷有更直观的认识。
(2) 获得与将来工作岗位和工作过程相关的理论和专业知识。
(3) 培养学生编制建设单位文件资料的基本工作能力。

2.1 建设单位工程资料的内容

2.1.1 决策立项阶段资料

决策立项阶段主要是完成建设项目正式立项的一系列工作。这个阶段主要包括的资料有项目建议书、可行性研究和可行性研究报告、立项审批等。

1) 项目建议书

(1) 项目建议书的概念

项目建议书是建设单位向国家提出申请建设某一具体建设项目的建议文件,是投资决策对拟建项目的大体设想,提出拟建项目目的、必要性和依据。项目建议书的目的是为国家选择建设项目、制定基本建设计划和管理部门确定是否进行下一步可行性研究工作的依据。

(2) 项目建议书的作用

项目建议书的作用:①国家选择建设项目的依据;②进行下一阶段可行性研究的依据;③利用外资的项目对外开展工作的依据;④选择建设地点、联系配套条件、签订意向协议的依据。

(3) 项目建议书的内容

项目建议书根据拟建项目的必要性、条件的可行性、盈利的可能性,并以分析必要性为主,其内容一般包括以下方面:①建议建设项目的必要性和依据;②产品方案、拟建条件、建设地点的初步设想;③资源情况、建设条件、协作关系的初步分析;④投资估算和资金筹措的设想;⑤项目的进度安排;⑥对经济效果、投资效益的初步估计。

(4) 项目建议书的审查

编制完成的项目建议书,审批前建设单位应组织有关部门和专家参与审查,主要审查以下方面:①是否符合国家的建设方针和长期规划;②产品是否符合市场需要,论证是否充分;③建设地点是否符合城市规划;④经济效益的估算是否合理,是否与资金投入相一致;⑤对遗漏和论证不足之处进行补充、修改;⑥对需办理有关手续的是否办理齐全,需补办手续的是否补办齐全。

经审查符合要求的项目建议书才能报请有关部门审批。

【说明】 经审查合格的项目建议书,应报送上级有关主管部门审批。根据国家有关文件规定:①大型和重大建设项目由国家计委审查,纳入国家前期工作计划;②中小型建设项目由国务院主管部门或省、自治区、直辖市的计委审批,纳入部门和地区的前期工作计划,并报国家计委备案。

根据国家下达的前期工作计划,经国务院主管部门和省、自治区、直辖市计委审查批准的提出项目建议书的建设项目,发出前期工作通知书。

(5) 项目建议书编制及报批程序

从项目建议书的酝酿、编制、报批到审批同意,发给前期工作通知书,编制及报批程序见图2-1。

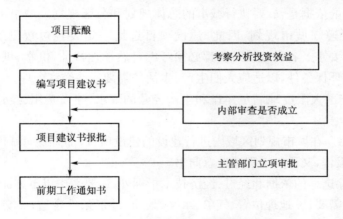

图2-1 项目建议书报批程序

2) 可行性研究报告

建设单位接到前期工作通知书后,便着手进行建设项目的可行性研究。

可行性研究的目的是:①根据国民经济发展和地区规划,结合自然和资源条件,对拟建项目在技术、经济上全面进行考查、论证,通过多种方案比较,提出评价意见,为编制可行性研究报告提供可靠依据;②拟建项目获得尽可能好的效益;③分析论证拟建项目经济上是否合理、技术上是否先进、条件上是否可行、经营上是否盈利、成果是否实用,使决策更加科学。

3) 可行性研究的内容

针对不同行业和用途的建设项目,可行性研究的内容有不同的侧重点,主要有以下基本内容:①项目提出的背景和依据,投资的必要性和经济意义;②建设规模、产品方案、市场需求预测和确定的依据;③技术工艺、建设标准、主要设备;④资源、原材料、燃料供应及公用设施配合条件;⑤建设地点、占地面积、布置方案、选址意见;⑥项目构成、设计方案、公用辅助配套工程;⑦环境影响及防震要求;⑧企业组织、劳动定员和人员培训;⑨建设工期和施工进度;⑩投资估算和资金筹措方式;⑪经济效益和社会效益。

可行性研究要收集各种与本建设项目有关的资料和信息,整理出相关的调查材料,根据调查材料进行客观的分析研究,提出分析研究成果、建议材料和评价材料。

4) 可行性研究报告

可行性研究报告是根据可行性成果编制的综合报告。它是根据国家国民经济发展的长远规划和地区布局的要求,按照建设项目隶属关系,由主管部门组织计划、经济、设计等部门,在可行性研究的基础上选择经济效益最好的方案的文件。

5) 可行性研究报告附件

除可行性研究报告正文外,还需具备以下几个附件:

(1) 选址意向书

① 选址依据。选址就是具体选择建设项目建设地点,确定坐落位置和东西南北四至。它是建设项目前期工作的重要环节,是设计工作的基础。

选择建设地点的依据是:a. 要执行城市的总体规划和分区规划。城市中的任何建筑物和构筑物的建设均要遵守城市规划,因此,建设项目选址一定要经过规划管理部门的同意。b. 满足项目的技术要求。各种建设工程都必须考虑自然地理特征,供水、供电、供热、排水、交通运输条件,环卫、环保条件,以适应人们生产、生活的需要。c. 经济合理。在投资建设某一个建设项目时,选择能最大限度地满足建设和生产经营的要求,建设费用、经营费用最省的建设位置。

② 选址意向书。在城市规划区域内进行建设的建设项目,都需要向城市规划管理部门申请用地,提出选址报告,又称为工程选址意向书。

在意向书中,除选址的依据和经过、经济技术指标外,还要考虑以下方面的内容:a. 土地面积和外形满足建设需要;b. 地理位置、气象、水文、地质、地形条件合适;c. 交通、运输及水、电、气供应能力及发展趋势;d. 生产资料情况;e. 社会条件。

最后,对各个选址方案进行比较,选出建设场地的初步方案。

(2) 选址意见书

新建、改建、扩建的工程项目,建设单位的选址意向书应报城市规划管理部门备案,并需征得规划管理部门的意见。对其安排在城市规划区内的建设项目,城市规划管理部门应从城市规划方面提出选址意见书。在可行性研究报告报请有关部门审批时,城市规划管理部门的选址意见书是必备的附件。

选址意见书的内容包括：

① 建设项目的基本情况。主要是指建设项目名称、性质、用地与建设规模、能源的需求、运输方式以及"三废"处理方式和排放量。

② 建设项目选址的主要依据：a. 建设项目建议书批准文件；b. 建设项目与城市规划布局的协调；c. 建设项目与城市交通、通风、能源、市政、防灾规划的衔接与协调；d. 与建设项目相配套的生活设施、城市生活居住条件、公共设施的衔接和协调；e. 建设项目对城市环境可能造成污染的影响，以及与城市环境保护规划和风景名胜、文物古迹保护规划的协调。

③ 建设项目选址、用地范围：a. 建设项目选址、用地范围要符合城市详细规划要求；b. 选址意见书的审批要与建设项目规划审批权限相一致。

④ 选址意见通知书。由城市规划主管部门下发，并有附图（图略）。

（3）外协意向性协议

外协意向性协议，是与建设项目有关的外部协作单位主管部门进行磋商，双方签订供应使用的协议意向书。

项目建议书批准后，建设单位应与有关部门协商办理外协意向性协议。需要办理外协意向协议的项目主要有征用土地、原材料及燃料供应、动力供应、通讯、交通运输条件、配套设施、辅助设施等内容。

① 拆迁安置意向书。在选址意向书圈定的征地范围内，对地上的建（构）筑物、住户、耕地上的青苗等，要与辅助拆迁安置的当地政府拆迁安置部门共同研究、协商拆迁安置具体意见。按照国家和地方有关拆迁安置条例及实施细则，协商确定安置费用意向，签订用地范围内地面和地下设施及建筑物处理意向性协议。

② 原材料、燃料供应意向书。对原材料、燃料、辅助材料需要量比较大的种类，需与当地政府主管部门和生产厂家联系，就材料来源、质量要求、供应数量、交货地点、供应时间、交货方式等进行协商，并签订意向书，作为建设时期和投入使用后的物质保证。

③ 动力供应意向性协议。动力供应主要是指供水和供电。建设单位要与当地政府主管部门签订供水水源、取水地点和取用量协议意向书。建设单位与当地供电主管部门签订外部供电意向书，主要是电力供应数量、方式、价格等项内容。如果供应有困难，需要采取补救措施的意向书，为施工用电和建成后用电打下基础。

④ 电信协议。电信包括通讯和通邮。通讯要征得当地电讯部门的同意，签订安装电话、广播电视信息、租用通讯卫星线路等意向书；通邮要与邮政部门签订通邮意向书。

⑤ 运输条件。建设项目需自建铁路、公路设施的建设单位，要与当地铁道、公路的主管部门联系并备案，取得准建证和运输协议意向书。

⑥ 配套措施和辅助设施。配套措施指建设时原材料加工、机械维修等，辅助措施指地方提供服务的设施，如供热、供气等。这些配套设施及辅助设施如何为建设项目提供服务，事先应与有关主管部门协商，如能提供服务，双方签订协作意向书。

（4）可行性研究报告的审批

① 审批权限。建设单位完成编制可行性研究报告后，向有关主管发改委或行业主管部门申报和审批。

对可行性研究报告的申报和审批，国家有关文件的规定审批权限为：

a. 大中型项目可行性研究报告,按照项目隶属关系由行业主管部门或省、自治区、直辖市和计划单列市审查同意后,报国家发改委审批,或由国家发改委委托有关单位审批。重大项目和特殊项目以及投资 2 亿元以上的项目,由国家发改委审核后报国务院审批。

b. 小型项目的可行性研究报告,按照隶属关系,分别由行业主管部门和省、自治区、直辖市和计划单列市发改委审批。

c. 企业横向联合投资的大中型基本建设项目,凡自行解决资金以及投产后的产供销能够自己落实,不需要国家安排的项目,可行性研究报告由有关部门和省、自治区、直辖市、计划单列市发改委审批,抄报国家发改委和有关部门备案。

d. 地方投资的地方院校、医院和其他文化、教育、卫生事业的大中型项目可行性研究报告由省、自治区、直辖市和计划单列市发改委审批,报国家发改委有关部门备案。

② 审批后文件的效力。可行性研究报告经过正式批准后,建设项目即正式立项。正式立项的建设项目应当按审批意见严格执行,任何部门、单位或个人都不得随意修改和变更。如因建设条件变化、建设内容变化或建设投资变化,确实需要变更或调整可行性研究报告的指标和内容时,要经过原批准单位同意,并正式办理变更手续。

(5) 可行性研究工作程序

从接到建设项目前期工作通知书后,到建设项目正式立项,可行性研究工作程序见图 2-2。

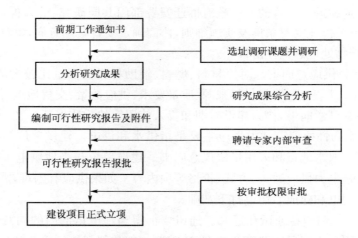

图 2-2　可行性研究阶段工作程序

(6) 建设项目立项文件

建设单位根据批复的可行性研究报告,召开立项会议,组织关于立项的事宜。立项会议以纪要的形式对立项进行全面的概括阐述,对专家们立项的建议进行组织和整理,形成文件,并对项目评估作出研究。其归档文件有:项目建议书;对项目建议书的批复文件;可行性研究报告;对可行性研究报告的批复文件;关于立项的会议纪要;领导批示,专家对项目的有关建议文件;项目评估研究资料;计划部门批准的立项文件;计划部门批准的设计任务等。

2.1.2 建设用地、征地、拆迁资料

1) 工程项目选址申请及选址规划意见通知书

(1) 工程项目选址申请

在城市规划区域内进行建设的建设项目,申请人根据申请条件、依据,向城市规划管理部门提出选址申请,填写建设项目规划审批及其他事项申报表。申请还需提交如下申报材料:

① 建设项目新征(占)用地(包括出让、转让用地和尚未办理建设用地规划许可证的用地):a. 建设单位出具的申报委托书和填写完整并加盖单位印章的"建设项目规划许可及其他事项申报表"(表2-1);b. 主管部门对项目建议书的批复文件原件1份;c. 建设单位新征(占)用地申请文件(包含发文号、签发人、单位印章等基本公文要素)、选址要求及拟建项目情况说明各1份;d. 拟建项目设计方案图纸(含主要经济技术指标)1份;e. 在基本比例尺图纸上,用铅笔画出新征(占)用地范围或位置的地形图1份;f. 依法需进行环境影响评价的建设项目,需持经相应环保部门批准的环境影响评价文件;g. 普测或钉桩成果;h. 其他法律、法规、规章规定的相关要求。

② 自有用地建设项目:a. 建设单位出具的申报委托书和填写完整并加盖单位印章的"建设项目规划审批及其他事项申报表";b. 建设用地规划许可证或国有土地使用证、房产证等其他证明土地权属的文件的复印件1份;c. 建设单位对拟建项目情况的说明1份,建设项目拟加层的,需附设计部门出具的建筑结构基础证明文件;d. 拟建项目设计方案图纸(含主要经济技术指标)1份;e. 在基本比例尺图纸上,用铅笔画出新征(占)用地范围或位置的地形图1份;f. 依法需要进行环境影响评价的建设项目,需持经相应环保部门批准的环境影响评价文件;g. 普测或钉桩成果;h. 其他法律、法规、规章规定的相关要求。

表2-1 建设项目规划许可及其他事项申报表
【城镇建设项目—建筑工程,市政(交通、管线)建筑工程】

申报单位(产权人)	(公章)	单位类型	土地储备机构	□市级	□区级	□联合储备
			驻京部队	□机关	□部队	
			行政机关	□中央	□市属	□区属
			事业单位	□中央	□市属	□区属
			企业单位	□中央 □区属	□军队 □其他	□市属
			其他单位	□本市	□外埠	□境外
	本单位(产权人)承诺: 对提交的申报材料实质内容及真实性负责,并依法承担相应法律责任。		产权人	□产权人		
			建设属性	□建设项目是否属房地产开发项目		
	委托代理(产权)人		移动电话			
	(身份)证件号码		固定电话			

续表 2-1

设计单位	本单位承诺： 　　对提供的设计文件和图纸表述内容的真实性、准确性、合法性负责，并依法承担相应法律责任。 （公章）		资质等级	级
			资质证号	
			注册师证号	
	项目负责人		联系电话	
建设项目基本情况	项目性质		项目类别	□普通工程　□机要工程 □市政建筑厂（场）站源点工程
	建设位置	城镇地区：　　　　区（县）　　　　路（街）　　　　号 乡村地区：　　　　区（县）　　　　乡（镇）　　　　（村）		
	建设规模	用地面积	平方米	图幅号	
		建筑面积	平方米，（　　）栋	建设项目所处环路	□二环以内　□二环~三环 □三环~四环　□四环~五环 □五环~六环　□六环以外
		其他（构筑物等）	（简要说明）		
	居住项目	住房总建筑面积	平方米	住房总套数	套
		套型建筑面积90m²以下（含）住房总建筑面积	平方米	90m²以下（含）住房总套数	套
许可决定获取	获取方式	□申报单位（产权人）自取　□规划行政机关送达（填写以下送达信息）			
	送达单位名称				
	送达单位地址	城镇地区：　　　　区（县）　　　　路（街）　　　　号 乡村地区：　　　　区（县）　　　　乡（镇）　　　　（村）			
	收件人姓名		邮政编码		

注：1. 请按背面所列"申报事项"选择填报。
　　2. 请详细阅读背面《告知事项》。

	项目类型	事项类别	申报阶段	申报内容
申报事项	规划选址项目	行政许可事项	建设项目选址意见	□取得相关部门书面意见文件的，直接申请办理《建设项目选址意见书》。 □部分取得或未取得相关部门意见文件的，通过办理《规划选址征求意见函》方式，协助征求相关部门意见。
	土地储备项目	行政服务事项	建设项目规划条件	□建设项目规划条件（土地储备前期整理） □建设项目规划条件（土地储备供应）

续表 2-1

申报事项				
城镇建筑项目	行政许可事项	建设用地规划许可	☐ 建设用地规划许可证(土地储备前期整理) ☐ 建设用地规划许可证 ☐ 临时建设用地规划许可证	
		建设工程规划许可	☐ 建设工程规划许可证 ☐ 临时建设工程规划许可证 ☐ 建设工程规划许可证(外装修工程) ☐ 建设工程许可附件明晰	
		其他	涉及的原许可相关内容	原许可证件情况
			☐ 规划许可有效期延续	证件名称
			☐ 规划许可变更	
			☐ 规划许可撤销	发文号
			☐ 规划许可补充说明	
			☐ 规划许可附件补发	制作日期
			☐ 规划许可证明	
	行政服务事项	建设项目规划条件	☐ 建设项目规划条件 ☐ 建设项目规划条件(外装修工程)	
		设计方案	☐ 修建性详细规划 ☐ 建设工程设计方案	
		其他	☐ 规划意见函复(回复政府部门来函) ☐ 规划意见复函(回复建设单位来函) ☐ 规划文件核发证明	
城镇个人建房	行政许可事项	建设工程规划许可	☐ 建设工程规划许可证(城镇个人建房)	
	行政服务事项	建设项目规划条件	☐ 建设项目规划条件(城镇个人建房)	
规划监督事项			☐ 规划核验(验线)　☐ 规划核验(验收)	
控规调整事项			☐ 用地性质　☐ 容积率　☐ 高度　☐ 其他(简要说明)	

告 知 事 项

1. 本表仅适用于"城镇建设项目—建筑工程"和"城镇建设项目—市政(交通、管线)建筑工程"项目的申报。市政(交通、管线)建筑工程是指城镇市政基础设施的厂(场)站源点工程。

2. "建设单位"栏须填写单位全称并加盖单位印章,须按实际情况在"单位类型"及"建设属性"栏选项方框内划"√"。为方便工作联系,"委托代理人(产权人)"、"移动电话"、"固定电话"信息应填写准确。申报规划许可事项的,建设单位(产权人)须出具《建设项目法人授权委托书》,委托代理人(产权人)须填写"身份证件号码"。

建设单位(产权人)对其提交的申报材料实质内容的真实性负责,并依法承担相应法律责任。提交的材料中,除规划行政机关核发的文件外,对可提交文件复印件的,建设单位须在复印件上加注"此复印件内容与原件内容核对无误"字样,并加盖单位印章。

3. "设计单位"栏须填写单位全称并加盖单位印章。"资质等级"、"资质证号"、"注册师证号"、"项目负责人"、"联系电话"等信息应填写准确。设计单位提供的设计文件和图纸内容应符合有关法律、法规、规章、规范及技术标准要求,并对相关内容的真实性、准确性、合法性负责,依法承担相应法律责任。

续表 2-1

  4. "建设项目基本情况"栏中的"项目性质"、"项目类别"、"建设位置"、"建设规模"、"图幅号"、"建设项目所处环路"、"居住项目"等信息应填写准确完整。"项目类别"栏中,"机要工程"以规定的部门出具的密级定密文件为准。

  申报居住项目《建设工程规划许可证》时,除居住配套项目外,其他性质的项目须分别申报。

  5. "规划许可决定获取方式"栏,申报单位可根据自身意愿选择。选择"规划行政机关送达"方式的,请准确填写相关信息。

  6. 填写"申报事项"栏时,应按照"项目类型"—"事项类别"—"申报阶段"—"申报内容"顺序选择,并在其对应的方框内划"√"。

  申报"行政许可事项"—"其他"—"涉及许可相关内容"的,须准确填写"原许可证件情况"相关信息。

  申报"规划许可有效期延续"的,应在需要延续的规划行政许可有效期届满三十日前,向作出该规划许可决定的行政机关提出申请。

  7. 建设项目取得《建筑工程施工许可证》后,应按城乡规划监督的有关规定,办理规划监督事宜。

  8. 申报材料(文件、图纸等)应符合规划行政主管部门公布的申报标准和示范文本要求,具体事项可登录北京市规划委网站查询或下载:www.bjghw.gov.cn。申报前请仔细阅读申报要求,备齐材料,并按要求将图纸装订成册。《建设项目规划许可及其他事项申报表【城镇建设项目—建筑工程,市政(交通、管线)建筑工程】》、《建设项目法人授权委托书》可按 A4 规格复印或从网站下载。

  9. 网站已开通部分规划许可事项的网上申报审批业务,建议通过登录北京市规划委员会网上规划许可审批系统进行申报。

————×××市规划委员会印制————
2009-10

  (2)选址规划意见通知书

  建设单位的工程项目选址申请经城市规划管理部门审查,符合有关法规标准的,即时收取申请人申请材料,填写"选址规划意见通知书"2份。将"选址规划意见通知书"一份加盖收件专用印章后交申请人;将申请材料和"选址规划意见通知书"一份装袋,填写移交单,转交有关管理部门。

  选址规划意见通知书由城市规划主管部门下发,并有附图(图略)。

2) 建设用地规划许可证及附件

  (1)提出规划用地申请

  建设单位持有按国家基本建设程序批准的建设项目立项的有关证明文件,向城市规划管理部门提出用地申请,填写规划审批申报表和准备好有关文件。

  建设用地规划许可证申报表主要内容为建设单位、申报单位、工程名称、建设内容、地址、规模等概况。需要准备好的有关文件,主要有计划主管部门批准的征用土地计划、土地管理部门的拆迁安置意见、地形图和规划管理部门选址意见书,以及要求取得的有关协议、意向书等文件和图纸。

  填写的申报表要加盖建设单位和申报单位公章。

  经审查符合申报要求的用地申请,发给建设单位或申报单位建设用地规划许可证立案表,作为取件凭证。

  (2)建设用地规划许可证

  征用土地是工程项目建设的最基本条件,要在工程设计时办理完成规划用地许可证和拆迁安置协议等有关事宜。

规划管理部门根据城市总体规划的要求和建设项目的性质、内容,以及选址定点时初步确定的用地范围界线,提出规划设计条件,核发建设用地规划许可证。办理建设用地规划许可证时应当注意:①征用农村集体土地,由城市规划行政主管部门提出选址规划意见通知书,待批准后,方可办理建设用地规划许可证。使用国有土地时,城市规划行政主管部门提出选址意见通知书,待批准后方可办理建设用地规划许可证。②国有土地管理部门提出拆迁安置意见后,正式确定使用国有土地的范围和数量,并待城市规划行政主管部门审定设计方案后,方可办理建设用地规划许可证。③建设用地规划许可证规定的用地性质、位置和界线,未经原审批单位同意,任何单位和个人不得擅自变更。

3) 用地申请及批准书

征用土地应严格按照国家规定的基本建设程序和审批权限办理。办理程序如下:

(1) 建设用地申请。建设单位和个人在取得建设用地规划许可证后,方可向县级以上地方人民政府土地管理部门申请用地,编制申请用地报告。

(2) 协商征地数量和补偿安置方案。县级以上人民政府土地管理部门对建设用地申请进行审核,划定用地范围,并组织建设单位与被征用土地单位以及有关单位依法商定征用土地协议和补偿、安置方案,报县级以上人民政府批准。

(3) 划拨土地。建设用地的申请,依照法律规定,经县级以上人民政府批准后,由土地管理部门根据建设进度需要进行一次或者几次分期划拨建设用地。

(4) 核发国有土地使用证。建设项目竣工后,由城市规划管理部门会同土地管理部门、房地产管理部门核查实际用地后,由县级以上人民政府办理土地登记手续,核发《国有土地使用证》。

2.1.3 勘察、测绘、设计文件

1) 工程地质勘察报告

(1) 勘察工作的内容和方法

① 勘察工作的内容

工程建设的勘察工作主要包括自然条件的调查、工程勘察、水文勘察、地震调查等内容。a. 自然条件的调查主要是气象、气候条件的观察,环境资源评价,地形测量和地形图的测绘工作;b. 工程勘察包括建筑物基础的岩土工程勘察,公路工程、铁路工程、海港工程等地质勘察;c. 水文勘察主要指工程水文地质勘察,了解并解决地下水对建筑工程造成的危害等不良影响;d. 地震调查主要指工程建设地区的地震情况调查,并作出地震时建筑物的安全评价。

② 勘察的方法。常用的地质勘察方法有野外调查、测绘、钻探、槽探、现场试验、室内试验和长期观测等。对于城市基本建设勘察来说,一般多采用槽探、井探、物探、试验室试验等。

(2) 工程地质勘察

对于一个建设项目,为查明建筑物的地质条件而进行的综合性的地质勘察工作,称为工程地质勘察。

城市工程地质勘察一般分为4个阶段：①选址勘察阶段，是工程地质勘察的第一阶段，任务是对拟选场地的稳定性和适宜性作出评价，以收集资料、踏勘为主要手段，对工程地质条件复杂的可做必要的勘探工作；②初步勘察阶段，是工程地质勘察的第二阶段，任务是对建设场地内建设地段的稳定性作出评价；③详细勘察阶段，是工程地质勘察的第三阶段，任务是对建筑地基作出工程地质评价，并为地基基础设计、地基处理与加固、不同地质现象的防治工程提供工程地质资料；④施工勘察阶段，是对工程地质条件复杂或有特殊施工要求的建筑物地基进行进一步的勘察工作。

（3）工程地质勘察报告

工程地质勘察报告是为查明建筑地区工程地质条件，进行综合性的地质勘察工作所获得的成果而编写的报告。通过工程地质勘察，对建筑地区工程地质情况和存在问题作出评价，为工程建设的规划、设计、施工提供必需的参考依据。

工程地质勘察报告的内容分为文字和图表两部分。文字部分的内容包括前言、地形、地貌、地层结构、含水层构造、不良地质现象、土的最大冻结深度、地震基本裂度、预测环境工程地质的变化和不良影响、工程地质建议等。图表部分包括工程地质分区图、平面图、剖面图、勘探点平面位置图、钻孔柱状图，以及不良地质现象的平剖面图、物探剖面图和地层的物理力学性质、试验成果资料等。

城市规划区内的建设工程，因建筑范围有限，一般只进行工程地质勘察工作，就可以满足设计需要。需注意：工程地质勘察报告要由经国家批准的有资质等级的单位进行工程地质勘察工作后再进行编写。

2）工程测量、测绘

工程测量是工程建设中各种测量工作的总称。工程设计阶段的工程测量，按工作程序和作业性质主要有地形测量和拨地测量。

（1）地形测量

工程建设的地形测量指建设用地范围内的地形测量，反映地貌、水文、植被、建筑物和居民点。地形测量大都采用实地测量，测量结果直接，内容较详尽。基建项目地形测量所绘地形图的比例尺一般为 1∶1 000 或 1∶500。根据测绘地点的水平位置、高程和地面形态及建筑物、构筑物等实测结果，绘制出建设用地范围内的地形图。

（2）拨地测量

征用的建设用地，要进行位置测量、形状测量和确定四至，一般称为拨地测量。拨地测量一般采用解析实钉法。

根据拨地条件，一般以规划部门批准的建设用地钉桩通知单中规定的条件，选定测量控制点，进行拨地导线测量、距离测量、测量成果计算等一系列工作，编制出征用土地的测量报告。

测量报告的内容为拨地条件、成果表、工作说明、略图、条件坐标、内外作业计算记录手簿等资料，并将拨地资料和定线成果展绘在 1∶1 000 或 1∶500 的地形图上，建立图档。

测量成果报告是征用土地的依据性文件，也是工程设计的基础资料。

3）建设用地钉桩（验线）通知单

规划行政主管部门在核发规划许可证时，应当向建设单位一并发放建设用地钉桩（验线）

通知单(见表2-2)。

建设单位在施工前应当向规划行政主管部门提交填写完整的《建设用地钉桩(验线)通知单》。规划行政主管部门应当在收到验线申请后7个工作日内组织验线。经验线合格的,方可施工。对未经验线进行建设的,由规划、建设行政主管部门分别对建设单位和施工单位予以警告,并责令限期补验。对未按照规划许可证批准内容进行建设,尚能及时纠正的,由规划行政主管部门责令限期改正;不履行规划许可证规定和要求的,责令限期履行;构成违法建设的,依照有关规定给予行政处罚。

表2-2 建设用地钉桩(验线)通知单

工程名称		许可证号	
建设单位		涉及图幅号	
施工单位		钉桩时间	
建设项目			
钉线情况说明			

附图:

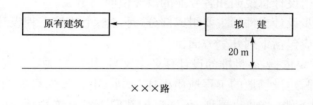

现场签名	建设单位代表	施工单位代表	规划院代表	规划局代表

4) 规划设计条件通知书

(1) 建设单位申报规划设计条件

建设项目立项后,建设单位应向规划行政管理部门申报规划设计条件,并准备好相关文件和图纸。相关文件和图纸为:①计划部门批准的可行性研究报告;②建设单位对拟建项目说明;③拟建方案示意图;④地形图和用地范围;⑤其他。

(2) 规划行政管理部门签发《规划设计条件通知书》

规划行政主管部门对建设单位申报的规划设计条件进行审查和研究,同意进行设计时,签发《规划设计条件通知书》,作为方案设计的依据。

《规划设计条件通知书》主要内容包括:①用地情况,包括规划建设用地面积和代征城市公共用地面积(代征道路用地和绿化用地面积);②用地使用性质,土地使用性质及其可兼容性质;③用地使用强度,用地强度是指用地范围的容积率、建筑密度、居住人口和居住建筑面积毛密度;④建设设计要求,建筑规模、建筑高度、建筑层数(地上、地下)、建筑规划用地边界线、建筑物间距、交通出入的方位(机动车、人流)、停车数量(机动车、自行车)、绿化(绿地率、绿地位置、保留古树及其他树木)、人均集中绿地面积;⑤城市设计要求;⑥市政要求;⑦配套要求;⑧其他事项。

5) 设计文件

所有新建、扩建、改建和技术改造项目在计划任务被批准以后,应当及时委托设计单位根据规划管理部门签发的工程设计条件通知书及附图进行工程设计,编制设计文件。委托设计指建设项目主管部门对有设计能力的设计单位或者经过招投标中标单位提出委托设计的委托书,建设单位和设计单位签订设计合同。一般建设项目实行两阶段设计,即初步设计和施工图设计。对于技术比较复杂,采用新工艺、新技术的重大项目,而又缺乏设计经验的,通常采用三阶段设计,即初步设计、技术设计和施工图设计。

(1) 初步设计图纸及说明

初步设计图纸主要包括总平面图、建筑图、结构图、给水排水图、电气图、弱电图、采暖通风及空气调节图、动力图、技术与经济概算等。

初步设计说明书由设计总说明和各专业的设计说明书组成。

设计总说明是初步设计文件的主要组成部分,是对整个建筑工程设计有关总体方面的文字叙述。其内容一般应包括下列几个方面:

① 工程设计的主要依据:a. 批准的设计任务书文号、协议书文号及其有关的摘录;b. 工程所在地区的气象、地理,建设场地的工程地质概述;c. 水、电、气、燃料等能源的供应,公用设施的利用和交通运输的条件;d. 城建规划、环境保护部门等对有关用地、环保、消防、人防、抗震设防烈度等的要求和依据资料;e. 建设单位提供的使用要求或生产工艺的设计资料。

② 工程设计的规模和设计范围:a. 工程设计的规模及项目组成;b. 如果是分期建设,应说明近期、远期工程的情况;c. 承担设计的范围与分工。

③ 设计的指导思想和设计特点:a. 设计在贯彻国家政策、法令和有关规定等方面的阐述;b. 采用新技术、新材料、新设备和新结构的情况;c. 对环境保护、节约用地、节约能源、综合利用、抗震设防等采取的主要措施;d. 根据使用功能要求,对总体布局和选用标准方面的综合叙述。

④ 总指标:a. 总用地面积、总建筑面积、总建筑占地面积;b. 总概算或建筑工程的总投资,节约或超过投资的主要原因分析;c. 水、电、气、燃料等能源总的和单位消耗量,主要建筑材料(三材)总消耗量;d. 其他相关的技术经济指标及分析。

⑤ 需提请在设计审批时解决或确定的主要问题:a. 有关城市规划、红线、拆迁和水、电、气、燃料等能源供应的协作问题;b. 设计总建筑面积、总投资(概算)存在的问题;c. 设计选用标准方面的主要问题;d. 有关主要设计基础资料和施工条件的落实。

各专业初步设计说明书的内容详见《建筑工程设计文件编制深度的规定》。

若工程简单、规模小,设计总说明和各专业的设计说明书可合并编写,有关内容可适当简化,初步设计说明书的章节也可适当缩减。

(2) 技术设计

技术设计是对初步设计的补充和深化,是对于一些技术比较复杂或有特殊要求的建设项

目,以及采用新工艺、新技术的重大项目,而又缺乏设计经验的,通常增加技术设计。技术设计编制的目的:

① 对设计方案中比较复杂的技术问题和有关科学试验新开发的项目以及外援项目、特殊要求的建设项目,需通过更详细的设计和计算,对于工艺流程、建筑结构、工程技术问题等进一步阐明其可靠性和合理性。

② 核实建设规模,检查设备选型。

(3) 施工图设计及说明

施工图设计主要包括总平面图、建筑图、结构图、给水排水图、电气图、弱电图、采暖通风及空气调节图、动力图设计和预算等。

在图纸目录中先列新绘制图纸,后列选用的标准图、通用图或重复利用图。

施工图说明书由设计总说明和各专业的设计说明书组成。

一般工程的设计说明,可分列写在有关的图纸上。如重复利用某一专门的施工图纸及其说明时,应详细注明其编制单位资料名称和编制日期。如果施工图设计阶段对初步设计有改变,应重新计算并列出主要技术经济指标表。这些表可列在总平面布置图上。

各专业施工图设计说明书的内容详见《建筑工程设计文件编制深度的规定》。

(4) 施工图设计审查

建筑工程施工图设计文件审查是为了加强工程项目设计质量的监督和管理,保护国家和人民生命财产安全,保证建设工程设计质量而实施的行政管理。

国务院《建设工程质量管理条例》规定"建设单位应当将施工图设计文件报县级以上政府建设行政部门或者其他有关部门审查"、"施工图设计文件未经审查和批准的不得使用"。目前实施的是对各类新建、改建、扩建的建筑工程项目的施工图设计文件的审查。

① 管理部门和审查机构。各级建委(县级以上)负责本市施工图审查的管理工作,并委托施工图审查机构审查,建筑业管理办公室负责对施工图审查机构的考核管理和工程施工图审查的备案等监督管理工作,并委托质量监督总站实施备案。

② 审查范围。审查范围是行政地域范围内符合建筑工程设计等级分级标准中的各类新建、改建、扩建的建筑工程项目。

③ 审查内容:a. 建筑物的稳定性、安全性,包括地基基础和主体结构体系是否安全、可靠;b. 是否符合消防、节能、环保、抗震、卫生、人防等有关强制标准和规范;c. 施工图是否达到规定的深度要求;d. 是否损害公众利益。

2.1.4 招投标资料

1) 勘察设计招投标资料

(1) 勘察招标

勘察是招标人委托有资格的勘察设计单位对建设项目的可行性研究立项选址,并作为后期设计工作提供现场的实际资料。由于建设项目的建设地点、规模、性质、复杂程度的不同,工程设计所需的技术要求千差万别,委托勘察工作的内容和科研项目也相应不同。在招标文件中勘察任务应具体明确,给出任务的数量指标,如地质勘探的孔位、眼数、总钻探进尺长度等。

勘察任务可以采取勘察设计总承包,也可以单独发包给具有相应资质的勘察单位实施完成。前者对招标人较为有利;后者使招标人可以摆脱实施过程中可能遇到的协调义务,而且能使勘察工作直接根据设计需要进行,满足设计对勘察资料精度、内容和进度的要求,必要时还可以进行补充勘察工作。

勘察的内容有8个类别:①自然条件观测;②地形图测绘;③资源探测;④岩土工程勘察;⑤地震安全性评价;⑥工程水文地质勘察;⑦环境评价和环境观测;⑧模型试验和科研。

(2) 设计招标

为了保证设计指导思想连续地贯彻于设计的各个阶段,一般工程项目多采用技术设计招标或施工图设计招标,不单独进行初步设计招标,由中标的设计单位承担初步设计任务。招标人应根据工程项目的具体特点决定发包的工作范围,可以采用设计全过程总发包的一次性招标,也可以选择分单项或分专业的发包招标。

以招标投标方式委托设计任务,是为了让设计的技术和成果作为有价值的商品进入市场,通过招标择优确定实施单位,达到拟建工程项目能够采用先进的技术和工艺、降低工程造价、缩短建设周期和提高投资效益的目的。设计招标的特点表现为承包任务是投标人通过自己的智力劳动,将招标人对建设项目的设想变为可实施的蓝图。

在设计招标文件中投资人只是简单介绍工程项目的实施条件、预期达到的技术经济指标、投资限额、进度要求等,招标人通过开标、评标程序对各方案进行比较选择后确定中标人。鉴于设计任务本身的特点,设计招标应采用设计方案竞选的方式招标。

(3) 设计招标文件

方案竞选的设计招标文件是指导投标人正确编标报价的依据,既要全面介绍拟建工程项目的特点和设计要求,还应详细提出应当遵守的投标规定。

① 招标文件的主要内容

招标文件通常由招标人委托有资质的中介机构准备,其内容应包括以下几个方面:a. 投标须知,包括所有对投标要求的有关事项;b. 设计依据文件,包括设计任务书及经批准的有关行政文件复印件;c. 项目说明书,包括工作内容、设计范围和深度、建设周期和设计进度要求等方面内容,并告知建设项目的总投资限额;d. 合同的主要条件;e. 设计依据资料,包括提供设计所需资料的内容、方式和时间;f. 组织现场考察和召开标前会议的时间、地点;g. 投标截止日期;h. 招标可能涉及的其他有关内容。

② 设计要求文件的主要内容

招标文件中,对项目设计提出明确要求的"设计要求"或"设计大纲"是最重要的文件部分,大致包括以下内容:a. 设计文件编制的依据;b. 国家有关行政主管部门对规划方面的要求;c. 技术经济指标要求;d. 平面布局要求;e. 结构形式方面的要求;f. 结构设计方面的要求;g. 设备设计方面的要求;h. 特殊工程方面的要求;i. 其他有关方面的要求,如环境、消防等。

编制设计要求文件应兼顾三个方面:严格性,文字表达应清楚,不被误解;完整性,任务要求全面,不遗漏;灵活性,要为投标人发挥设计创造性留有充分的自由度。

(4) 对投标人的资格审查

对申请投标人的资格审查,无论是对公开招标还是邀请招标,审查的基本内容相同。

① 资格的审查。资格审查是审查投标人所持有的资质证书是否与招标项目的要求一致,

是否具备实施资格。审查的主要内容包括证书的种类、证书的级别、允许承接的业务范围。

② 能力的审查。判定投标人是否具备承担发包任务的能力,通常审查投标人的技术力量和所拥有的技术设备两方面是否满足要求。

③ 经验的审查。通过投标人报送的最近几年完成的工程项目表,评定其设计能力和水平,侧重于考察已完成的设计项目与招标工程在规模、性质、形式上是否相适应。

2) 勘察设计承包合同

发包人通过招标方式与选择的中标人就委托的勘察、设计任务签订合同。订立合同,委托勘察、设计任务是发包人与承包人的自主市场行为,但必须遵守相关法律、法规的要求。为了保障勘察、设计承包合同的内容完整、责任明确、风险责任合理分担,建设部和国家工商行政管理局在2000年颁布了建设工程勘察合同示范文本和建设工程设计合同示范文本(简称范本)。

(1) 勘察承包合同

依据范本订立建设工程勘察合同时,双方应根据工程项目的特点,通过协商,在合同的相应条款内明确以下具体内容:

① 发包人应提供的勘察依据文件和资料:a. 提供本工程批准文件(复印件)、用地(附红线范围)、施工、勘察许可等批准文件(复印件);b. 提供工程勘察任务委托书、技术要求和工作范围的地形图、建筑总平面布置图;c. 提供勘察工作范围已有的技术资料及工程所需的坐标和高程资料;d. 提供勘察工作范围内地下已有埋藏物的资料(如电力、通讯电缆、各种管道、人防设施、洞穴等)及具体位置图;e. 其他必要的相关资料。

② 委托任务的工作范围:a. 工程勘察内容;b. 技术要求;c. 预计的勘察工作量;d. 勘察成果资料提供的份数。

③ 合同工期。合同约定的勘察工作的开始时间和终止时间。

④ 勘察费用:a. 勘察费用的预算金额;b. 勘察费用的支付程序和每次支付的百分比。

⑤ 发包人应为勘察人提供的现场工作条件。根据工程项目的具体情况,合同双方当事人可以在合同内约定由发包人负责保证勘察工作顺利开展应提供的条件。

⑥ 违约责任:a. 承担违约责任的条件和处理办法;b. 违约金的计算方法等。

⑦ 合同争议的最终解决方式。合同中应明确约定解决合同争议的最终解决方式是采用仲裁还是诉讼。采用仲裁时,约定仲裁委员会的名称。

(2) 设计承包合同

依据范本订立建设工程设计合同时,双方应根据工程项目的特点,通过协商,在合同的相应条款内明确以下具体内容:

① 发包人应提供的文件和资料:a. 设计依据文件和资料,主要包括经批准的项目可行性研究报告或项目建议书,城市规划许可文件、工程勘察资料等;b. 项目设计的要求,主要包括工程的范围和规模,限额设计的要求,设计依据的标准,法律、法规规定应满足的其他条件。

② 委托任务的工作范围:a. 设计范围。合同内应明确建设规模,详细列出工程分项的名称、层数和建筑面积。b. 建筑物的合理使用年限要求。c. 委托的设计阶段和内容。包括方案设计、初步设计和施工图设计的全过程,也可以是其中的某个阶段。d. 设计深度的要求。方

案设计文件应当满足编制初步设计文件和控制概算的需要;初步设计文件应当满足编制施工招标文件、主要设备材料订货和编制施工图设计文件的需要;施工图设计文件应当满足设备材料、非标准设备制作和施工的需要。具体内容应根据项目的特点在合同中约定。设计人应根据国家有关标准进行设计,设计标准可以高于国家规范的强制性规定。e. 设计人配合施工的要求。包括向发包人和施工承包人进行设计交底、处理有关设计问题、参加重要隐蔽工程部位验收和竣工验收等。

③ 设计人交付设计资料的时间。合同约定的方案设计、初步设计和施工图设计交付时间。

④ 设计费用。合同双方应根据国家有关规定,确定最低的设计费用。设计费用的分阶段支付进度款的条件和每次支付总设计费的百分比及金额。

⑤ 发包人应为设计人提供的现场工作条件。

⑥ 违约责任(见"勘察承包合同示范文本")。

⑦ 合同争议的最终解决方式(见"勘察承包合同示范文本")。

3) 施工招投标文件

建设工程施工招投标是建设单位以竞争的方式择优选择施工队伍的一种管理制度。它的特点是发包的工作内容具体、明确,各投标人编制的投标书在评标时易于进行横向对比。虽然投标人按照招标文件的工程量表既定的工作内容和工程量编标报价,但价格的高低并非是确定中标人的唯一条件,投标过程实际上是各投标人完成该任务的技术、经济、管理等综合能力的竞争。

(1) 招投标程序

建设工程施工招投标程序与设计招投标程序基本相同,一般按下述程序进行:

① 招标准备阶段。招标准备阶段的工作由招标人单独完成,投标人不参与。主要工作包括选择招标方式、办理招标备案手续、组织招标班子和编制招标有关文件。

② 招投标阶段。在招投标阶段,招标人应做好招标的组织工作,投标人则按照招标有关文件规定程序和具体要求进行投标报价的竞争。此阶段工作是发布招标公告,资格预审,确定投标单位名单,分发招标文件以及图纸和技术资料,组织踏勘现场和招标文件答疑,接受投标文件,建立评标组织,制定评标、定标的办法。

③ 定标阶段。从开标日到签订合同这一时期称为定标阶段,是对各投标书进行评审比较,最终确定中标人的过程。此阶段工作是召开开标会议,审查投标标书,组织评标,公开标底,定标前谈判,确定中标单位,发布中标通知书,签订施工承发包合同。

④ 工程施工招投标流程见图 2-3。

(2) 编制招标文件

在招标方式、合同类型、发包数量确定后,建设单位应组织编写招标有关文件。

① 招标公告。由招标人通过指定的报刊、信息网或其他媒介,并同时在中国工程建设网和建筑业信息网上发布招标公告;实行邀请招标的,应向3个以上符合资质条件的投标人发送投标邀请书。主要介绍招标工程项目基本情况和招标单位的情况、投标单位购买预审文件办法等有关事宜。

② 资格预审文件。资格预审文件由资格预审须知和资格预审申请表两部分组成。资格

预审须知是明确参加投标单位应知事项和申请人应具备的资历及有关证明文件。由投标人填写的资格预审申请表是按照招标单位对投标申请人的要求条件而编写的。

③ 招标文件。招标文件是投标人编写投标书和报价的依据,文件中的各项内容应尽可能完整、详细,明确而具体,要最大限度减少误解和可能产生的争议。由于招标文件的内容繁多,必要时可以分卷、分章编写。施工招标合同示范文本推荐的招标文件组成结构包括以下内容:a. 投标邀请;b. 投标人须知前附表,投标人须知(包括密封、签署、盖章要求等);c. 投标人应当提交的资格、资信证明文件;d. 投标报价要求、投标文件编制要求和投标保证金交纳方式;e. 招标项目需求:招标项目的技术规格、要求和数量,包括附件、图纸等;f. 合同格式:合同主要条款及合同签订方式,一般包含通用合同条款和专用合同条款两个部分;g. 交货和提供服务的时间;h. 评审因素和评审标准:评标方法、评标标准和废标条款;i. 投标文件的组成和格式:投标截止时间、开标时间及地点;j. 省级以上财政部门规定的其他事项。

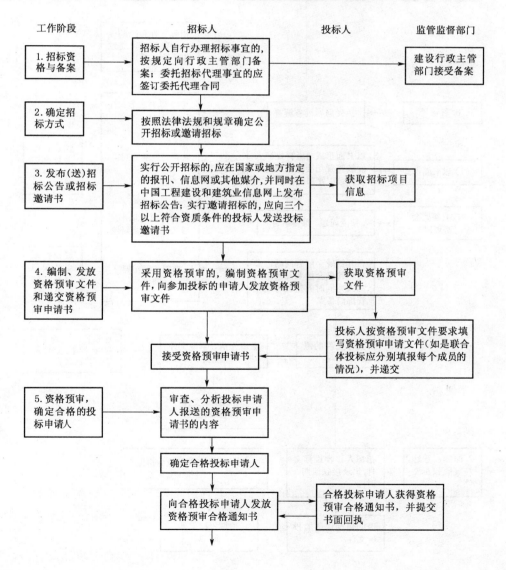

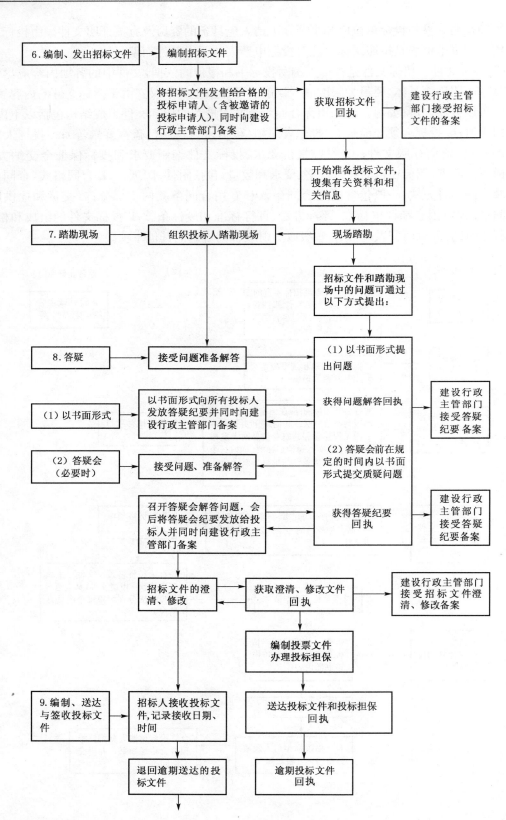

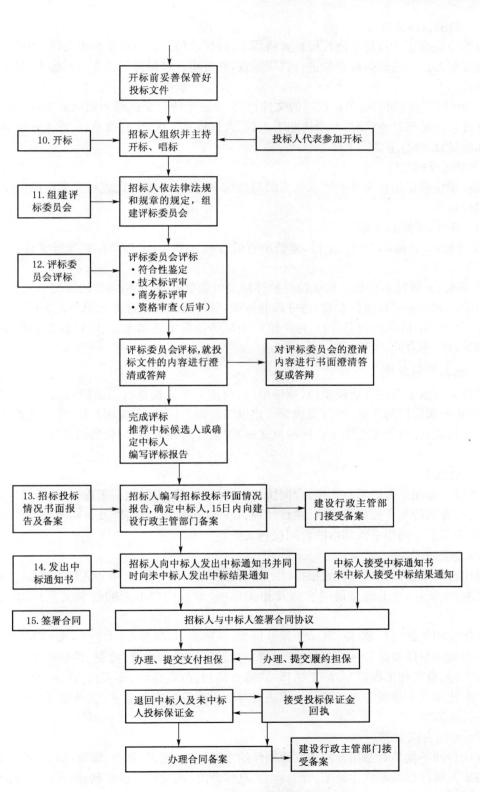

图 2-3 施工招投标流程图

(3) 编制投标文件

投标单位在正式投标前进行投标资格预审,投标单位要填写资格预审文件,申请投标。招标单位要对参加申请的投标单位进行资质审查,并将审查结果通知各申请投标人,确定合格的投标单位。

① 投标单位应向招标单位提供的文件材料:a. 企业的营业执照和资质证书;b. 企业简历;c. 自有资金情况和财务状况;d. 全体职工人数、人员技术等级、自有设备;e. 近3年承建的主要工程和质量;f. 现有主要施工任务。

② 编写投标文件

投标单位根据招标文件的要求认真编写投标书,投标书编制完成后在规定的期限内密封送达招标单位。

(4) 开标、评标和中标

① 开标:a. 开标由招标人主持,邀请所有的投标人参加;b. 当众检查投标文件,并应得到公证机关公证。

② 评标:a. 评标由招标人依法组建的评标委员会负责,在严格保密的情况下进行;b. 评标委员会应当客观公正地履行职责,遵守职业道德,对所提的评审意见承担个人责任。

③ 中标。中标单位确定后,招标单位向中标单位发出通知书,然后招标单位与中标的施工单位签订施工合同。

4) 施工承包合同

建设工程施工合同是建设单位(招标单位)与施工单位根据有关法律、法规,遵循平等、自愿、公平和诚实信用的原则,签订完成某一建设工程施工任务,明确相互权利、义务关系的有法律效力的协议。《建设工程施工合同示范文本》中把合同分为协议书、通用条款、专用条款3个部分。

(1) 协议书

《建设工程施工合同示范文本》合同协议书共计13条,主要包括工程概况、合同工期、质量标准、签约合同价和合同价格形式、项目经理、合同文件构成、承诺以及合同生效条件等重要内容,集中约定了合同当事人基本的合同权利义务。

(2) 通用条款

通用合同条款是合同当事人根据《中华人民共和国建筑法》、《中华人民共和国合同法》等法律法规的规定,就工程建设的实施及相关事项,对合同当事人的权利义务作出的原则性约定。

通用合同条款共计20条,具体条款分别为:一般约定、发包人、承包人、监理人、工程质量、安全文明施工与环境保护、工期和进度、材料与设备、试验与检验、变更、价格调整、合同价格、计量与支付、验收和工程试车、竣工结算、缺陷责任与保修、违约、不可抗力、保险、索赔和争议解决。前述条款安排既考虑了现行法律法规对工程建设的有关要求,也考虑了建设工程施工管理的特殊需要。

(3) 专用合同条款

专用合同条款是对通用合同条款原则性约定的细化、完善、补充、修改或另行约定的条款。合同当事人可以根据不同建设工程的特点及具体情况,通过双方的谈判、协商对相应的专用合同条款进行修改和补充。在使用专用合同条款时,应注意以下事项:①专用合同条款的编号应与相应的通用合同条款的编号一致;②合同当事人可以通过对专用合同条款的修改,满足具体建设工程的特殊要求,避免直接修改通用合同条款;③在专用合同条款中有横道线的地方,合同当事人可针对相应的通用合同条款进行细化、完善、补充、修改或另行约定,如无细化、完善、补充、修改或另行约定则填写"无"或划"/"。

5) 监理招投标文件

(1) 招标文件

招标人为了指导投标人正确编制投标书,监理招标文件应包括以下方面的内容,并提供必要的资料。

① 投标须知:a. 工程项目综合说明,包括主要的建设内容、规模、工程等级、地点、总投资、现场条件、开竣工日期;b. 委托的监理范围和监理业务;c. 投标文件的格式、编制、递交;d. 无效投标文件的规定;e. 投标起止时间,开标、评标、定标的时间和地点;f. 招标文件、投标文件的澄清与修改;g. 评标的原则等。

② 合同条件。

③ 业主提供的现场办公条件(包括交通、通讯、住宿、办公用房等)。

④ 对监理单位的要求(包括现场监理人员、检测手段、工程技术难点等方面)。

⑤ 有关技术规定。

⑥ 必要的设计文件、图纸、有关资料。

⑦ 其他事宜。

(2) 投标文件

投标人根据招标文件编制投标书,投标书应注意以下方面的合理性:①投标人的资质(包括资质等级、批准的监理业务范围、主管部门或股东单位、人员综合情况等);②监理大纲的合理性;③拟派项目的主要监理人员(总监理工程师和主要专业监理工程师);④人员派驻计划和监理人员的素质(学历证书、职称证书、上岗证书等);⑤监理单位提供用于工程的检测设备和仪器,或委托有关单位检测的协议;⑥近几年监理单位的业绩和奖惩情况;⑦监理费报价和费用的组成;⑧招标文件要求的其他情况。

2.1.5 开工审批资料

1) 建设工程规划许可证及附件

新开工的项目应列入年度计划,建设单位应向建设行政主管部门和工程规划部门申请开工许可。申请开工的建设项目需办理建设工程规划许可证和建设工程开工证。

(1) 开工应具备的条件

① 有经过审批的可行性研究报告和初步设计文件。

② 已列入国家或地方的年度基本建设计划。

③ 完成了征用土地、拆迁安置工作。

④ 落实了三通一平(或四通、五通、六通、七通一平)。

⑤ 施工图纸和原材料物资准备能满足工程施工进度的要求。

⑥ 办理了施工招标手续,与施工单位签订了施工合同。

⑦ 选定了建设监理部门,并与监理单位签订了工程施工监理合同。
⑧ 资金到位,并取得了审计机关出具的开工前审计意见书。
⑨ 建设项目与市政有关部门协调,落实了配套工程设计并签订了合同。
⑩ 办理了建设工程规划许可证。
⑪ 办理了建设工程施工许可证。

根据开工项目应具备的条件,建设单位基本落实前9项的条件,即可申请办理建设工程规划许可证和建设工程施工许可证。

(2) 建设工程规划许可证

建设工程规划许可证是建设单位在城市规划区内新建、改建、扩建的建筑物、构筑物、道路、管线和其他工程设施,必须持有相关批准文件向城市规划行政主管部门提出申请,根据城市规划,由城市规划行政主管部门提出规划要求,并审查设计施工图等有关文件,核发的法规性文件。

① 建设工程规划许可证申报程序:a. 建设单位领取并填写规划审批申请表,加盖建设单位和申报单位公章;b. 提交申报建设工程规划许可证要求中所列要求报送的文件和图纸;c. 城市规划行政管理部门填发建设工程规划许可证立案表,作为申报建设工程规划许可证的回执;d. 城市规划行政管理部门进行审查,对不符合规划要求的初步设计提出修改意见,发出修改工程图纸通知书,修改后重新申报;e. 经审查合格的建设工程,建设单位在取件日期内在规划管理单位领取建设工程规划许可证;f. 办理建设工程规划许可证要经过建设单位申请和规划行政管理部门审查批准。

② 申报建设工程规划许可证要求报送的文件和图纸主要有:a. 年度施工任务批准文件;b. 人防、消防、环保、园林、市政、文物、通讯、教育、卫生等有关行政主管部门的审批意见和要求,以及取得的协议书;c. 工程竣工档案登记表;d. 工程设计图,包括总平面图,各层平、立、剖面图,基础平面图和设计图纸目录;e. 其他。

③ 核发建设工程规划许可证。建设工程规划许可证还包括建设工程规划许可证附图与附件。附图与附件由发证机关确定,与建设工程规划许可证具有同等的法律效力。

建设工程规划许可证中除正文外,还规定了应注意的事项:a. 建设工程放线后,由测绘院、规划行政管理部门验线,合格后方可施工;b. 与消防、交通、环保、市政等部门未尽事宜,由建设单位负责与有关行政主管部门联系,妥善解决;c. 建设工程规划许可证发出后2年内工程未动土,本许可证自动失效,再需要建设时应向审批机关重新申报,经审核批准后方可动工;d. 建设工程竣工后应按规定编制工程竣工档案,报送城市建设档案馆。

2) 建设工程施工许可证申请表

建设工程开工前,建设单位应当按照国家有关规定向工程所在地建设行政主管部门申请领取施工许可证。建设单位在取得建设工程规划许可证和其他有关行政主管部门的批准文件后,向建设行政主管部门提出申请开工报告,填报建设工程开工审批表,由建设行政主管部门审查批准,核发给建设工程施工许可证。

申请表是指新建、改建、扩建项目在工程正式动工前,对具备了开工条件的建设项目,由建设单位向建设行政主管部门提出要求开工的申请。填写工程开工审批表,一般由建设单位会同施工单位共同办理,其基本内容包括:①建设工程概况;②可行性研究报告和初步设计的批准文件;③列入年度建设计划;④完成了施工现场准备,完成了三通一平、测量放线等工作;

⑤施工材料、物资准备基本就绪,建筑材料、施工机具等已做好准备,开工必备的物资已进场;⑥施工技术准备完成了施工图设计和施工组织设计;⑦组织准备已建立了项目组织机构和项目管理规划;⑧资金准备已出具证明文件,审计部门出具了审计证明;⑨与施工单位签订了施工合同;⑩与监理单位签订了监理合同;⑪其他。

3)建设工程施工许可证

建设单位准备好应当提供的各种文件材料到建设行政主管部门办理建设工程施工许可证。建设行政主管部门应当自收到申请之日起 15 日内,对符合条件的申请者发给施工许可证。

(1)审批建设工程施工许可证

建设行政主管部门及有关部门接到工程开工审批表后,要进行逐项认真审查、核实,确定是否具备了开工条件。基本建设大中型项目批准开工之前,国家计委或委托有关部门派人到现场检查落实开工条件,凡未达到开工条件的,不予批准。小型项目的开工审批工作按各地区、各部门制定的具体办法办理。

(2)核发建设工程施工许可证

建设工程施工许可证是新建、改建、扩建工程开工必备的依据性文件,开工的建设项目经审查具备开工条件后,由具有审批权限的建设行政主管部门核发建设工程施工许可证。军队建设项目由军队系统基本建设行政主管部门直接进行审核并核发建设工程施工许可证。

建设单位应当自领取施工许可证之日起 3 个月内开工。因故不能按期开工,应当向发证机关申请延期。延期以 2 期为限,每次不超过 3 个月。因故不能按期开工超过 6 个月的,应当重新办理开工报告的审批手续。

2.1.6 工程质量监督手续

1)建设工程质量监督报监备案登记表

凡由市建委审批开工的建设工程,建设单位应在开工前到市建设工程质量监督部门办理工程质量监督手续。由区(县)建委审批开工的建设工程,建设单位应在开工前到区(县)建设工程质量监督站办理工程质量监督注册手续。

办理工程质量监督注册手续时,建设单位应提供下列文件资料:①《工程规划许可证》;②《工程开工审查表》;③勘察、设计单位资质等级证书和工程勘察设计文件;④施工图审查批准书;⑤监理单位资质登记证书以及《工程监理通知书》;⑥外地进入本地施工企业承包工程施工证;⑦中标通知书和建设单位与施工企业签订的施工合同。

建设单位在提交上述文件后,方可办理监理注册登记并填写《建设工程质量监督注册登记表》,由监督注册部门审查符合要求后,当即办理监督注册手续,指定监督机构并发出《质量监督通知书》。然后在《建设工程开工审查表》及《建设工程质量注册登记表》的规定栏目内加盖监督机构专用章。

2)见证取样和送检见证人授权书

为了加强建设工程质量管理和监督,每个单位工程必须有 7 名取样和送检见证人,见证人由施工现场监理人员或由建设单位委派具有一定试验知识的专业技术人员担任。见证人设定后,建设单位根据建设工程质量监督的有关规定,向工程质量监督机构办理见证取样和送检见证人授权备案书(见表2-3)一式四份(质量监督机构、质量检测试验室、施工单位、见证人各一份)。

工程竣工后备案书存入工程档案。见证人和送检单位对送检试验样品的真实性和代表性负法定责任。

表2-3 有见证取样和送检见证人备案书

有见证取样和送检见证人备案表 B2-10	编　号	
	质量监督站	
	试验室	

我单位决定,由　　　　　同志担任　　　　　　　　　　　　　工程有见证取样和送检见证人,负责对涉及结构安全及主要功能的试件、试样、材料的见证取样和送检。

有关的印章和签字如下,请查收备案。

有见证取样和送检印章	见证人签字
建设单位名称(盖章)	年　月　日
监理单位名称(盖章)	年　月　日
施工项目负责人(签字)	年　月　日

本表由建设(监理)单位填写,建设单位、试验单位、见证单位、监督站、施工单位保存。

3) 见证取样试验

在施工过程中,见证人根据见证取样的有关规定,按有见证取样和送检计划对施工现场的取样和送检进行见证,并在试样上作出标识、封志。试验委托单上应有见证人和送检人签名。试验委托单从实验室领取,由见证人保管使用。

实验室在检查确认试样上作出标识、封志和试验委托单见证人的签名无误后方可进行试验,否则应拒绝试验。

有见证取样和送检项目的试验报告应有见证人姓名(必须与委托单上姓名一致,并由实验室人员填写),同时加盖有见证取样章。

未按有见证取样规定送检的材料试验项目,其试验报告视为无效,其工程质量应由法定检测单位进行检测确定,检测费用由责任方承担。

各种有见证取样和送检试验资料必须真实、完整。对伪造、涂改、抽换、丢失试验资料等行为的责任单位和责任人,依法追究其责任。

见证取样送检委托单(表 2-4)一式四份。

表 2-4 见证取样送检委托单

工程名称： 　　　　　　　　　　　　　　　　　　　302018□□

致：　　　　　检测中心　　　　　　　　　　　　（检测机构）

本工程____部位的____（材料、构配件、试块、试件），经有关单位见证取样（制作），手续齐备。现将样品送你单位按现行国家（行业）标准进行材料复检/施工试验，并要求于_____年___月___日提交检验报告。

施工单位(章)：

送样人：

日 期： 年 月 日

一、材料复检

序号	材料、构配件名称	规格型号	出厂批号	代表数量	强度等级牌号	生产厂家	生产日期	取样数量	试验要求
								一组	按规范要求试验

二、施工试验

序号	试块、试件品称	规格型号	连接方法	代表部位	设计强度	养护条件	制作日期	取样数量	试验要求
								一组	按规范要求试验

施工单位：	检测机构(章)：	监理单位：	建设单位：
取样人：	收样人：	见证人：	见证人：
证　号：	证　号：	证　号：	证　号：
年 月 日	年 月 日	年 月 日	年 月 日

本表一式四份：施工、监理、建设、检测各一份。见证人和取样人员应对试件的代表性和真实性负责。

2.2 建设单位工程资料管理基本要求

建设单位工程资料管理要求：①建设单位应当按照基本建设程序进行工作，重视工程资料管理，配备专职或兼职的工程资料管理人员；②建设单位的资料管理人员应负责及时收集基本建设程序各个环节所形成的文件资料，并按类别、形成时间进行登记、立卷、保管；③工程竣工后，建设单位应按规定进行移交；④涉及需要向政府行政主管部门申报的建筑资料，应按政府行政主管部门的有关规定执行；⑤在开工前应填写工程概况表和工程项目管理机构及管理人员名单。

1）工程概况表（表2-5）

工程概况表指对工程的一般情况、工程构造特征及机电系统（即建筑设备安装工程系统）的概述，以及各参建单位的记录。

表2-5 建筑工程概况表

工程名称		档案号（由档案馆填写）		
工程地址		工程曾用名		
规划用地许可证编号		规划许可证号		
施工许可证号		工程设计号		
工程档案登记号		工程决算（元）		
开工日期		竣工日期		
建设单位	单位名称		单位代码	
	单位地址		邮政编码	
	联系人		电话	
	建设单位上级主管单位			
工程有关单位	单位代码		单位名称	
产权单位				
设计单位				
施工单位				
监理单位				
勘察单位				
管理单位				
使用单位				
建筑面积（m²）		总占地面积（m²）		主要建筑物高度（m）

续表 2-5

填表单位(章)	填表人		年 月 日
年 月 日	审核人		年 月 日

注：本表由建设单位填写，工程竣工后，建设单位向城建档案馆移交工程档案时使用本表。

2) 工程项目管理机构及管理人员名单（表 2-6）

（1）建设工程开工前，建设单位应当指定项目法定代表人或项目负责人，项目法定代表人或项目负责人应具备相应的业务素质和项目管理工作的实际经验。

（2）工程项目管理机构的人员素质、内部组织机构应满足工程管理和技术上的要求。

（3）建设单位应将项目法定代表人或项目负责人授权书（姓名及授权事项）和管理人员名单通知监理单位、施工单位，同时报建设行政主管部门备案。在施工过程中，项目法定代表人或项目负责人发生变更的，应当按照规定重新通知有关方和备案。

表 2-6　工程项目管理机构及管理人员名单

编号：

单位名称		联系电话			
法定代表人		单位技术负责人			
项目负责人		项目技术负责人			
姓名	职务	职称	专业	分工	备注

建设单位法定代表人：_____（公章）

日期：_____

另附：建设单位对项目法定代表人或项目负责人的任命书

2.3 建设单位工程资料形成流程

建设单位工程资料可按如图 2-4 所示流程形成。

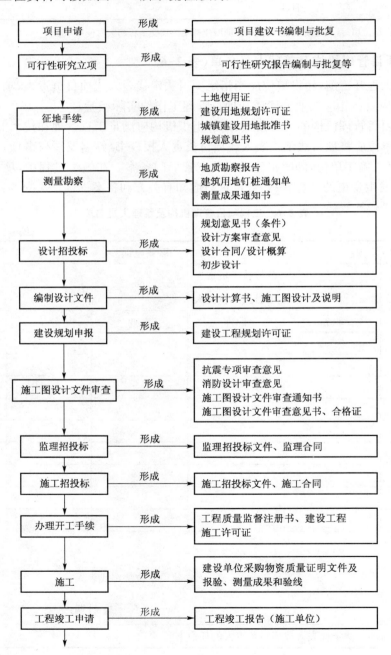

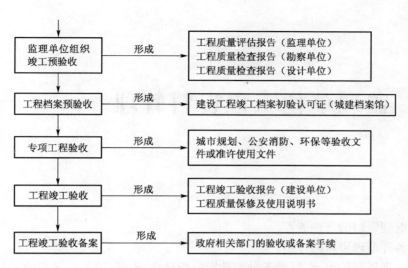

图 2-4 建设单位工程资料流程图

3 监理单位工程资料管理

知识点

（1）了解监理资料的管理流程。
（2）理解各种监理资料的作用。
（3）掌握监理资料的组成，以及各种监理资料的概念、表式、填写要求和填表方法。

基本要求

学生通过本单元的学习，达到以下基本要求：
（1）能熟练地填写、收集、整理、归档各类监理资料。
（2）能解释各种监理资料的作用并加以熟练应用。

3.1 监理管理资料

建设监理资料是指监理单位在工程监理过程中所形成的资料，按照施工阶段工程监理的主要工作任务和控制环节将建设监理资料划分为监理管理资料、进度控制资料、质量控制资料、造价控制资料及合同管理资料5个方面。

3.1.1 监理单位文件资料的概念

监理单位文件资料的管理是指监理工程师受建设单位的委托，在其进行工作期间，对工程建设实施过程中所形成的与监理相关的文档进行收集积累、加工整理、组卷归档和检索利用等进行一系列工作。

3.1.2 监理单位资料管理流程的内容

监理单位资料管理流程如图3-1～图3-5所示。
监理管理资料主要包括监理规划、监理实施细则、监理月报、监理会议纪要、监理日记、旁站监理记录、监理工作联系单、监理工程师通知单、监理工程师通知回复单、见证取样和送检记录表、承包单位通知单等内容。

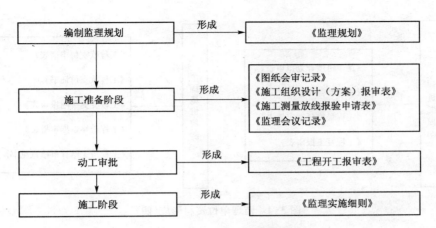

图 3-1 监理单位资料形成（一）

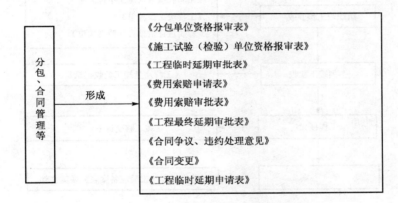

图 3-2 监理单位资料形成（二）

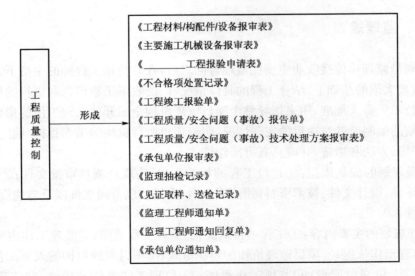

图 3-3 监理单位资料形成（三）

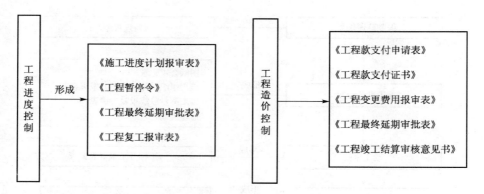

图 3-4 监理单位资料形成（四）

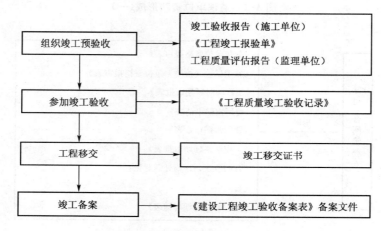

图 3-5 监理单位资料形成（五）

3.1.3 监理规划

监理规划是监理单位接收业主委托监理合同之后，在总监理工程师的主持下，根据委托监理合同，在监理大纲的基础上，结合工程的具体情况，广泛收集工程信息和资料的情况下编制，经监理单位技术负责人批准，用来指导整个项目监理机构全面开展监理工作的指导性文件。

监理规划的编制应针对项目的实际情况，明确项目监理机构的工作目标，确定具体的监理工作制度、程序、方法和措施，并应具有可操作性。

(1) 监理规划的编制依据：①建设工程的相关法律、法规及项目审批文件；②与建设工程项目有关的标准、设计文件、技术资料；③监理大纲、委托监理合同文件以及与建设工程项目相关的合同文件。

(2) 监理规划的主要内容：①工程项目概况；②监理工程范围；③监理工作内容；④监理工作目标；⑤监理工作依据；⑥项目监理机构的组织形式；⑦项目监理机构的人员配备计划；⑧项目监理机构的人员岗位职责；⑨监理工作程序；⑩监理工作方法及措施；⑪监理工作制度；⑫监理设施。

(3) 监理规划的封面形式如下所示：

```
_____工程监理规划
总监理工程师（编制）：_____
公司技术负责人（审核）：_____
监理单位（章）：_____
编制日期：_____年_____月_____日
```

3.1.4 监理实施细则

监理实施细则是根据监理规划由专业监理工程师编写，并经项目总监理工程师批准，针对工程中的某一专业或某一方面监理工作的可操作性文件。

(1) 监理实施细则的编写依据：①已批准的监理规划；②与专业相关的标准、设计文件和技术资料；③施工组织设计。

(2) 监理实施细则的主要内容：①专业工程的特点；②监理工作的流程；③监理工作的控制要点及目标值；④监理工作的方法及措施。

(3) 监理实施细则的封面形式如下所示：

```
_____工程监理实施细则
（土建或水、电、暖）
专业监理工程师（编制）：_____
总监理工程师（批准）：_____
项目监理机构（章）：_____
编制日期：_____年_____月_____日
```

3.1.5 监理月报

监理月报是由项目总监理工程师组织各专业监理工程师编写，由总监理工程师签认，就工程实施情况和监理工作定期向建设单位和本监理单位所做的报告。

1) 监理月报的主要内容

(1) 本月工程概况。

(2) 本月工程形象进度。

(3) 工程进度：①本月实际完成情况与计划进度比较；②本月工、机、料动态；③对进度完成情况及采取措施效果的分析。

(4) 工程质量：①分项工程和检验批质量验收情况（部位、承包单位自检、监理单位签认、一次验收合格率等）；②分部（子分部）工程质量验收情况；③主要施工试验情况（如钢筋连接、混凝土试块强度、砌筑砂浆试块强度以及暖、卫、电气、通风空调施工试验）；④工程质量问题；⑤工程质量情况分析；⑥本月采取的工程质量措施及效果。

(5) 工程计量与工程款支付：①工程计量审批情况；②工程款审批情况及月支付情况；③工程款支付情况分析；④本月采取的措施及效果。

(6) 合同其他事项的处理情况：①工程变更情况（主要内容、数量等）；②工程延期情况（申请报告主要内容及审批情况）；③费用索赔情况（次数、数量、原因、审批情况）。

(7) 本月监理工作小结：①对本月进度、质量、工程款支付等方面情况的综合评价；②本月监理工作情况；③有关本工程的意见和建议；④下月监理工作的重点。

(8) 工程照片（有必要时）。

2) 监理月报的封面形式

监理月报的封面形式如下所示：

```
            _____工程监理月报
              第_____期
       ____年____月____日至____年____月____日
       总监理工程师（编制）：_____
       项目监理机构（章）：_____
       编制日期：____年____月____日
```

3.1.6 监理会议纪要

《监理会议纪要》指由项目监理机构主持的会议纪要，它包括工地例会纪要和专题会议纪要。工地例会是总监理工程师定期主持召开的工地会议；专题会议是为解决施工过程中的某一问题而召开的不定期会议。工程项目各主要参建单位均可向项目监理机构书面提出召开专题会议的动议。

1)《监理会议纪要》的样式

《监理会议纪要》的样式见表 3-1。

表 3-1 监理会议纪要

工程名称：		编号：	
各与会单位： 现将_____会议纪要印发给你们，请查收。附会议纪要正文____页。 项目监理机构（章）：_____ 总监理工程师：_____			
会议地点		会议时间	
组织单位		主持人	
会议议题			
各与会单位及人员签到栏	与会单位		与会人员
备注：			

2）工地例会的主要内容

（1）检查上次例会议定事项的落实情况，分析未完事项原因。
（2）检查分析工程项目进度计划完成情况，提出下一阶段进度目标及落实措施。
（3）检查分析工程项目质量状况，针对存在的质量问题提出改进措施。
（4）检查工程量核定及工程款支付情况。
（5）解决需要协调的有关事项。
（6）其他有关事宜。

3）《监理会议纪要》的相关规定及要求

（1）主要议题应简明扼要地写清楚会议的主要内容及中心议题（即与会各方提出的主要事项和意见），工地例会还包括检查上次例会议定事项的落实情况。
（2）解决或议定事项应写清楚会议达成的一致意见、下一步工作安排和对未解决问题的处理意见。

【说明】 会议纪要由项目监理机构起草。例会上对重大问题有不同意见时，应将各方的主要观点，特别是相互对立的意见记入"其他事项"中，会议纪要内容应准确如实，简明扼要，经总监理工程师审阅，与会各方代表会签，发至合同有关各方，并应有签收手续。

3.1.7 监理日记

《监理日记》是项目监理机构在被监理工程施工期间每日记录气象、施工记录、监理工作及有关事项的日记。

监理日记应使用统一制式的《监理日记》，每册封面应标明工程名称、册号、记录时间及建设单位、设计单位、施工单位、监理单位名称，并由总监理工程师签字。

1）《监理日记》的样式

《监理日记》的样式见表 3-2。

表 3-2　监理日记

工程名称：			编号：	
施工部位			日期	
气象情况	最高　　℃，最低　　℃；气候：上午（晴、雨、雪），下午（晴、雨、雪）			
序号	施工情况		记录人	

主要事项记载：

记录人：

2）《监理日记》的主要内容

（1）施工记录。指施工人数、作业内容及部位，使用的主要施工设备、材料等；对主要的分部、分项工程开工、完工作出标记。

（2）主要事项记载。指记载当日的下列监理工作内容和有关事项：①施工过程巡视检查和旁站监理、见证取样送检；②施工测量放线、工程报验情况及验收结果；③材料、设备、构配件和主要施工机械设备进场情况及进场验收结果；④施工单位资料报检及审查结果；⑤施工图交接、工程变更的有关事项；⑥所发监理工程师通知单(书面或口头)的主要内容及签发、接收人；⑦建设单位、施工单位提出的有关事宜及处理意见；⑧工地会议议定的有关事项及协调确定的有关问题；⑨工程质量事故(缺陷)及处理方案；⑩异常事件(可能引发索赔的事件)及对施工的影响情况；⑪设计人员到工地及处理、交代的有关事宜；⑫质量监督人员、有关领导来工地检查、指导工作情况及有关指示；⑬其他重要事项。

【说明】 监理日记可分为专业监理工程师的监理日记和监理员的监理日记。专业监理工程师的监理日记主要记录当日主要的施工和监理情况；而监理员的监理日记则记录当日的检查情况和发现的问题。监理人员应及时填写监理日记并签字，不得补记，不得隔页或扯页，以保持其原始记录。

3.1.8 旁站监理记录

《旁站监理记录》是指监理人员在房屋建筑工程施工阶段监理中，对关键部位、关键工序的施工质量，实施全过程现场跟班的监督活动所见证的有关情况的记录。

1)《旁站监理记录》样式

《旁站监理记录》样式见表3-3。

表3-3 旁站监理记录

工程名称		日期及气候		编号	
旁站监理的部位或工序：					
开始时间				结束时间	
施工情况：					
监理情况：					
发现问题：					
处理意见：					

续表 3-3

备 注：

施工单位名称：	监理单位名称：
质检员（签字）： 年 月 日	旁站监理人员（签字）： 年 月 日

2)《旁站监理记录》的主要内容

（1）施工情况。指所旁站部位（工序）的施工作业内容、主要施工机械、材料、人员和完成的工程数量等。

（2）监理情况。指旁站人员对施工作业情况的监督检查，其主要内容包括：①承包单位现场质检人员到岗情况、特殊工种人员持证上岗以及施工机械、建筑材料准备情况；②在现场跟班监督关键部位、关键工序的专项施工方案以及工程建设强制性标准情况；③核查进场建筑材料、构配件、设备和商品混凝土的质量检验报告等；④其他需要说明的事项。

3)房屋建筑工程实施需旁站监理的部位或工序

《建设工程旁站监理管理规定》中指出房屋建筑工程的关键部位、关键工序，包括以下内容：基础工程，如桩基工程、沉井过程、水下混凝土浇筑、承载力检测、独立基础框架、基础土方回填；结构工程，如混凝土浇筑、施加预应力、施工缝处理、结构吊装；钢结构工程，如重要部位焊接、机械连接安装；设备进场验收测试、单机无负荷试车、无负荷联动试车、试运转、设备安装验收、压力容器等；隐蔽工程的隐蔽过程；建筑材料的见证取样、送样；新技术、新材料、新工艺、新设备试验过程；建设工程委托监理合同规定的应旁站监理的部位。

【说明】 关键部位、关键工序未实施旁站监理或没有旁站监理记录的，专业监理工程师或总监理工程师不得在相应文件上签字。旁站监理记录在工程竣工验收后，由监理单位归档备查。

3.1.9 监理工作联系单

《监理工作联系单》，是指在施工过程中，与监理有关各方工作联系用表。即与监理有关的某一方需向另一方或几方告知某一事项，或督促某项工作，或提出某项建议等，对方执行情况不需要书面回复时均用此表。

1)《监理工作联系单》表格样式

《监理工作联系单》表格样式见表 3-4。

2) 表格填写内容说明

（1）事由：指需联系事项的主题。

（2）内容：指需联系事项的详细说明。要求内容完整、齐全，技术用语规范，文字简练明了。

表 3-4　监理工作联系单

工程名称：　　　　　　　　　　　　　　　　　编号：

致：_____

　事由：

　内容：

　　　　　　　　　　　　　　　　　　　　　　　单位(章)：_____
　　　　　　　　　　　　　　　　　　　　　　　负责人：_____
　　　　　　　　　　　　　　　　　　　　　　　日　期：_____

　　(3) 单位：指提出监理工作联系事项的单位。填写本工程现场管理机构名称全称并加盖公章。

　　(4) 负责人：指提出监理工作联系事项单位在本工程的负责人。

3) 联系事项

　　(1) 工地会议时间、地点安排。

　　(2) 建设单位向监理机构提供的设施、物品及监理机构在监理工作完成后向建设单位移交设施及剩余物品。

　　(3) 建设单位及承包单位就本工程及本合同需要向监理机构提出保密要求的有关事项。

　　(4) 建设单位向监理机构提供与本工程合作的原材料、构配件、机械设备生产厂家名录以及与本工程有关的协作单位、配合单位的名录。

　　(5) 按《建设单位委托监理合同》监理单位权利中需向委托人书面报告的事项。

　　(6) 监理单位调整监理人员；建设单位要求监理单位更换监理人员。

　　(7) 监理费用支付通知。

　　(8) 监理机构提出的合理化建议。

　　(9) 建设单位派驻及变更施工场地履行合同的代表姓名、职务、职权。

　　(10) 紧急情况下无法与专业监理工程师联系时，项目经理在采取了保证人员生命和财产安全的紧急措施，在采取措施后 48 小时内向专业监理工程师提交的报告。

　　(11) 对不能按时开工提出延期开工理由和要求的报告。

　　(12) 实施爆破作业、在放射毒害环境中施工及使用毒害性、腐蚀性物品施工，承包单位在施工前 14 天以内向专业监理工程师提出的书面通知。

　　(13) 可调价合同发生实体调价的情况时，承包单位向专业监理工程师发出的调整原因、金额的意向通知。

　　(14) 索赔意向通知。

　　(15) 发生不可抗力事件，承包单位向专业监理工程师通报受害损失情况。

　　(16) 在施工中发现的文物、地下障碍物，向专业监理工程师提出的书面汇报。

　　(17) 其他各方需要联系的事宜。

3.1.10 监理工程师通知单

在监理工作中,项目监理机构按委托监理合同授予的权限和国家有关规定,对承包单位所发出的指令、提出的要求,除另有规定外,均应采用此表。监理工程师现场发出的口头指令及要求,也应采用此表予以确认。

监理工程师通知的内容,承包单位应认真执行,并将执行结果用《监理工程师通知回复单》报监理机构复核。

1)《监理工程师通知单》样式

《监理工程师通知单》样式见表 3-5。

表 3-5 监理工程师通知单

工程名称:	编号:
致:	
事由:	
内容:	
	项目监理机构(章):
	总/专业监理工程师:
	日 期:

2) 表格填写说明

(1) 事由:指通知事项主题。

(2) 内容:在监理工作中,项目监理机构按委托监理合同赋予的权限,对承包单位所发出的指令提出要求。针对承包单位在工程施工过程中出现的不符合设计要求、不符合施工技术标准、不符合合同约定的情况及偷工减料、使用不合格材料、构配件和设备,纠正承包单位在工程质量、进度、造价等方面的违规、违章行为。

【说明】 承包单位对监理工程师签发的《监理工程师通知单》中的要求有异议时,应在收到通知后 24 小时内向监理机构提出修改申请,要求总监理工程师予以确认,但在未得到总监理工程师修改意见前,承包单位应执行专业监理工程师下发的《监理工程师通知单》。

3.1.11 监理工程师通知回复单

《监理工程师通知回复单》是指监理单位发出《监理工程师通知单》,承包单位对《监理工程师通知单》执行完成后,报项目监理机构请求复查的回复用表。承包单位完成《监理工程师通知回复单》中要求继续整改的工作后,仍用此表回复。

1)《监理工程师通知回复单》样式

《监理工程师通知回复单》样式见表 3-6。

表 3-6　监理工程师通知回复单

致：＿＿＿＿＿＿＿＿＿＿＿＿（监理单位）
　　我方接到编号为＿＿＿＿＿＿的监理工程师通知后，已按要求完成了＿＿＿＿＿＿工作，现报上，请予以复查。
　　详细内容：

承包单位(章)：＿＿＿＿＿＿＿＿
项目经理：＿＿＿＿＿＿＿＿
日　　期：＿＿＿＿＿＿＿＿

复查意见：

项目监理机构(章)：＿＿＿＿＿＿＿＿
总/专业监理工程师：＿＿＿＿＿＿＿＿
日　　期：＿＿＿＿＿＿＿＿

2）填写说明

（1）我方收到编号为＿＿＿＿＿＿：填写所回复的《监理工程师通知单》的编号。

（2）完成了＿＿＿＿＿＿工作：按《监理工程师通知单》要求完成的工作填写。

（3）详细内容：针对《监理工程师通知单》的要求，简要说明落实过程、结果及自检情况，必要时附有关证明资料。

（4）复查意见：专业监理工程师应详细核查承包单位所报的有关资料，符合要求后针对工程质量实体的缺陷整改进行现场检查，符合要求后填写"已按《监理工程师通知单》整改完毕，经检查符合要求"的意见。如不符合要求，应具体指明不符合要求的项目或部位，签署"不符合要求，要求承包单位继续整改"的意见。

3.1.12　见证取样、送检记录表

单位工程施工前，项目监理机构应根据施工单位报送的施工试验计划编写见证取样、送检计划。由总监理工程师指定一名具备见证取样送检资格的监理人员担任见证取样送检工作，并书面通知施工单位、检测单位和质量监督机构。

在施工过程中，见证人员按计划对施工现场的取样送检进行见证，在试样标志和封条上签字，并在监理日记上进行记录。

1）《见证取样、送检记录表》样式

表格样式见表 3-7。

2. 必须实施见证取样和送检的试块、试件和材料

（1）用于承重结构的混凝土试块。

（2）用于承重墙体的砌筑砂浆试块。

（3）用于承重结构的钢筋及连接接头试件。

（4）用于承重墙的砖和混凝土小型砌块。

（5）用于拌制混凝土和砌筑砂浆的水泥。

表 3-7　见证取样、送检记录表

工程名称：			编号：	
样品名称		取样部位		
样品规格		试样数量		
取样时间		代表样本数量		
封样情况检查：				
试样外观检查：				
取样、送检人		日期		
见证人		资格证书编号		

（6）用于承重结构的混凝土中使用的掺加剂。
（7）地下、屋面、厕浴间使用的防水材料。
（8）国家规定必须实行见证取样和送检的其他试块、试件和材料。

3）实施见证取样和送检的频率

对涉及结构安全的试块、试件和材料见证取样和送检的比例不得低于有关技术标准中规定取样数量的 30%。

3.1.13　承包单位通知单

对于隐蔽工程、检验批、分项、分部（子分部）工程等验收，承包单位应在规定时间前填写《承包单位通知单》通知项目监理机构验收内容、验收时间和验收地点。

1）承包单位通知单样式

承包单位通知单样式见表 3-8。

表 3-8　承包单位通知单

工程名称：		编号：
致：＿＿＿＿＿＿＿＿＿＿（监理单位）		
事由：		
内容：		
		承包单位（章）：＿＿＿＿＿＿＿＿
		项目经理：＿＿＿＿＿＿＿＿
		日期：＿＿＿年＿＿＿月＿＿＿日

续表 3-8

签收意见：
　　　　＿＿＿＿＿年＿＿＿＿月＿＿＿＿日＿＿＿＿时收到。
　　　　□ 同意于＿＿＿＿年＿＿＿月＿＿＿日＿＿＿时前进行＿＿＿＿＿＿＿＿＿＿＿＿＿＿（工程或部位）＿＿＿＿＿＿＿＿＿＿监理工作。
　　　　□ 不同意进行＿＿＿＿＿＿＿＿＿＿＿＿（工程或部位）＿＿＿＿＿＿＿＿＿监理工作。

项目监理机构（章）：＿＿＿＿＿＿＿
总专业监理工程师：＿＿＿＿＿＿＿
日期：＿＿＿＿年＿＿＿月＿＿＿日

2）表格填写说明

（1）事由：指需通知事项的主题。

（2）内容：指需通知事项的详细说明。要求内容完整、齐全，技术用语规范，文字简练明了。

（3）签收意见：明确收到《承包单位通知单》的时间；预定将进行验收或旁站监理的部位等监理工作的具体时间。

3）相关规定

（1）对需要实施旁站监理的关键部位、关键工序进行施工前 24 小时，承包单位填写此表通知项目监理机构。

（2）当该表用于在合同规定时间内向项目监理机构发出索赔意向通知时，项目监理机构的签收意见仅需明确收到时间。

3.2　进度控制资料

进度控制资料主要包括工程开工报审表、施工进度计划（调整计划）报审表、工程暂停令表、工程复工报审表等内容。

3.2.1　工程开工报审表

工程满足开工条件后，承包单位填写《工程开工报审表》报项目监理机构复核和批复开工时间。如整个项目一次开工，只填报一次；如工程项目中涉及较多单位工程，且开工时间不同，则每个单位工程开工都应填报一次。

1）表格样式

《工程开工报审表》样式见表 3-9。

表 3-9 工程开工报审表

工程名称：　　　　　　　　　　　　　　　　　　编　号：

工程名称（单位、分部）		里程/部位	
申请开工日期		计划工期	

致＿＿＿＿＿＿＿＿＿＿＿＿＿＿＿＿＿＿＿＿＿＿＿＿＿＿＿：
　　我方承担的＿＿＿＿＿＿＿＿＿＿＿＿＿＿工程，已完成各项准备工作，具备了开工条件，特此申请施工。请核查，并签发开工指令。
　　附件：1. 施工许可证已办理；　　　　　　　　　　　　　　　　　　　　　　　◇
　　　　　2. 现场管理人员已到位，专职管理人员和特种作业人员已取得资格证、上岗证；□
　　　　　3. 施工现场质量管理检查记录已经检查确认；　　　　　　　　　　　　　　□
　　　　　4. 进场道路及水、电、通信等已经满足开工要求；　　　　　　　　　　　　□
　　　　　5. 质量、安全、技术管理制度已建立，组织机构已落实。　　　　　　　　　□
　　附件：1. 开工报告；
　　　　　2. 相关证明材料。

　　　　　　　　　　　　　　　　　　　　　　　　　　承包单位（章）：＿＿＿＿＿＿
　　　　　　　　　　　　　　　　　　　　　　　　　　项目经理：＿＿＿＿＿＿＿＿＿
　　　　　　　　　　　　　　　　　　　　　　　　　　日　　期：＿＿＿＿＿＿＿＿＿

审查意见：	建设单位意见：
 　 　项目监理机构（章）：＿＿＿＿＿＿ 　　总监理工程师：＿＿＿＿＿＿ 　　日　　期：＿＿＿＿＿＿	 　 　公　章：＿＿＿＿＿＿ 　负责人：＿＿＿＿＿＿ 　日　期：＿＿＿＿＿＿

2）填写说明

（1）"工程名称"是指相应的建设项目或单位工程名称，应与施工图的工程名称一致。

（2）承包单位应对表中所列 5 项准备工作逐一落实，自查符合要求后在该项"□"内打"√"，并需将《施工现场质量管理检查记录》及其要求的有关证件，《建设工程施工许可证》，现场专职管理人员资格证、上岗证，现场管理人员、机具、施工人员进场情况，工程主要材料落实情况等资料作为附件同时报送。

（3）审查意见：总监理工程师应指定专业监理工程师对承包单位的准备情况进行检查，除检查所报内容外，还应对施工现场临时设施是否满足开工要求，地下障碍物是否清除或查明，测量控制桩、试验室是否经项目监理机构审查确认等进行检查并逐项记录检查结果，报项目总监理工程师审核，总监理工程师确认具备开工条件时签署同意开工时间，并报告建设单位。否则，应简要指出不符合开工条件要求之处。

3）工程开工报审的一般程序

（1）承包单位自查认为施工准备工作已完成，具备开工条件时，向项目监理机构报送《工程开工报审表》、《施工现场质量管理检查记录》及相关资料。

（2）专业监理工程师审核承包单位报送的《工程开工报审表》、《施工现场质量管理检查记录》及相关资料，现场核查各项准备工作的落实情况，报项目总监理工程师审批。

(3) 项目总监理工程师根据专业监理工程师的审核,签署审查意见,具备开工条件时按《委托监理合同》的授权报建设单位备案或审批。

【说明】 (1)总监理工程师签发《工程开工报审表》后报建设单位备案,如委托监理合同中需建设单位批准,项目总监审核后报建设单位,由建设单位批准。工期自批准开工之日起计算。(2)《工程开工报审表》除委托监理合同中注明需建设单位批准外均由总监理工程师最终签发。

3.2.2 施工进度计划(调整计划)报审表

施工进度计划(调整计划)报审表是承包单位根据已批准的施工总进度计划,按施工合同约定或监理工程师要求,编制的施工进度计划(调整计划)报项目监理机构审查、确认和批准。

1) 表格样式

《施工进度计划(调整计划)报审表》样式见表3-10。

表3-10 施工进度计期(调整计划)报审表

工程名称		编号	

致：＿＿＿＿＿＿＿＿＿＿＿＿＿＿＿＿＿＿＿＿＿(监理单位)
  现报上＿＿＿＿＿年＿＿＿＿月工程施工进度计划,请予以审批。
附件：
  1. 上期进度计划完成情况及分析；
  2. 本期进度计划的示意图表、说明书；
  3. 本期进度计划完成分部/分项工程量；
  4. 本期进度期间投入的人员、材料(包括甲供材料)、设备计划。

施工单位名称(章)：＿＿＿＿＿＿
项目经理(签字)：＿＿＿＿＿＿
日　　期：＿＿＿＿＿＿

审查意见：

监理工程师(签字)：＿＿＿＿＿＿
日　　期：＿＿＿＿＿＿

审批结论：
  1. 同意
  2. 不同意

监理单位名称(章)：＿＿＿＿＿＿
总监理工程师(签字)：＿＿＿＿＿＿
日　　期：＿＿＿＿＿＿

2）填写说明

（1）××××工程施工进度计划（调整计划），填写所报进度计划的时间（工程名称）或调整计划的工程项目名称。

（2）施工进度计划表：根据监理机构批准的施工组织设计（专项施工方案），结合工程的大小、规模等情况，承包单位应分别编制按合同工期目标制定的施工总进度计划；按单位工程或按承包单位划分的分目标；按不同计划期（年、季、月）制定的施工进度计划进行报审。

（3）对施工进度计划，主要进行如下审核：①进度安排是否符合工程项目建设总进度，计划中总目标和分目标的要求，是否符合施工合同中开、竣工日期的规定；②施工总进度计划中的项目是否有遗漏，分期施工是否满足分批动用的需要和配套动用的要求；③施工顺序的安排是否符合施工工艺的要求；④劳动力、材料、构配件、施工机具及设备以及施工水、电等生产要素的供应计划是否能保证进度计划的实现，供应是否均衡，需求高峰期是否有足够能力实现计划供应；⑤由建设单位提供的施工条件（资金、施工图纸、施工场地、采供的物资设备等），承包单位在施工进度计划中所提出的供应时间和数量是否明确、合理，是否有造成建设单位违约而导致工程延期和费用索赔的可能；⑥工期是否进行了优化，进度安排是否合理；⑦总、分包单位分别编制的各单项工程施工进度计划之间是否相协调，专业分工与计划衔接是否明确合理。

（4）通过专业监理工程师的审核，提出审查意见报总监理工程师，总监理工程师审核后如同意承包单位所报计划，在"1.同意"项后打"√"，如不同意承包单位所报计划，在"2.不同意"项后打"√"，并就不同意的原因及理由简要列明。

3）施工进度计划（调整计划）报审程序

（1）承包单位按施工合同要求的时间编制好施工进度计划，并填报《施工进度计划（调整计划）报审表》报监理机构。

（2）总监理工程师指定专业监理工程师对承包单位所报的《施工进度计划（调整计划）报审表》，及有关资料进行审查，并向总监理工程师报告。

（3）总监理工程师按施工合同要求的时间，对承包单位所报《施工进度计划（调整计划）报审表》予以确认或提出修改意见。

【说明】 月施工进度计划报审表承包单位项目经理部应提前5日提出，一般为每月25日申报。

3.2.3 工程暂停令表

施工过程中发生了需要停工处理事件，总监理工程师签发停工指令用表。总监理工程师下达工程暂停令前，宜向建设单位报告。

1）表格样式

《工程暂停令表》样式见表3-11。

2）填写说明

（1）由于×××××原因：应简明扼要地准确填写工程暂停原因。暂停原因主要有：
① 建设单位要求暂停施工，且工程需要暂停施工。

表 3-11　工程暂停令表

工程名称		编号	

致：_____（施工单位）
　　由于_____
原因，现通知你方必须于＿＿＿年＿＿月＿＿日＿＿时起，暂停本工程的_____
_____部位（工序）施工，并按下述做好各项工作。

　　　　　　　　　　　　　　　　　　　　监理单位名称（章）：
　　　　　　　　　　　　　　　　　　　　总监理工程师（签字）：
　　　　　　　　　　　　　　　　　　　　　　　　　　日　期：

② 为了保证工程质量而需要进行停工处理的：a. 未经监理机构审查同意，擅自变更设计或修改施工方案进行施工的；b. 有特殊要求的施工人员未通过专业监理工程师审查或经审查不合格进入现场施工的；c. 擅自使用未经监理机构审查认可的分包单位进入现场施工的；d. 使用未经专业监理工程师验收或验收不合格的材料、构配件、设备或擅自使用未经审查认可的代用材料的；e. 工序施工完成后，未经监理机构验收或验收不合格而擅自进行下一道工序施工的；f. 隐蔽工程未经专业监理工程师验收确认合格而擅自隐蔽的；g. 施工中出现质量异常情况，经监理机构指出后，承包单位未采取有效改正措施或措施不力、效果不好仍继续作业的；h. 已发生质量事故迟迟不按监理机构要求进行处理，或已发生隐患、质量事故，如不停工则质量隐患、质量事故将继续发展，或已发生质量事故，承包单位隐蔽不报，私自处理的。

③ 施工出现了安全隐患，总监理工程师认为有必要停工以消除隐患。

④ 发生了必须暂时停止施工的紧急事件。

⑤ 承包单位未经许可擅自施工，或拒绝项目管理机构管理。

（2）×××××部位（工序）：指根据停工原因的影响范围和影响程度，填写本暂停指令所停工工程的范围。

（3）要求做好各项工作：指工程暂停后要求承包单位所做的有关工作，如对停工工程的保护措施，针对工程质量问题的整改、预防措施等。

3）相关规定及要求

（1）工程暂停指令，总监理工程师应根据暂停工程的影响范围和影响程度，按照施工合同和委托监理合同的约定签发。

（2）工程暂停原因是由承包单位的原因造成的，承包单位申请复工时，除了填报《工程复工报审表》外，还应报送针对导致停工原因所进行的整改工作报告等有关材料。

（3）工程暂停原因是由于非承包单位的原因造成时，也就是建设单位的原因或应由建设单位承担责任的风险或其他事件时，总监理工程师在签发工程暂停令之后，应尽快按施工合同的规定处理因工程暂停引起的与工期、费用等有关的问题。

（4）当引起工程暂停的原因不是非常紧急（如由于建设单位的资金问题、拆迁等），同时工程暂停会影响一方（尤其是承包单位）的利益时，总监理工程师应在签发暂停令之前，就工程暂停引起的工期和费用补偿等与承包单位、建设单位进行协商，如果总监理工程师认为暂停施工是妥善解决的较好办法时,也应当签发工程暂停令。

(5) 签发工程暂停令时,必须注明是全部停工还是局部停工,不得含混。

(6) 建设单位要求停工的,但是总监理工程师经过独立判断,也认为有必要暂停施工时,可签发工程暂停指令;反之,经过总监理工程师的独立判断,认为没有必要停工,则不应签发工程暂停令。

(7) 当发生《建设工程监理规范》第 6.1.2 条中第 2)、3)、4)款的情况时,不论建设单位是否要求停工,总监理工程师均应按程序签发工程暂停令。

3.2.4 工程复工报审表

此表用于工程暂停原因消失时,承包单位申请恢复施工。对项目监理机构不同意复工的复工报审,承包单位按要求完成后仍用该表报审。总监理工程师签署审查意见前,宜向建设单位报告。

1) 表格样式

《工程复工报审表》样式见表 3-12。

表 3-12 工程复工报审表

工程名称:　　　　　　　　　　　　　　　　　　　　　　　　编号:

致　　　　　　　　　　　　　　　　　　　　　　　：
　　我方承担的　　　　　　　　　　　　　工程按　　　　号工程暂停令已进行整改,已完成各项准备工作,经检查后具备了复工条件,请核查并签发复工指令。
　　附件:具备复工条件的情况说明。

承包单位(章):＿＿＿＿＿＿
项目经理:＿＿＿＿＿＿
日　　期:＿＿＿＿＿＿

审查意见:
　　□ 具备复工条件,同意　　　　　　　工程于　　年　　月　　日　　时复工。
　　□ 不具备复工条件,暂不同意复工。

项目监理机构(章):＿＿＿＿＿＿
总监理工程师:＿＿＿＿＿＿
日　　期:＿＿＿＿＿＿

2) 填写说明

(1) ××××工程:填写相应停工工程项目名称。

(2) 附件:当工程暂停原因是由承包单位的原因引起时,承包单位应提交整改情况和预防措施;工程暂停原因是由非承包单位的原因引起时,承包单位仅提供工程暂停原因消失证明。

(3) 审查意见:总监理工程师应指定专业监理工程师对复工条件进行复核,在施工合同约定的时间内完成对复工申请的审批。符合复工条件的,在同意复工项"□"内打"√",并注明同意复工的时间;不符合复工条件的,在不同意复工项"□"内打"√",并注明不同意复工的原因和对承包单位的要求。

3) 复工申请的审查程序

(1) 承包单位按工程暂停令的要求,自查符合了复工条件,向项目监理机构报送《工程复工报审表》及其附件。

(2) 总监理工程师应及时指定监理工程师进行审查,工程暂停是由非承包单位原因引起时,签发《工程复工报审表》时,只需要看引起暂停施工的原因是否还存在;工程暂停是由承包单位的原因引起时,复工审查时不仅要审查其停工因素是否消除,还要审查其是否查清了导致停工因素产生的原因和制定了针对性的整改措施、预防措施,还要复核其各项措施是否得到贯彻落实。

(3) 总监理工程师根据审查情况,应当在收到《工程复工报审表》后 48 小时内完成对复工申请的审批。项目监理机构未在收到承包人复工申请后 48 小时(或施工合同规定时间)内提出审查意见,承包单位可自行复工。

3.3 质量控制资料

质量控制资料主要包括施工组织设计(专项施工方案)报审表、施工测量放线报验申请表、工程材料/构配件/设备报审表、工程报验申请表、不合格项处置记录、工程竣工报验单、工程质量/安全问题(事故)报告单、工程质量/安全问题(事故)技术处理方案报审表、承包单位报审表(通用)、监理抽检记录、检验批(分项工程)质量验收抽查记录等内容。

3.3.1 施工组织设计(专项施工方案)报审表

此表用于承包单位报审施工组织设计(专项施工方案)。承包单位对专业性较强的重点部位、关键工序的施工工艺、新工艺、新材料、新技术、新设备的专项施工方案报审也采用此表。施工过程中,如经批准的施工组织设计(专项施工方案)发生改变,变更后的施工组织设计(专项施工方案)报审时也采用此表。

1) 表格样式

《施工组织设计(专项施工方案)报审表》见表 3-13。

2) 填写说明

(1) _____ 工程施工组织设计(专项施工方案):填写相应的建设项目、单位工程、分部工程、分项工程或关键工序名称。

(2) 附件:指需要审核的施工组织总设计、单位工程施工组织设计或专项施工方案。

(3) 专业监理工程师审查意见:专业监理工程师对施工组织设计(专项施工方案)应审核

其完整性、符合性、适用性、合理性、可操作性及实现目标的保证措施。

如符合要求,专业监理工程师审查意见应签署"施工组织设计(专项施工方案)合理、可行,且审批手续齐全,拟同意承包单位按该施工组织设计(专项施工方案)组织施工,请总监理工程师审核"。如不符合要求,专业监理工程师审查意见应简要指出不符合要求之处,并提出修改补充意见后签署"暂不同意(部分或全部应指明)承包单位按该施工组织设计(专项施工方案)组织施工,待修改完善后再报,请总监理工程师审核"。

表 3-13 施工组织设计(专项施工方案)报审表

工程名称:			编号:	
致:_____(监理单位) 兹报验: □ 1. 单位工程施工组织设计 □ 2. _____分部(子分部)/分项工程施工方案 □ 3. _____特殊工程专项施工方案 □ 4. _____施工起重机械设备安装、拆卸方案 □ 5. 本次申报内容系第____次申报,申报内容公司技术负责人/项目经理部已批准。 附件: □ 1. 施工组织设计。 □ 2. _____施工方案。				
		承包单位项目经理部(章):_____ 项目经理:_____ 日期:_____		
项目监理机构签收人姓名及时间		承包单位签收人姓名及时间		
专业监理工程师审查意见: 专业监理工程师:_____ 日期:_____				
总监理工程师审核意见: 项目监理机构(章):_____ 总监理工程师:_____ 日期:_____				

注:承包单位项目经理部应提前7日提出本报审表。

(4)总监理工程师审核意见:总监理工程师对专业监理工程师的结果进行审核,如同意专业监理工程师的审查意见,应签署"同意专业监理工程师审查意见,同意承包单位按该施工组织设计(专项施工方案)组织施工";如不同意专业监理工程师的审查意见,应简要指明与专业监理工程师审查意见中的不同之处,签署修改意见,并签认最终结论"不同意承包单位按该施工组织设计(专项施工方案)组织施工(修改后再报)"。

3）专业监理工程师审查要点

（1）施工组织设计（专项施工方案）中承包单位的审批手续齐全。

（2）承包单位现场项目管理机构的质量管理、技术管理、质量保证体系健全，质量保证措施切实可行且有针对性。

（3）施工现场总体布置是否合理，是否有利于保证工程的正常顺利施工，是否有利于工程保证质量，施工总平面图布置是否与地貌环境、建筑平面协调一致。

（4）施工组织设计（专项施工方案）中工期、质量目标应与施工合同相一致。

（5）施工组织设计中的施工布置和程序应符合本工程的特点及施工工艺，满足设计文件要求。

（6）施工组织设计应优先选用成熟的、先进的施工技术，且对本工程的质量、安全和降低造价有利。

（7）进度计划应采用流水施工方法和网络计划技术，以保证施工的连续性和均衡性，且工、料、机进场应与进度计划保持协调性。

（8）施工机械设备的选择是否考虑了对施工质量的影响与保证。

（9）安全、环保、消防和文明施工措施切实可行并符合有关规定。

（10）施工组织设计（专项施工方案）的主要内容齐全。

（11）施工组织设计（专项施工方案）中若有提高工程造价的，项目监理机构应取得建设单位同意。

4）施工组织设计（专项施工方案）报审程序

（1）在工程项目开工前约定的时间（一般为7天）内，承包单位必须完成施工组织设计（专项施工方案）的编制及自审工作，并填写《施工组织设计（专项施工方案）报审表》。

（2）总监理工程师应在约定的时间（一般为7天）内，组织专业监理工程师（应专业齐全配套）审查，提出意见后，由总监理工程师审核、签认。需要承包单位修改时，由总监理工程师签发书面意见，退回承包单位修改后再报，总监理工程师组织专业监理工程师重新审核、签认。

（3）审核、签认的施工组织设计（专项施工方案）由项目监理机构报建设单位。

（4）承包单位应按审定的施工组织设计（专项施工方案）文件组织施工，如需对其内容做较大变更，应在实施前将变更内容仍用此表，报送项目监理机构审核、签认。

（5）规模大、结构复杂或属新结构、特种结构的工程，项目监理机构对施工组织设计审查后，还应报送监理单位技术负责人审查，提出审查意见后，由总监理工程师签发，必要时与建设单位协商，组织有关专业部门和有关专家会审。

（6）规模大、工艺复杂的工程，群体工程或分期出图的工程，经建设单位批准，可分阶段报审施工组织设计。

（7）技术复杂、重点部位、关键工序或采用新材料、新工艺、新技术、新设备的分项、分部工程，承包单位还应编制该分项、分部工程的施工方案，填报《施工组织设计（专项施工方案）报审表》报项目监理机构审核、签认。

3.3.2 施工测量放线报验申请表

承包单位在测量放线完毕,应进行自检,合格后填写《施工测量放线报验申请表》,并附上放线的依据材料及放线成果表(基槽及各层放线测量及复测记录),报送项目监理机构。

施工测量放线报验分为:开工前的交桩复测及承包单位建立的控制网、水准系统的测量;施工过程中的施工测量放线。

1) 表格样式

《施工测量放线报验申请表》样式见表3-14。

表3-14 施工测量放线报验申请表

工程名称			编 号	

致:_____(监理单位)
　我方已完成(部位)_____
　　　　　　(内容)_____
的测量放线,经自检合格。请予查验。

附件:1. 放线的依据材料　　　_____页
　　　2. 放线成果表　　　　　_____页

　　　　　　　　　　　　　　　　　　　测量员(签字):
　　　　　　　　　　　　　　　　　　　复查人(签字):
施工单位名称:　　　　　技术负责人(签字):　　　　年 月 日

查验意见:
　□ 查验合格
　□ 纠正错误后再报

监理单位名称:　　　　　监理工程师(签字):　　　　年 月 日

2) 填写说明

(1) 工程或部位的名称:工程定位测量填写工程名称,轴线、标高测量填写所测量项目部位名称。

(2) 放线内容:指测量放线工作内容的名称,如轴线测量、标高测量等。

(3) 测量放线依据材料及放线成果:依据材料是指施工测量方案、建设单位提供的红线桩、水准点等材料;放线成果指承包单位测量放线所放出的控制线及其施工测量放线记录表(依据材料应是已经项目监理机构确认的)。

(4) 专业监理工程师审查意见:专业监理工程师根据对测量放线资料的审查和现场实际复测情况签署意见,符合要求的在"查验合格"前"□"内打"√";如不符合要求,在"纠正错误后再报"前"□"内打"√",并应简要指出不符合之处。

3) 施工过程中的施工测量放线审查程序

(1) 承包单位在测量放线完毕,应进行自检,合格后填写《施工测量放线报验申请表》,并附上放线的依据材料及放线成果表(基槽及各层放线测量及复测记录),报送项目监理机构。

(2) 专业监理工程师对《施工测量放线报验申请表》及附件进行审核,并应实地查验放线精度是否符合规范及标准要求,经审核查验,签认《施工测量放线报验申请表》,并在其《基槽及各层放线测量及复测记录》上签字盖章。

3.3.3 工程材料/构配件/设备报审表

工程材料/构配件/设备报审是承包单位对拟进场的主要工程材料、构配件、设备,在自检合格后报项目监理机构进行进场验收。

1) 表格样式

《工程材料/构配件/设备报审表》样式见表3-15。

表3-15 工程材料/构配件/设备报审表

工程名称:＿＿＿＿＿＿＿＿＿＿＿＿＿＿＿＿＿＿＿＿＿＿　　　　编号:＿＿＿＿＿＿＿

致:＿＿＿＿＿＿＿＿＿＿＿＿＿＿＿＿＿＿＿:
　　我方于＿＿＿＿年＿＿月＿＿日进场的工程材料/构配件/设备数量如下(见附件)。现将质量证明文件及自检结果报上,拟用于下述部位:
＿＿＿
＿＿＿
请予以审核。
　　附件:1. 数量清单
　　　　 2. 质量证明文件
　　　　 3. 自检结果

承包单位项目经理部(章)＿＿＿＿＿＿
项目经理＿＿＿＿＿＿＿＿＿＿
日　　期＿＿＿＿＿＿＿＿＿＿

审查意见:
　　经检查上述工程材料/构配件/设备,符合/不符合设计文件和规范的要求,准许/不准许进场,同意/不同意使用于拟定部位。

项目监理机构＿＿＿＿＿＿＿＿
总/专业监理工程师＿＿＿＿＿＿＿＿
日　　期＿＿＿＿＿＿＿＿

2) 填写说明

(1) 拟用于部位:指工程材料、构配件、设备拟用于工程的具体部位。

(2) 工程材料/构配件/设备清单:应用表格形式填报,内容包括名称、规格、单位、数量、生产厂家、出厂合格证、批号、复试/检验记录编号等内容。

(3) 工程材料/构配件/设备质量证明文件:指出厂合格证、复试/检验报告、准用证、商检证等。如无出厂合格证原件,有抄件或原件复印件亦可。但抄件或原件复印件上要注明原件存放单位、抄件人,同时在抄件、复印件上加盖单位公章。

(4) 自检结果:指所购材料、构配件、设备的承包单位对所购材料、构配件、设备,按有关规定进行自检及复试的结果。对建设单位采购的主要设备进行开箱检查时监理人员应进行见证,并在其主要设备开箱检查记录上签字。复试报告一般应提供原件。

(5) 专业监理工程师审查意见:专业监理工程师对报验单所附的材料、构配件、设备清单、质量证明资料及自检结果认真核对,在符合要求的基础上对所进场材料、构配件、设备进行实物核对及观感质量验收,查验是否与清单、质量证明资料合格证及自检结果相符,有无质量缺陷等情况,并将检查情况记录在监理日记中。根据检查结果,如符合要求,将"不符合"、"不准许"及"不同意"用横线划掉;反之,将"符合"、"准许"及"同意"划掉,并指出不符合要求之处。

3) 工程材料/构配件/设备报审程序

(1) 承包单位应对拟进场的工程材料、构配件和设备(包括建设单位采购的工程材料、构配件、设备),按有关规定对工程材料进行自检和复试,对构配件进行自检,对设备进行开箱检查,符合要求后填写《工程材料/构配件/设备报审表》,并附上清单、质量证明资料及自检结果报项目监理机构。

(2) 专业监理工程师应对承包单位报送的《工程材料/构配件/设备报审表》及其质量证明文件等资料进行审核,并应对进场的工程材料、构配件和设备实物,按照委托监理合同的约定或有关工程质量管理文件规定的比例进行见证取样和送检(见证取样和送检情况应记录在监理日志中)。

(3) 对进口材料、构配件和设备,应按照事先约定,由建设单位、承包单位、供货单位、项目监理机构及其他有关单位进行联合检查,检查情况及结果应整理成纪要,并有有关各方代表签字。

(4) 经专业监理工程师审核检查合格,签认《工程材料/构配件/设备报审表》。对未经专业监理工程师验收或验收不合格的工程材料、构配件和设备,专业监理工程师应拒绝签认,并应签发《监理工程师通知单》,书面通知承包单位限期运出现场。

3.3.4 主要施工机械设备报审表

主要施工机械设备进场,承包单位自检合格后报项目监理机构进行复核确认。

1) 表格样式

《主要施工机械设备报审表》样式见表3-16。

2) 填写说明

(1) 设备名称:指选用施工机械、计量设备的名称。

表 3-16　主要施工机械设备报审表

工程名称：_____　　　　　　　　　编号：_____

致：_____（监理单位）

下列施工机械已按施工组织设计（专项施工方案）要求进场，请核查并准予使用。

设备名称	规格型号	数量	进场日期	检查（检测）验收情况	备注

附件：1. 产品合格证；　　　　　　　　□
　　　2. 检测报告。　　　　　　　　　□

承包单位（章）：_____
项目经理：_____
日　　期：_____

审查意见：

项目监理机构：_____
总/专业监理工程师：_____
日　　　　期：_____

（2）规格型号：指选用施工机械、计量设备的规格型号。

（3）数量：指选用施工机械、计量设备实际进场的数量。

（4）进场日期：指施工机械、计量设备的实际进场时间（需现场安装调试的施工机械指其安装调试完毕的时间）。

（5）技术状况：指施工机械、计量设备的技术性能、运行状态的完好程度。

（6）备注：对需要补充说明的事项在此说明，如对设备检测周期的起始时间等。

（7）专业监理工程师审查意见：专业监理工程师对施工机械、计量设备及所附资料进行审查，对其是否符合批准的施工组织设计、是否能满足施工需要和保证质量要求签署意见。对性能、数量满足施工要求的设备，将其设备名称填写在"准予进场使用的设备"一栏上；对性能不符合施工要求的设备，将其设备名称填写在"需要更换后再报的设备"一栏上；对数量或性能不足的设备，将其设备名称填写在"需补充的设备"一栏上。当有性能不符合施工要求、数量或性能不足的设备时，还应对承包单位下一步工作提出要求。

3）相关规定

（1）凡直接影响工程质量的施工机械、计量设备，未经项目监理机构确认不得用于工程施工。

（2）专业监理工程师对主要施工机械设备报验审查时应实地检查施工设备安装、调试情况，经审查符合要求后方可签认《主要施工机械设备报审表》。

3.3.5　工程报验申请表

本表是隐蔽工程、检验批、分项工程、分部工程报验通用表，报验时按实际完成的工程名称填写。承包单位按约定的验收单元施工完毕，自检合格后报请项目监理机构检查验收。

1）表格样式

《工程报验申请表》样式见表3-17。

表3-17　　　　　　工程报验申请表

工程名称：	编号：

致：＿＿＿＿＿＿＿＿＿＿＿＿＿＿＿＿（监理单位）
　　我单位已完成了＿＿＿＿＿＿＿＿＿＿＿＿＿＿＿＿工程，按设计文件及有关规范进行自检，质量合格，请予以审查和验收。
附件：1. 工程质量控制资料　　　　　　　　　　　　　　　□
　　　2. 安全和功能检验（检测）报告　　　　　　　　　　□
　　　3. 观感质量验收记录　　　　　　　　　　　　　　　□
　　　4. 隐蔽工程验收记录　　　　　　　　　　　　　　　□
　　　5. ＿＿＿＿＿＿＿＿＿＿质量验收记录　　　　　　　□

　　　　　　　　　　　　　　　　　承包单位（章）：＿＿＿＿＿＿＿＿＿＿
　　　　　　　　　　　　　　　　　项目经理：＿＿＿＿＿＿＿＿＿＿＿＿＿
　　　　　　　　　　　　　　　　　日　　期：＿＿＿＿＿＿＿＿＿＿＿＿＿

审查意见：
　□ 所报隐蔽工程的技术资料□齐全/□不齐全，且□符合/□不符合要求，经现场检测、核查□合格/□不合格，□同意/□不同意隐蔽。
　□ 所报验批的技术资料□齐全/□不齐全，且□符合/□不符合要求，经现场检测、核查□合格/□不合格，□同意/□不同意进行下道工序。
　□ 检验批的技术资料基本齐全，且基本符合要求，因□砂浆/□混凝土试块强度试验报告未出具，暂同意进行下道工序施工，待□砂浆/□混凝土试块试验报告补报后，予以质量认定。
　□ 所报分项工程各检验批的验收资料□完整/□不完整，且□全部/□未全部达到合格要求，经现场检测、核查□合格/□不合格。
　□ 所报分部（子分部）工程的技术资料□齐全/□不齐全，且□符合/□不符合要求。经现场检测、核查□合格/□不合格。
　□ 纠正差错后再报。

　　　　　　　　　　　　　　　　　项目监理机构（章）：＿＿＿＿＿＿＿＿
　　　　　　　　　　　　　　　　　总/专业监理工程师：＿＿＿＿＿＿＿＿
　　　　　　　　　　　　　　　　　日　　期：＿＿＿＿＿＿＿＿＿＿＿＿＿

2）填写说明

（1）工程质量控制资料：指相应质量验收规范中规定工程验收时应检查的文件和记录，按规定应见证取样送检的，须附见证取样送检资料。

(2) 安全和功能检验(检测)报告:指相应质量验收规范中规定工程验收时应对材料及其性能指标进行检验(检测)或复验项目的检验(检测)报告和《建筑工程施工质量验收统一标准》中要求的安全和功能检查项目的测试记录,按规定应见证取样送检的,须附见证取样送检资料。

(3) 观感质量验收记录:指分部(子分部)观感质量验收记录。

(4) 隐蔽工程验收记录:指相应质量验收规范中规定的隐蔽验收项目的隐蔽验收记录。

(5) 审查意见:专业监理工程师对所报隐蔽工程、检验批、分项工程资料认真核查,确认资料是否齐全、填报是否符合要求,并根据现场实地检查情况按表式项目签署审查意见,分部工程由总监理工程师组织验收,并签署验收意见。

3) 工程报验程序

(1) 隐蔽工程验收:①隐蔽工程施工完毕,承包单位自检合格,填写《隐蔽工程报验申请表》,附《隐蔽工程验收记录》和有关分项(检验批)工程质量验收及测试资料等向项目监理机构报验。②承包单位应在隐蔽验收前48小时以书面形式(《承包单位通知单》)通知监理验收内容、验收时间和地点。③专业监理工程师应准时参加隐蔽工程验收,审核其自检结果和有关资料,现场实物检查、检测,符合要求的予以签认;否则,专业监理工程师应签发《监理工程师通知单》,翔实指出不符合之处,要求承包单位整改。

(2) 检验批工程质量验收:①检验批施工完毕,承包单位自检合格,填写《检验批工程报验申请单》,附《检验批质量验收记录》和施工操作依据、质量检查记录等向项目监理机构报验。②承包单位应在检验批验收前48小时以书面形式(《承包单位通知单》)通知监理验收内容、验收时间和地点。③专业监理工程师应按时组织承包单位项目专业质量检查员等进行验收,现场实物检查、检测,审核其有关资料,主控项目和一般项目的质量经抽样检查合格;施工操作依据、质量检查记录完整、符合要求,专业监理工程师应予以签认。否则,专业监理工程师应签发《监理工程师通知单》,翔实指出不符合之处,要求承包单位整改。④承包单位按《监理工程师通知单》要求整改完毕,自检合格后用《监理工程师通知回复单》报项目监理机构复核,符合要求后予以确认。⑤对未经监理人员验收或验收不合格的,需旁站而未旁站或没有旁站记录,或旁站记录签字不全的隐蔽工程、检验批,监理工程师不得签认,承包单位严禁进行下一道工序的施工。

(3) 分项工程质量验收:①分项工程所含的检验批全部通过验收,承包单位整理验收资料,在自检评定合格后填写《分项工程报验申请单》,附《分项工程质量验收记录》报项目监理机构。②专业监理工程师组织承包单位项目专业技术负责人等进行验收,对承包单位所报资料和该分项工程的所有检验批质量检查记录进行审查,构成分项工程的各检验批的验收资料文件完整,并且均已验收合格,专业监理工程师予以签认。

(4) 分部(子分部)工程质量验收:①分部(子分部)工程所含的分项工程全部通过验收,承包单位整理验收资料,在自检评定合格后填写《分部(子分部)工程报验申请单》,附《分部(子分部)工程质量验收记录》及工程质量验收规范要求的质量控制资料、安全和功能检验(检测)报告等向项目监理机构报验。②承包单位应在验收前72小时以书面形式(《承包单位通知单》)通知监理验收内容、验收时间和地点。总监理工程师按时组织承包单位项目经理(项目负责人)和技术、质量负责人等进行验收;地基与基础、主体结构分部工程的勘察、设计单位工程项目负责人和承包单位技术、质量部门负责人也应参加相关分部工程验收。③分部(子分部)工程质量验收含报验资料核查和实体质量抽样检测(检查)。分部(子分部)工程所含分项工程的质量均已验收合格;质量控制资料完整;地基与基础、主体结构和设备安装等分部工程有关安全及功能的检验和抽样检测结果均符合有关规定;观感质量验收符合要求。总监理工程师应予以确认,在《分部(子分部)工程质量验收记录》签署验收意见,各参加验收单位项目负责人签字。否则,总监理工程师应签发《监理工程师通知单》,指出不符合之处,要求承包单位整改。

承包单位按《监理工程师通知单》要求整改完毕,自检合格后将《监理工程师通知回复单》报项目监理机构复核,符合要求后予以确认。

3.3.6 不合格项处置记录

监理工程师在隐蔽验收和检验批验收中,针对不合格的工程应填写《不合格项处置记录》。《不合格项处置记录》由下达方填写,整改方填报整改结果。该表也适用于监理单位对项目监理部的考核工作。

1) 表格样式

《不合格项处置记录》样式见表3-18。

表3-18 不合格项处置记录

编号:

工程名称		发生/发现日期	年 月 日

不合格项发生部位与原因:
致:
　　由于以下情况的发生,使你单位在_____发生严重 □/一般 □ 不合格项,请及时采取措施予以整改。

具体情况:

　　　　　　　　　　　□自行整改
　　　　　　　　　　　□整改后报我方验收

　　　　　　　　　　　　　　　　签发日期:　　年 月 日

不合格项整改措施:

　　　　　　　　　　　　　　　　整改期限:
　　　　　　　　　　　　　　　　整改责任人:
　　　　　　　　　　　　　　　　单位负责人:

不合格项整改结果:
致:
　　根据您方指示,我方已完成整改,请予以验收。
整改结论:

　　□同意隐蔽　　　　　　　　　　验收单位:
　　□继续整改　　　　　　　　　　验 收 人:
　　□返工重做　　　　　　　　　　日　　期:　　年 月 日
　　□其他:_____

2) 填写说明

(1) 使你单位在_____发生：填写不合格项发生的具体部位。

(2) 发生严重□/一般□不合格项：根据不合格项的情况来判定其性质，当发生严重不合格项时，在"严重"选择框处划"√"；当发生一般不合格项时，在"一般"选择框处划"√"。

(3) 具体情况：由监理单位签发人填写不合格项的具体内容，并在"自行整改"或"整改后报我方验收"选择框处划"√"。

(4) 签发单位名称：应填写监理单位名称。

(5) 签发人：应填写签发该表的监理工程师或总监理工程师。

(6) 不合格项整改措施：由整改方填写具体的整改措施内容。

(7) 整改期限：指整改方要求不合格项整改完成的时间。

(8) 整改责任人：为一般不合格项所在工序的施工负责人。

(9) 单位负责人：为整改责任人所在单位或部门负责人。

(10) 不合格项整改结果：填写整改完成的结果，并向监理工程师提出验收申请。

(11) 整改结论：根据不合格项整改验收情况由监理工程师填写。

(12) 验收单位：为签发单位，即监理单位。

(13) 验收人：为签发人，即监理工程师或总监理工程师。

3.3.7 工程竣工报验单

单位（子单位）工程承包单位自检符合竣工条件后，向项目监理机构提出工程竣工验收。

1) 表格样式

《工程竣工报验单》样式见表3-19。

2) 填写说明

(1) 工程名称：指施工合同签订的达到竣工要求的工程名称。

(2) 附件：指用于证明工程按合同约定完成并符合竣工验收要求的全部竣工资料。

(3) 审查意见：总监理工程师组织专业监理工程师按现行的单位（子单位）工程竣工验收的有关规定逐项进行核查，并对工程质量进行预验收，根据核查和预验收结果，按规定项目签署审查意见。如"不符合"，则应向承包单位列出不符合项目的清单和要求。

3) 单位（子单位）工程竣工应符合的条件

(1) 按承包合同已完成了设计文件的全部内容，且单位（子单位）工程所含分部（子分部）工程的质量均已验收合格。

(2) 质量控制材料完整。

(3) 单位（子单位）工程所含分部工程有关安全和功能的检测资料完整。

(4) 主要使用功能项目的抽查结果符合相关专业质量验收规范的规定。

(5) 观感质量验收符合要求。

4) 工程竣工预验报验程序

(1) 单位（子单位）工程完成后，承包单位要依据质量标准、设计图纸等组织有关人员自检,并对检测结果进行评定,符合要求后填写《工程竣工预验报验单》并附工程验收报告和完整的质量资料报送项目监理机构,申请竣工预验收。

表 3-19　工程竣工报验单

工程名称：	编号：

致： （监理单位）
　　我方已按合同要求完成了_____工程,经自检合格,请予以检查和验收。
附件：

承包单位(章)：_____
项目经理：_____
日　　期：_____

审查意见：
　　经初步检验,该工程
　　1. □符合/□不符合我国现行法律、法规要求；
　　2. □符合/□不符合我国现行工程建设标准；
　　3. □符合/□不符合设计文件要求；
　　4. □符合/□不符合施工合同要求。
　　综上所述,该工程初步验收□合格/□不合格,□可以/□不可以组织正式验收。

项目监理机构：_____
总监理工程师：_____
日　　期：_____

（2）总监理工程师组织各专业监理工程师对竣工资料进行核查:构成单位工程的各分部工程均已验收,且质量验收合格；按《建筑工程施工质量验收统一标准》附录 G(表 G.0.1-2)和相关专业质量验收规范的规定,相关资料文件完整。

（3）涉及安全和使用功能的分部工程有关安全和功能检验资料,按《建筑工程施工质量验收统一标准》附录 G(表 G.0.1-3)逐项复查。不仅要全面检查其完整性(不得有漏检缺项),而且对分部工程验收时补充进行的见证抽样检验报告也要复查。

（4）总监理工程师应组织各专业监理工程师会同承包单位对各专业的工程质量进行全面检查、检测,按《建筑工程施工质量验收统一标准》附录 G(表 G.0.1-4)进行观感质量检查,对发现影响竣工验收的问题,签发《监理工程师通知单》,要求承包单位整改。承包单位整改完成,填报《监理工程师通知回复单》,由专业监理工程师进行复查,直至符合要求。

（5）对需要进行功能试验的工程项目(包括单机试车和无负荷试车),专业监理工程师应督促承包单位及时进行试验,并对重要项目进行现场监督、检查,必要时请建设单位和设计单位参加。专业监理工程师应认真审查试验报告单。

（6）专业监理工程师应督促承包单位搞好成品保护和现场清理。

（7）经项目监理机构对竣工资料及实物全面检查,验收合格后由总监理工程师签署《工程竣工预验报验单》和竣工报告。

(8) 竣工报告经总监理工程师、监理单位法定代表人签字并加盖监理单位公章后,由施工单位向建设单位申请竣工。

(9) 总监理工程师组织专业监理工程师编写工程质量评估报告。总监理工程师、监理单位技术负责人签字并加盖监理单位公章后报建设单位。

3.3.8 工程质量/安全问题(事故)报告单

《工程质量/安全问题(事故)报告单》是施工过程中发生工程质量/安全问题(事故),承包单位就工程质量/安全问题(事故)的有关情况及初步原因分析和处理方案向项目监理机构报告时的用表。当监理工程师发现工程质量/安全问题(事故)要求承包单位报告时也用此表报告。

1) 表格样式

《工程质量/安全问题(事故)报告单》样式见表 3-20。

表 3-20 工程质量/安全问题(事故)报告单

工程名称:＿＿＿＿＿＿＿＿＿＿＿＿＿＿＿＿＿＿＿＿＿＿＿＿＿ 编号:＿＿＿＿＿＿

致:＿＿＿＿＿＿＿＿＿＿＿＿＿＿＿＿＿＿＿＿(监理单位)

＿＿＿＿年＿＿＿月＿＿＿日＿＿＿＿时,在＿＿＿＿＿＿＿＿＿＿＿＿＿＿＿＿＿(部位)发生＿＿＿＿＿＿＿＿＿＿＿＿＿＿＿＿＿＿＿的工程□质量/□安全问题(事故),现报告如下:

1. 原因:(初步调查结果及现场情况报告)

2. 性质或类型:

3. 造成损失:

4. 应急措施:

5. 初步处理意见:

承包单位(章):＿＿＿＿＿＿

项目经理:＿＿＿＿＿＿

日　　期:＿＿＿＿＿＿

抄报:	项目监理机构签收:
	项目监理机构(章):＿＿＿＿＿＿ 总/专业监理工程师:＿＿＿＿＿＿ 日　　期:＿＿＿＿＿＿

2）填写说明

（1）_____时，在_____（部位）发生_____工程质量/安全问题（事故）：分别填写工程质量/安全问题（事故）发生的时间、工程部位和工程质量，以及安全问题（事故）的特征。

（2）原因、性质或类型、造成损失、应急措施及初步处理意见：指质量事故发生原因的初步判断、一般事故还是重大事故、造成损失的初步估算、事故发生后采取的措施和事故控制的情况以及初步处理方案。

3.3.9 工程质量/安全问题（事故）技术处理方案报审表

工程质量/安全问题（事故）处理方案报审是承包单位在对工程质量事故详细调查、研究的基础上，提出处理方案后报项目监理机构审查、确认和批复。

监理人员发现施工存在重大质量隐患，可能造成工程质量/安全问题（事故）或已经造成工程质量/安全问题（事故）时，应通过总监理工程师及时下达工程暂停令，要求承包单位停工整改。凡要求承包单位提交工程质量/安全问题（事故）整改方案的，承包单位均应用该表向项目监理机构报审工程质量/安全问题（事故）调查报告和工程质量/安全问题（事故）处理方案。

1）表格样式

《工程质量/安全问题（事故）技术处理方案报审表》样式见表3-21。

表3-21 工程质量/安全问题（事故）技术处理方案报审表

工程名称：		编号：
致：_____（监理机构） 我方于___年___月___日发生的_____ 工程质量/安全问题（事故），经认真研究后，现提出处理方案，请予以审批。 附件：1. 工程质量/安全问题（事故）详细情况报告； 2. 工程质量/安全问题（事故）技术处理方案。 承包单位（章）： 项目经理： 年 月 日		
设计单位审查意见： 项目设计单位： 结构工程师/建筑师： 年 月 日	项目监理机构意见： 项目监理机构： 总/专业监理工程师： 年 月 日	有关部门意见： 有关部门： 代 表： 年 月 日

2）填写说明

（1）工程质量/安全问题（事故）详细情况报告：指承包单位在对工程质量事故详细调查、研究的基础上提出的详细报告。一般应包括下列内容：质量事故情况；质量事故发生的时间、地点、事故经过、有关现场的记录、发展变化趋势、是否已稳定等；事故性质；事故原因；事故评估；质量事故涉及的人员与主要责任者的情况等。

（2）工程质量/安全问题（事故）技术处理方案：处理方案针对质量事故的状况及原因，应本着安全可靠、不留隐患、满足建筑物的使用功能要求、技术可行、经济合理。因设计造成的质量事故，应由设计单位提出技术处理方案。

（3）设计单位审查意见：指建筑工程的设计单位对工程质量/安全问题（事故）调查报告和处理方案的审查意见。若与承包单位提出的工程质量/安全问题（事故）调查报告和处理方案有不同意见应一一注明，工程质量/安全问题（事故）技术处理方案必须经设计单位同意。

（4）总监理工程师批复意见：总监理工程师应组织建设、设计、施工、监理等有关人员对工程质量/安全问题（事故）调查报告和处理方案进行论证，以确认报告和方案的正确合理性，如有不同意见，应责令承包单位重报。必要时应邀请有关专家参加对事故调查报告和处理方案的论证。

3.3.10　承包单位报审表（通用）

此表为承包单位报审通用表格，主要用于混凝土工程浇捣施工、混凝土工程主体结构拆模、有专项施工方案的工序（部位、环节）的检查验收等不适宜采用《_____工程报验申请表》的承包单位报审。

1）表格样式

《承包单位报审表（通用）》样式见表3-22。

表3-22　承包单位报审表（通用）

工程名称：_____　　　　　　　编号：_____

致：_____（监理单位）

事由：_____

内容：

　　　　　　　　　　　　　　　　　　　　　　　　承包单位（章）：_____
　　　　　　　　　　　　　　　　　　　　　　　　项目经理：_____
　　　　　　　　　　　　　　　　　　　　　　　　日　　期：_____

审查意见：

　　　　　　　　　　　　　　　　　　　　　　　　项目监理机构（章）：_____
　　　　　　　　　　　　　　　　　　　　　　　　总/专业监理工程师：_____
　　　　　　　　　　　　　　　　　　　　　　　　日　　期：_____

2）填写说明

（1）事由：指需报审事项的主题。

（2）内容：指需报审事项的详细说明。要求内容完整、齐全，技术用语规范，文字简练明了。

（3）审查意见：专业监理工程师针对承包单位提出的申请等应进行认真的核查，并按所申请内容及时给予答复，对承包单位的申请如有不同意见时应简要指明。涉及结构工程质量、进度、费用方面的申请，专业监理工程师审查后报总监理工程师批准。

3.3.11 监理抽检记录

当监理工程师对施工质量或材料、设备、工艺等有怀疑时，可以随时进行抽检，并填写《监理抽检记录》。

1）表格样式

《监理抽检记录》样式见表3-23。

表3-23 监理抽检记录

工程名称： 编号：

工程名称		编 号	
施工单位		抽检日期	年 月 日

检查项目：

检查部位：

检查数量：

被委托单位：

检查结果：

处置意见：

监理工程师(签字)： 年 月 日

监理单位名称： 总监理工程师(签字)： 年 月 日

2）填写说明

(1) 检查项目：据实填写检查的分项工程、检验批的名称或材料、设备的名称。
(2) 抽检日期：填写抽检的具体时间。
(3) 检查数量：根据实际检查的数量填写。
(4) 检查结果：据实填写检查验收的结果，合格/不合格/加倍抽检。
(5) 处理意见：如合格，同意继续施工；如监理在抽检过程中发现工程质量有不合格项，应填写《监理工程师通知单》，通知承包单位进行整改并进行复检，直到合格为止。

3.3.12 检验批（分项工程）质量验收抽查记录

监理工程师在旁站、巡视、平行监理时，或对工程质量有怀疑时，可以随时进行抽检，并填写《检验批、分项工程施工质量验收记录》（记录表格见本书施工资料章节）。

监理工程师对检验批、分项工程质量验收抽查记录可以作为监理工程师对检验批、分项工程质量验收和要求工程质量整改的依据。

3.4 造价控制资料

工程造价控制资料主要包括《工程款支付申请表》、《工程款支付证书》、《工程变更费用报审表》、《工程竣工结算审核意见书》等内容。

3.4.1 工程款支付申请表

《工程款支付申请表》是承包单位根据施工合同中工程款支付约定，向项目监理机构申请开具工程款支付证书之用。

1）表格样式

《工程款支付申请表》样式见表3-24。

表3-24 工程款支付申请表

工程名称：_____   编号：_____

致：_____（监理单位）
我方已完成了_____工作，按施工合同规定，建设单位应在_____年_____月_____日前支付该项工程款共（大写）_____（小写：_____），现报上工程付款申请表，请予以审查并开具工程款支付证书。

附件：1. 工程量清单（工程计量报审表）；
　　　2. 计算方法。

承包单位（章）_____
项目经理：_____
日　　期：_____

2）填写说明

（1）申请支付工程款金额包括合同内工程款、工程变更增减费用、批准的索赔费用，扣除应扣预付款、保留金及施工合同中约定的其他费用。

（2）"我方已完成了＿＿＿＿工作"：填写经专业监理工程师验收合格的工程；定期支付进度款的填写本支付期内经专业监理工程师验收合格工程的工作量。

（3）工程量清单（工程计量报审表）：指本次付款申请中的经专业监理工程师验收合格工程的工程量清单统计报表。

（4）计算方法：指以专业监理工程师签认的工程量按施工合同约定采用的有关定额（或其他计价方法的单价）的工程价款计算。

（5）工程款申请中如有其他和付款有关的证明文件和资料时，应附有相关证明资料。

3.4.2 工程款支付证书

工程款支付证书是项目监理机构在收到承包单位的《工程款支付申请表》，根据施工合同和有关规定审查复核后签署的应向承包单位支付工程款的证明文件。

1）表格样式

《工程款支付证书》样式见表 3-25。

表 3-25 工程款支付证书

工程名称：	编号：

致：＿＿＿＿＿＿＿＿＿＿＿＿＿＿＿＿＿（承包单位）

根据施工合同的规定，经审核承包单位的付款申请和报表，并扣除有关款项，同意本期工程款共（大写：＿＿＿＿＿＿＿＿＿＿＿＿＿）（小写：＿＿＿＿＿＿＿＿＿＿）。请按合同及时付款。

其中：
1. 承包单位申报款为：＿＿＿＿＿＿＿＿＿＿＿＿
2. 经审核承包单位应得款为：＿＿＿＿＿＿＿＿＿＿
3. 本期应扣款为：＿＿＿＿＿＿＿＿＿＿＿＿＿
4. 本期应付款为：＿＿＿＿＿＿＿＿＿＿＿＿＿

附件：
1. 承包单位的工程付款申请表及附件；
2. 项目监理机构审查记录。

项目监理机构：＿＿＿＿＿＿
总监理工程师：＿＿＿＿＿＿
日　　　期：＿＿＿年＿＿月＿＿日

2）填写说明

（1）建设单位：指建筑施工合同中的发包人。

（2）承包单位申报款：指承包单位向监理机构申报《工程款支付申请表》中申报的工程

款额。

(3) 经审核承包单位应得款：指经专业监理工程师对承包单位向监理机构填报《工程款支付申请表》审核后，核定的工程款额。包括合同内工程款、工程变更增减费用、经批准的索赔费用等。

(4) 本期应扣款：指施工合同约定本期应扣除的预付款、保留金及其他应扣除的工程款的总和。

(5) 本期应付款：指经审核承包单位应得款额减本期应扣款额的余额。

(6) 承包单位的工程付款申请表及附件：指承包单位向监理机构申报的《工程款支付申请表》及其附件。

(7) 项目监理机构审查记录：指总监理工程师指定专业监理工程师，对承包单位向监理机构申报的《工程款支付申请表》及其附件的审查记录。

(8) 总监理工程师指定专业监理工程师对工程款支付申请中包括合同内工作量、工程变更增减费用、经批准的费用索赔、应扣除的预付款、保留金及施工合同约定的其他支付费用等项目应逐项审核，并填写审查记录，提出审查意见报总监理工程师审核签认。

3.4.3 工程变更费用报审表

工程变更费用报审是承包单位收到总监理工程师签认的《工程变更单》后，在施工合同约定的期限（在工程变更确定以后 14 天）内就变更工程价款报项目监理机构审核确认。

总监理工程师应在施工合同规定的期限（在收到《工程变更费用报审表》之日起 14 天）内签发《工程变更费用报审表》，在签认《工程变更费用报审表》前应与建设单位、承包单位协商。

1) 表格样式

《工程变更费用报审表》样式见表 3-26。

2) 填写说明

(1) 工程变更概（预）算书：指按施工合同约定的标准定额（或其他计价方法的单价）对工程变更价款的计算书。

(2) 审核意见：总监理工程师指定专业监理工程师首先审核该项变更的各项手续是否齐全，其变更是否经总监理工程师确认；其次，审核承包人是否在工程变更确认后 14 天内，向专业监理工程师提出了变更价款的报告，如超过此期限，视为该项目不涉及合同价款的变更。以上条件符合要求后，专业监理工程师对工程变更概（预）算书进行审核，核对工程款的计算方法是否符合施工合同的规定、计算是否准确，审查结果报总监理工程师。总监理工程师取得建设单位授权的，按施工合同规定与承包单位进行协商，达成一致后向建设单位通报协商结果；未取得建设单位授权的，总监理工程师应协助建设单位和承包单位进行协商。达成一致意见的，签署协商一致的意见。如建设单位和承包单位未能达成一致意见，监理机构应提出一个暂定价格，待工程竣工结算时，以建设单位和承包单位达成的协议为准。

表 3-26 工程变更费用报审表

工程变更费用报审表				编号			
工程名称				日期			

致_____（监理单位）：

根据第（   ）号工程变更单，申请费用如下表，请审核。

项目名称	变更前			变更后			工程款增(＋)减(－)
	工程量	单价	合价	工程量	单价	合价	
合计							

施工单位名称：   项目经理(签字)：

监理工程师审核意见：

                                         监理工程师(签字)：   日期：

监理单位名称：   总监理工程师(签字)：   日期：

3.4.4 工程竣工结算审核意见书

《工程竣工结算审核意见书》指总监理工程师签发的工程竣工结算文件或提出的工程竣工结算合同争议的处理意见。

工程竣工结算审查应在工程竣工报告确认后依据施工合同及有关规定进行。

1)《工程竣工结算审核意见书》的主要内容

(1) 合同工程价款、工程变更价款、费用索赔合计金额、依据合同规定承包单位应得的其他款项。

(2) 工程竣工结算的价款总额。

(3) 建设单位已支付工程款、建设单位向承包单位的费用索赔合计金额、质量保修金额、依据合同规定应扣承包单位的其他款项。

(4) 建设单位应支付金额。

2) 竣工结算审查程序

(1) 承包单位按施工合同规定向项目监理机构报送竣工结算报表。

(2) 专业监理工程师审核承包单位报送的竣工结算报表。

(3) 总监理工程师审定竣工结算报表，与建设单位、承包单位协商一致后，签发竣工结算文件和最终的《工程款支付证书》报建设单位。当工程竣工结算的价款总额与建设单位和承包单位无法协商一致时，应按《建设工程监理规范》的规定提出工程竣工结算合同争议处理意见。

3)《工程竣工结算审核意见书》封面形式

《工程竣工结算审核意见书》封面形式如下所示。

```
_____工程
          竣工结算审核意见书
总监理工程师：_____
公司技术负责人：_____
监理单位(章)：_____
编制日期：_____年_____月_____日
```

3.5 分包资质资料

分包资质资料主要有《分包单位资格报审表》、《试验室资格报审表》。

3.5.1 分包单位资格报审表

《分包单位资格报审表》是总承包单位实施分包时，提请项目监理机构对其分包单位资质审查确认的批复。施工合同中已明确或经过招标确认的分包单位(即建设单位书面确认的分包单位)，承包单位可不再对分包单位资格进行报审。

未经总监理工程师确认，分包单位不得进场施工，总监理工程师对分包单位资格的确认不解除总承包单位应负的责任。

1) 表格样式

《分包单位资格报审表》样式见表3-27。

表 3-27　分包单位资格报审表

工程名称		编　号	

致：＿＿＿＿＿＿＿＿＿＿＿＿＿＿＿＿＿＿＿＿＿＿＿（监理单位）
　　经考察，我方拟选择＿＿＿＿＿＿＿＿＿＿＿＿＿＿＿＿＿＿＿（分包单位）承担下列工程的施工。
分包后，我方仍然承担总承包单位的全部责任。请予以审批。
附：1. 分包单位营业执照、企业资质等材料；
　　2. 分包单位业绩材料。

分包工程名称(部位)	单　位	工程数量	其他说明

施工单位名称：　　　　　　项目经理(签字)：　　　　　　　　　年　月　日

监理工程师审查意见：

　　　　　　　　　　　　　监理工程师(签字)：　　　　　　　　　年　月　日

总监理工程师审批意见：

监理单位名称：　　　　　　总监理工程师(签字)：　　　　　　　年　月　日

2) 填写说明

(1) 分包单位：按所报分包单位《企业法人营业执照》全称填写。

(2) 分包单位资质材料：指按建设部第 87 号令颁布的《建筑业企业资质管理规定》，经建设行政主管部门进行资质审查核发的，具有相应专业承包企业资质等级和建筑业劳务分包企业资质的《建筑业企业资质证书》和《企业法人营业执照》副本。

(3) 分包单位业绩材料：指分包单位近 3 年完成的与分包工程工作内容类似工程及工程质量的情况。

(4) 分包工程名称(部位)：指拟分包给所报分包单位的工程项目名称(部位)。

(5) 工程数量：指分包工程项目的工作量(工程量)。

(6) 拟分包工程合同额：指在拟签订的分包合同中签订的金额。

(7) 分包工程占全部工程：指分包工程工作量占全部工程工作量的百分比。

(8) 专业监理工程师审查意见：专业监理工程师应对承包单位所报材料逐一进行审核，主要审查内容：对取得施工总承包企业资质等级证书的分包单位，审查其核准的营业范围与拟承担的分包工程是否相符；对取得专业承包企业资质证书的分包单位，审查其核准的等级和范围与拟承担分包工程是否相符；对取得建筑业劳务分包企业资质的，审查其核准的资质与拟承担的分包工程是否相符。在此基础上,项目监理机构和建设单位认为必要时,会同承包单位对分包单位进行考查,主要核实承包单位的申报材料与实际情况是否属实。

专业监理工程师在审查承包单位报送分包单位有关资料,考查核实的(必要时)基础上,提出审查意见、考察报告(必要时)附报审表后,根据审查情况,如认定该分包单位具备分包条件,则批复"该分包单位具备分包条件,拟同意分包,请总监理工程师审核",如认为不具备分包条件,应简要指出不符合条件之处,并签署"拟不同意分包,请总监理工程师审查"的意见。

(9)总监理工程师审批意见:总监理工程师对专业监理工程师的审查意见、考察报告进行审核,如同意专业监理工程师意见,签署"同意(不同意)分包";如不同意专业监理工程师意见,应简要指明与专业监理工程师的审查意见的不同之处,并签认是否同意分包的意见。

【说明】 分包单位资格报审内容:①承包单位对部分分项、分部工程(主体结构工程除外)实行分包,必须符合施工合同的规定;②分包单位的营业执照、企业资质等级证书、特种行业施工许可证、国外(境外)企业在国内承包工程许可证;③分包单位的业绩;④分包工程内容和范围;⑤专职管理人员和特种作业人员的资格证、上岗证。

3.5.2 试验室资格报审表

试验室资格报审是承包单位拟定在施工过程中承担施工试验工作的试验室的资格报项目监理机构审查确认。承包单位用于施工试验的试验室无论是"自备",还是"外委",均应用该表报项目监理机构审核确认。

1)表格样式

《试验室资格报审表》样式见表3-28。

2)填写说明

(1)试验室:指拟定试验室的名称。

(2)_____工程:指承包单位拟定试验室承担施工试验的单位工程名称。

(3)试验室的资质等级及试验范围:指行政主管部门颁发的试验室资质等级证书及许可的试验范围。

(4)法定计量部门对试验室出具的计量鉴定证明:指法定计量部门对试验室出具的计量鉴定证明或法定计量部门对用于本工程试验项目的试验设备出具的定期鉴定证明资料。

(5)试验室管理制度:指试验室内部用于试验管理方面的管理制度。报审时可把管理制度目录列入附件。

(6)试验人员的资格证书:指对本工程进行试验的人员岗位资格证书。

(7)本工程的试验项目及其要求:指拟定试验室承担本工程的试验项目及其相应要求的清单。

(8)专业监理工程师审查意见:专业监理工程师对承包单位所报试验室的附件资料进行审核。必要时可会同承包单位对试验室进行实地考察,以验证试验室有关资料的真实性。如认定试验室具备与本工程项目相适应的试验资质与能力,专业监理工程师签署"经审查,该试验室具备与本工程项目相适应的试验资质与能力,同意委托该试验室进行本工程项目的试(化)验工作"。如认定试验室不具备与本工程相适应的试验资质与能力,专业监理工程师应简要指出不具备之处,并签署"经审查,该试验室不具备与本工程项目相适应的试验资质与能力,不同意委托该试验室进行本工程项目的试(化)验工作"。

表 3-28　试验室资格报审表

工程名称:_____　　　　　　　编　号:_____

致:_____(监理单位)
　　经考察,我方认为拟选择的_____具有相应的试验资质及试验能力。现报上相关资料,请予以审查和批准。
　　附件:
　　1. 资质认定书;
　　2. 资质证书;
　　3. 企业法人营业执照;
　　4. 有见证取样和送验见证人备案书。

承包单位(章):_____
项目经理:_____
日　　期:_____

审查意见:

项目监理机构:_____
总/专业监理工程师:_____
日　　期:_____

(9)总监理工程师审批意见:总监理工程师对专业监理工程师的审查意见、考察报告进行审核,如同意专业监理工程师意见,签署"同意(不同意)委托该试验室进行本工程项目的试(化)验工作";如不同意专业监理工程师意见,应简要指明与专业监理工程师的审查意见的不同之处,并签认是否同意委托该试验室进行本工程项目的试(化)验工作的意见。

(10)试验室资格报审包括两部分:质量检测单位和承包单位质量保证体系试验部门,对涉及结构安全的试块、试件和材料按有关技术标准中规定取样数量不低于30%的见证取样送检试样的试验必须由质量检测单位承担,其他试验可由承包单位质量保证体系试验部门承担。

3.6　合同管理资料

合同管理资料主要包括《工程临时延期申请表》、《工程临时延期审批表》、《费用索赔申请表》、《费用索赔审批表》、《工程最终延期审批表》、《合同争议、违约报告及处理意见》、《合同变更资料》等内容。

3.6.1　工程临时延期申请表

《工程临时延期申请表》是由于非承包单位的原因造成工程暂停时,承包单位向监理机构提出工程临时延期申请的用表。

1）表格样式

《工程临时延期申请表》样式见表3-29。

表3-29　工程临时延期申请表

工程名称：		编号：

致：＿＿＿＿＿＿＿＿＿＿＿＿＿＿＿＿＿＿＿＿（监理单位）
　　根据施工合同条款＿＿＿＿＿＿＿条的规定,由于＿＿＿＿＿＿原因,我方申请工程延期,请予以批准。
　　附件：
　　　1. 工程延期的依据及工期计算
　　　　　合同竣工日期：
　　　　　申请延长竣工日期：
　　　2. 证明材料

承包单位(章)：＿＿＿＿＿＿＿

项目经理：＿＿＿＿＿＿＿

日　　期：＿＿＿＿＿＿＿

2）填写说明

（1）根据施工合同条款＿＿＿＿＿＿＿条的规定：填写提出工期索赔所依据的施工合同条目。

（2）由于＿＿＿＿＿＿原因：填写导致工期拖延的事件。

（3）工期延期的依据及工期计算：指索赔所依据的施工合同条款；导致工程延期事件的事实；工程拖延的计算方式及过程。

（4）合同竣工日期：指建设单位与承包单位签订的施工合同中确定的竣工日期或已最终批准的竣工日期。

（5）申请延长竣工日期：指合同竣工日期加上本次申请延长工期后的竣工日期。

（6）证明材料：指本期申请延长的工期所有能证明非承包单位原因导致工程延期的证明材料(包括施工日记与监理一致的内容)。

3）可能导致工程延期的原因

（1）监理工程师发出工程变更指令导致工程量增加。

（2）施工合同中规定的任何可能造成工程延期的原因,如延期交图、工程暂停及不利的外界条件等。

（3）异常恶劣的气候条件。

（4）由建设单位造成的任何延误、干扰或障碍等,如按施工合同未及时提供场地、未及时付款等。

（5）施工合同规定,承包单位自身以外的其他任何原因。

4）工程临时延期报审程序

（1）承包单位在施工合同规定的期限内，向项目监理机构提交对建设单位的延期索赔意向通知书。

（2）总监理工程师指定专业监理工程师收集与延期有关的资料。

（3）承包单位在承包合同规定的期限内向项目监理机构提交《工程临时延期申请表》。

（4）总监理工程师指定专业监理工程师初步审查《工程临时延期申请表》是否符合有关规定。

（5）总监理工程师进行延期核查，并在初步确定延期时间后，与承包单位及建设单位进行协商。

（6）总监理工程师应在施工合同规定的期限内签署《工程临时延期审批表》；或在施工合同规定期限内，发出要求承包单位提交有关延期的进一步详细资料的通知，待收到承包单位补交的详细资料后，按上述（4）、（5）、（6）条程序进行。

3.6.2 工程临时延期审批表

工程临时延期审批是发生了施工合同约定由建设单位承担的延长工期事件后，承包单位提出的工期索赔，报项目监理机构审核确认的过程。

总监理工程师在签认工程延期前应与建设单位、承包单位协商，宜与费用索赔一并考虑处理。

1）表格样式

《工程临时延期审批表》样式见表3-30。

表3-30 工程临时延期审批表

工程名称：＿＿＿＿＿＿＿＿＿＿＿＿＿＿＿＿＿＿＿＿＿＿＿＿＿＿＿＿＿＿　编号：＿＿＿＿＿＿

致：＿＿＿＿＿＿＿＿＿＿＿＿＿＿＿＿＿＿＿＿＿（承包单位）

根据施工合同条款＿＿＿＿＿＿＿＿＿＿＿条的规定，我方对你方提出的＿＿＿＿＿＿＿＿＿＿＿工程延期申请（第＿＿＿＿＿号）要求延长工期＿＿＿＿＿＿＿日历天的要求，经过审核评估：

□ 暂时同意工期延长＿＿＿＿＿＿＿＿＿＿＿日历天。使竣工日期（包括已指令延长的工期），从原来的＿＿＿＿年＿＿＿月＿＿＿日延迟到＿＿＿＿年＿＿＿月＿＿＿日。请你方执行。

□ 不同意延长工期，请按约定竣工日期组织施工。

说明：

项目监理机构：＿＿＿＿＿＿＿＿
总监理工程师：＿＿＿＿＿＿＿＿
日　　　　期：＿＿＿＿＿＿＿＿

2）填写说明

（1）监理工程师应在施工合同约定的期限内签发《工程临时延期审批表》，或发出要求承包单位提交有关延期的进一步详细资料的通知。

（2）临时批准延期时间不能长于工程最终延期批准的时间。

（3）根据施工合同条款＿＿＿＿＿＿＿条的规定：填写提出工期索赔所依据的施工合同条目。

（4）审查意见：专业监理工程师针对承包单位提出的《工程临时延期申请表》，首先审核在延期事件发生后,承包单位在合同规定的有效期内是否以书面形式向专业监理工程师提出延期意向通知;其次,审查承包单位在合同规定有效期内向专业监理工程师提交的延期依据及延长工期的计算;第三,专业监理工程师对提交的延期报告应及时进行调查核实,与监理同期记录进行核对、计算,并将审查情况报告总监理工程师。总监理工程师同意临时延期时在暂同意延长工期前"□"内划"√",延期天数按核实天数。"原竣工日期"指"合同竣工日期";"延迟到的竣工日期"指"合同竣工日期"加上暂同意延期天数后的日期。否则,在不同意延长工期前"□"内划"√"。

(5) 证明材料:指本期申请延长的工期所有能证明非承包单位原因导致工程延期的证明材料。

3.6.3 费用索赔申请表

费用索赔申请表是承包单位向建设单位提出费用索赔,报项目监理机构审查、确认和批复的文件。

1) 表格样式

《费用索赔申请表》样式见表3-31。

表3-31 费用索赔申请表

工程名称:　　　　　　　　　　　　　　　　　　　　　编号:

致:_____（监理单位）
　　根据施工合同条款_____条的规定,由于_____的原因,我方要求索赔金额(大写)_____,请予以批准。
　　索赔的详细理由及经过:
　　索赔金额的计算:

附:证明材料

项目监理机构:_____
总监理工程师:_____
日　　　　期:_____

2) 填写说明

(1) 根据施工合同条款____条的规定:填写提出费用索赔所依据的施工合同条目。

(2) 由于_____原因:填写导致费用索赔的事件。

(3) 索赔的详细理由及经过:指索赔事件造成承包单位直接经济损失,索赔事件是由于非承包单位的责任发生等情况的详细理由及事件经过。

(4) 索赔金额计算:指索赔金额计算书,索赔的费用内容一般包括人工费、设备费、材料费、管理费等。

(5) 证明材料:指上述两项所需的各种证明材料,包括合同文件、监理工程师批准的施工进度计划、合同履行过程中的来往函件、施工现场记录、工地会议纪要、工程照片、监理工程师发布的各种书面指令、工程进度款支付凭证、检查和试验记录、汇率变化表、各类财务凭证、其他有关资料。

3) 承包单位向建设单位索赔的主要原因

(1) 合同文件内容出错引起的索赔。
(2) 由于图纸延迟交出造成索赔。
(3) 由于不利的实物障碍和不利的自然条件引起索赔。
(4) 由于建设单位提供的水准点、基线等测量资料不准确造成的失误与索赔。
(5) 承包单位依据专业监理工程师意见,进行额外钻孔及勘探工作引起索赔。
(6) 由建设单位风险所造成的损害的补救和修复所引起的索赔。
(7) 因施工中承包单位开挖到化石、文物、矿产等珍贵物品,要停工处理引起的索赔。
(8) 由于需要加强道路与桥梁结构以承受"特殊超重荷载"而索赔。
(9) 由于建设单位雇佣其他承包单位的影响,并为其他承包单位提供服务提出索赔。
(10) 由于额外样品与试验而引起索赔。
(11) 由于对隐蔽工程的揭露或开孔检查引起的索赔。
(12) 由于工程中断引起的索赔。
(13) 由于建设单位延迟移交土地引起的索赔。
(14) 由于非承包单位原因造成了工程缺陷需要修复而引起的索赔。
(15) 由于要求承包单位调查和检查缺陷而引起的索赔。
(16) 由于工程变更引起的索赔。
(17) 由于变更合同总价格超过有效合同价的15%而引起索赔。
(18) 由于特殊风险引起的工程被破坏和其他款项支出而提出的索赔。
(19) 因特殊风险使合同终止后的索赔。
(20) 因合同解除后的索赔。
(21) 建设单位违约引起工程终止等的索赔。
(22) 由于物价变动引起的工程成本的增减的索赔。
(23) 由于后继法规的变化引起的索赔。
(24) 由于货币及汇率变化引起的索赔。

4) 费用索赔的报审程序

(1) 承包单位在施工合同规定的期限(索赔事件发生后28天)内,向项目监理机构提交对建设单位的费用索赔意向通知。
(2) 总监理工程师指定专业监理工程师收集与索赔有关资料,如各项记录、报表、文件、会议纪要等。
(3) 承包单位在承包合同规定的期限(发出索赔意向通知后28天)内向项目监理机构提交对建设单位的《费用索赔申请表》。
(4) 总监理工程师根据承包单位报送的《费用索赔申请表》,安排专业监理工程师进行审查,在符合《建设工程监理规范》第6.3.2条规定的条件时,予以受理。但是,依法成立的施工合同另有规定时，按施工合同办理。

3.6.4 费用索赔审批表

总监理工程师应在施工合同约定的期限内签发《费用索赔审批表》，或发出要求承包单位提交有关费用索赔的进一步详细资料的通知。

1）表格样式

《费用索赔审批表》样式见表 3-32。

表 3-32 费用索赔审批表

工程名称： 编号：

致：_____（承包单位）
根据施工合同条款_____条的规定，你方提出的____费用索赔申请（第____号）索赔（大写）_____，经我方审核评估：
□ 不同意此项索赔。
□ 同意此项索赔，金额为（大写）_____。
同意／不同意索赔的理由：

索赔金额的计算：

项目监理机构：_____
总监理工程师：_____
日　　　　期：_____

2）填写说明

(1) 根据合同条款_____条的规定：填写提出费用索赔所依据的施工合同条目。

(2) 你方提出的_____费用索赔申请：填写导致费用索赔的事件。

(3) 审查意见：专业监理工程师应首先审查索赔事件发生后，承包单位是否在施工合同规定的期限内(28 天)，向专业监理工程师递交过索赔意向通知，如超过此期限，专业监理工程师和建设单位有权拒绝索赔要求。其次，审核承包单位的索赔条件是否成立。第三，应审核承包单位报送的《费用索赔申请表》，包括索赔的详细理由及经过，索赔金额的计算及证明材料。如不满足索赔条件，专业监理工程师应在"不同意此项索赔"前"□"内打"√"；如符合条件，专业监理工程师就初定的索赔金额向总监理工程师报告，由总监理工程师分别与承包单位及建设单位进行协商，达成一致，或监理工程师公正地自主决定后，在"同意此项索赔"前"□"内打"√"，并把确定金额写明，如承包人对监理工程师的决定不同意，则可按合同中的仲裁条款提交仲裁机构仲裁。

(4) 同意／不同意索赔的理由：同意索赔的理由应简要列明；对不同意索赔，或虽同意索赔但其中的不合理部分，如有下列情况应简要说明：①索赔事项不属于建设单位或监理工程师的责任，而是其他第三方的责任；②建设单位和承包单位共同负有责任，承包单位必须划分和证明双方责任大小;③事实依据不足;④施工合同依据不足;⑤承包单位未遵守意向通知要求;⑥施工合同中的开脱责任条款已经免除了建设单位的补偿责任;⑦承包单位已经放弃索赔要求;⑧承包单位没有采取适当措施避免或减少损失;⑨承包单位必须提供进一步证据;⑩损失计算夸大等。

(5) 索赔金额的计算:指专业监理工程师对批准的费用索赔金额的计算过程及方法。

3) 索赔成立应同时满足的 3 个条件

(1) 索赔事件造成了承包单位直接经济损失。

(2) 索赔事件是由于非承包单位的责任发生的。

(3) 承包人按合同规定的期限和程序提交了索赔意向通知书和《费用索赔申请表》,并附有索赔凭证材料。

4) 专业监理工程师在审查确定索赔批准额时,要审查的三个方面

(1) 索赔事件发生的合同责任。

(2) 由于索赔事件的发生,施工成本及其他费用的变化和分析。

(3) 索赔事件发生后,承包单位是否采取了减少损失的措施。承包单位报送的索赔额中,是否包含了让索赔事件任意发展而造成的损失额。

3.6.5 工程最终延期审批表

《工程最终延期审批表》是在影响工期事件结束,承包单位提出最后一个《工程临时延期申请表》批准后,经项目监理机构详细的研究评审影响工期事件全过程对工程总工期的影响后,批准承包单位有效延期时间。

总监理工程师在签认工程延期前应与建设单位、承包单位协商,宜与费用索赔一并考虑处理。

1) 表格样式

《工程最终延期审批表》样式见表 3-33。

2) 填写说明

(1) 根据施工合同条款____条的规定,我方对你方提出的____工程延期申请:分别填写处理本次延长工期所依据的施工合同条目和承包单位申请延长工期的原因。

(2) (第____号):填写承包单位提出的最后一个《工程临时延期申请表》编号。

(3) 审批意见:在影响工期事件结束,承包单位提出最后一个《工程临时延期申请表》批准后,总监理工程师应指定专业监理工程师复查工程延期及临时延期审批的全部情况,详细的研究评审影响工期事件对工程总工期的影响程度,应由建设单位承担的责任和承包单位采取缩小延期事件影响的措施等。根据复查结果,提出同意工期延长的日历天数,或不同意延长工期的意见,报总监理工程师最终审批,若不符合施工合同约定的工程延期条款或经计算不影响最终工期,项目监理机构总监理工程师在不同意延长工期前"□"内划"√",需延长工期时在同意延长工期前"□"内划"√"。

(4) 同意工期延长的日历天数:由影响工期事件原因使最终工期延长的总天数。

表 3-33　工程最终延期审批表

工程名称：_____　　　　　　　　编号：_____

致：_____（承包单位）
　　　根据施工合同条款_____条的规定,我方对你方提出的_____
工程延期申请(第_____号)要求延长工期_____日历天的要求,经过审核评估：
　　　□ 最终同意工期延长_____日历天,使竣工日期(包括已指令延长的工期)从原来的
_____年_____月_____日延迟到_____年_____月_____日,请你方执行。
　　　□ 不同意延长工期,请按约定竣工日期组织施工。

　　　说明：

　　　　　　　　　　　　　　　　　　　　　　　　项目监理机构：_____
　　　　　　　　　　　　　　　　　　　　　　　　总监理工程师：_____
　　　　　　　　　　　　　　　　　　　　　　　　日　　　期：_____

(5) 原竣工日期：指施工合同签订的工程竣工日期或已批准的竣工日期。

(6) 延迟到的竣工日期：原竣工日期加上同意工期延长的日历天数后的日期。

(7) 说明：翔实说明本次影响工期事件和工期拖延的事实和程度,处理本次延长工期所依据的施工合同条款,工期延长计算所采用的方法及计算过程等。

3) 工程延期审批的依据

承包单位延期申请能够成立并获得总监理工程师批准的依据如下：①工期拖延事件是否属实,强调实事求是；②是否符合本工程施工合同规定；③延期事件是否发生在工期网络计划图的关键线路上,即延期是否有效合理；④延期天数的计算是否正确,证据资料是否充足。

上述 4 条中,只有同时满足前 3 条,延期申请才能成立。至于时间的计算,监理工程师可根据自己的记录,作出公正合理的计算。

上述前 3 条中,最关键的一条就是第 3 条,即延期事件是否发生在工期网络计划图的关键线路上。因为在承包单位所报的延期申请中,有些虽然满足前两个条件,但并不一定是有效和合理的,只有有效和合理的延期申请才能被批准。也就是说,所发生工期拖延的工程项目必须是会影响到整个工程工期的工程项目,如果发生工期拖延的工程项目并不影响整个工程完工期,那么,延期就不会被批准。

项目是否在关键线路上的确定,一般常用方法是：监理工程师根据最新批准的进度计划来确定关键线路上的工程项目。利用网络图来确定关键线路,是最直观的方法。

4) 工程延期时间的确定

(1) 计算工程延期批准值的直接方法就是通过网络分析计算,但是对于一些工程变更或明显处于关键线路上的工程延误,也可以通过比例分析法或实测法得出结果。

(2) 工程延期的最终延期时间应是承包单位的最后一个延期批准后的累计时间,但并不

是每一项延期时间的累加,如果后面批准的延期内包含有前一个批准延期的内容,则前一项延期的时间不能予以累计。

3.6.6 工程变更单

《工程变更单》是在施工过程中,建设单位、承包单位提出工程变更要求报项目监理机构审核确认的单据。

1) 表格样式

《工程变更单》样式见表3-34。

表3-34 工程变更单

| 工程名称 | | 编号 | |

致:＿＿＿＿＿＿＿＿＿＿＿＿＿＿＿＿＿＿＿＿＿＿＿＿＿＿＿(监理单位)
　　由于＿＿＿＿＿＿＿＿＿＿＿＿＿＿＿＿＿＿＿＿＿＿＿＿＿的原因,兹提出＿＿＿＿＿＿
工程变更(内容详见附件),请予以审批。
附件:

提出单位名称:　　　　　提出单位负责人(签字):　　　　　　　年　月　日

结论:

建设单位代表 (签字):	设计单位代表 (签字):	监理单位代表 (签字):	施工单位代表 (签字):
年　月　日	年　月　日	年　月　日	年　月　日

2) 填写说明

(1) 原因:指引发工程变更的原因。

(2) 提出＿＿＿＿工程变更:填写要求工程变更的部位和变更题目。

(3) 附件:应包括工程变更的详细内容、变更的依据,工程变更对工程造价及工期的影响分析和影响程度,对工程项目功能、安全的影响分析,必要的附图等。

(4) 提出单位:指提出工程变更的单位。

(5) 一致意见:项目监理机构经与有关方面协商达成的一致意见。

(6) 建设单位代表:指建设单位派驻施工现场履行合同的代表。

(7) 设计单位代表:指设计单位派驻施工现场的设计代表或与工程变更内容有关专业的原设计人员或负责人。

(8) 监理单位代表:指项目总监理工程师。

(9) 承包单位代表:指项目经理。承包单位代表签字仅表示对有关工期、费用处理结果的签认和工程变更的收到。

3) 我国施工合同范本规定的工程变更程序

(1) 建设单位提前书面通知承包人有关工程变更,或承包单位提出变更申请经工程师和发包人同意变更。

(2) 由原设计单位出图并在实施前14天交承包单位。如超出原设计标准或设计规模时,应由发包人按原程序报审。

(3) 承包人应在收到工程变更后14天内提出变更价款,提交工程师确认。

(4) 工程师在收到变更价款报告后的14天内应审查完变更价款报告,并确认变更价款。

(5) 变更价款不能协商一致时,按合同争议的方式解决。

3.6.7 合同争议、违约报告及处理意见

合同争议、违约报告及处理意见,是指工程实施过程中出现合同争议时,项目监理机构为调解合同争议所达成(提出)的处理意见。

1) 填写说明

(1) 项目监理机构接到合同争议的调解要求后应进行以下工作:①及时了解合同争议的全部情况,包括进行调查和取证;②及时与合同争议的双方进行磋商;③在项目监理机构提出调解方案后,由总监理工程师进行争议调解;④当调解未能达成一致时,总监理工程师应在施工合同规定的期限内提出处理该合同争议的意见;⑤在争议调解过程中,除已达到了施工合同规定的暂停履行合同的条件之外,项目监理机构应要求合同的双方继续履行施工合同。

(2) 在总监理工程师签发合同争议处理意见后,建设单位或承包单位在施工合同规定的期限内未对合同争议处理决定提出异议,在符合施工合同的前提下,此意见应成为最后的决定,双方必须执行。

(3) 在合同争议的仲裁或诉讼过程中,项目监理机构接到仲裁机关或法院要求提供有关证据的通知后,应公正地向仲裁机关或法院提供与争议有关的证据。

(4) 合同争议处理意见由总监理工程师签字盖章,并在施工合同约定的时间内送达建设单位和承包单位双方。

2) 封面形式

封面形式如下所示。

```
_____工程合同争议处理意见
总监理工程师:_____
监理单位(章):_____
编制日期:_____年_____月_____日
```

3.6.8 合同变更资料

合同变更资料包括施工过程中建设单位与承包单位的合同补充协议和合同解除有关资料。

施工合同解除必须符合法律程序,合同解除时项目监理机构应根据《建设工程监理规范》(GB 50319—2000)第 6.6 款处理善后工作,并翔实记录处理的过程和有关事项等。

3.7 监理工作总结

3.7.1 监理专题报告

监理专题报告是在施工过程中,项目监理机构就某项工作、某一问题、某一任务或某一事件向建设单位所做的报告。

(1) 专题报告应用标题点明报告的事由和性质,主体内容应详尽地阐述报告事项的事实、问题和建议或处理结果。

(2) 专题报告由报告人、总监理工程师签字,并加盖项目监理机构公章。

(3) 施工过程中的合同争议、违约处理等可采用专题报告(总结),并附有关记录。

3.7.2 工程质量评估报告

工程质量评估报告为在由项目监理机构审查承包单位报送的竣工资料、组织有关单位对工程质量进行预验收,并在承包单位对预验收发现问题整改合格、总监理工程师签署工程竣工报验单的基础上提出的工程质量评估报告。

(1) 工程质量评估报告是项目监理机构对被监理工程的单位(子单位)工程施工质量进行总体评价的技术性文件。

(2) 工程质量评估报告由总监理工程师组织专业监理工程师编写,须经总监理工程师和监理单位技术负责人签字,并加盖监理单位公章。

(3) 工程质量评估报告应包括下列主要内容:①工程概况;②单位(子单位)工程所包含的分部(子分部)、分项工程,并逐项说明其施工质量验收情况;③质量控制资料验收情况;④工程所含分部工程有关安全和功能的检测验收情况及检测资料的完整性核查情况;⑤竣工图核查情况;⑥观感质量验收情况;⑦施工过程质量事故和主要质量问题、原因分析及处理结果;⑧对工程施工质量验收意见的建议。

3.7.3 监理工作总结

监理工作总结是监理单位对履行委托监理合同情况及监理工作的综合性总结。

(1) 监理工作总结由总监理工程师组织项目监理机构有关人员编写。
(2) 监理工作总结由总监理工程师和监理单位负责人签字,并加盖监理单位公章。
(3) 施工阶段监理工作结束时,监理单位应向建设单位提交监理工作总结。
(4) 监理工作总结应包括以下内容:①工程概况。②监理组织机构、监理人员和投入的监理设施。③监理合同履行情况。监理合同履行情况应进行总体概述,并详细描述质量、进度、投资控制目标的实现情况;建设单位提供的建设设施的归还情况;如委托监理合同执行过程中出现纠纷的,应叙述主要纠纷事实,并说明通过友好协商取得合理解决的情况。④监理工作成效。着重叙述工程质量、进度、投资三大目标控制及完成情况,对此所采取的措施及做法;监理过程中往来的文件、设计变更、报审表、命令、通知等名称、份数;质保资料的名称、份数;独立抽查项目质量记录份数;工程质量评定情况;合理化建议产生的实际效果情况。⑤施工过程中出现的问题及其处理情况和建议。视具体情况对施工过程中出现的问题及处理情况和建议进行阐述。⑥工程照片(有必要时)。可附上各施工阶段有代表性的照片,尤其是隐蔽工程、质量事故的照片;使用新材料、新产品、新技术的照片等。每张照片都要有简要的文字材料,能准确索赔照片内容,如照片类型、位置、拍照时间、作者、底片编号等。

4 施工单位工程资料管理

知识点

(1) 了解施工技术资料收集、整理工作职责。
(2) 理解施工资料管理的规定和流程。
(3) 掌握施工资料的内容。
(4) 掌握施工单位文件相关资料的编制工作。

基本要求

通过本项目单元的学习,使学生达到以下要求:
(1) 对施工单位文件资料的收集、整理和组卷有更直观的认识。
(2) 获得与将来工作岗位和工作过程相关的理论和专业知识。
(3) 培养学生实际动手操作的能力,使学生具备编制施工文件资料岗位的基本工作能力。

4.1 施工技术资料收集、整理工作职责

4.1.1 共同责任

(1) 工程资料的形成应符合国家相关的法律、法规、施工质量标准和规范、工程合作与设计文件等规定。
(2) 工程各参建单位应将工程资料的形成和积累纳入工程建设管理的各个环节和有关人员的责任范围。
(3) 工程资料应随工程进度同步收集、整理并按规定移交。
(4) 工程资料应实行分级管理,由建设、监理、施工等单位主管(技术)负责人组织本单位工程资料的全过程管理工作。建设过程中资料的收集、整理工作和审核工作应有专人负责,并按规定取得相应的岗位资格。
(5) 工程各参建单位应确保文件的真实、有效、完整和齐全,对工程资料进行涂改、伪造、随意抽撤或损毁、丢失等,应按有关规定予以处罚,情节严重的应依法追究法律责任。

4.1.2 工程各参建单位责任

1) 建设单位责任

(1) 应负责基建文件的管理工作,并设专人对基建文件进行收集、整理和归档。

(2) 在工程招标及与参建各方签订合同或协议时,应对工程资料和工程档案的编制责任、套数、费用、质量和移交期限等提出明确要求。

(3) 必须向参与工程建设的勘察、设计、施工、监理等单位提供与建设有关的资料。

(4) 由建设单位采购的建筑材料、构配件和设备,建设单位应保证建筑材料、构配件和设备符合设计文件和合同要求,并保证相关物资文件的完整、真实和有效。

(5) 应负责监督和检查各参建单位工程资料的形成、积累和立卷工作,也可委托监理单位检查工作资料的形成、积累和立卷工作。

(6) 对需建设单位签认的工程资料应签署意见。

(7) 应收集和汇总勘察、建设、监理和施工等单位立卷和归档的工程档案。

(8) 应负责组织竣工图的绘制工作,也可委托施工单位、监理单位或设计单位,并按相关文件规定承担费用。

(9) 列入城建档案馆接收范围的工程档案,建设单位应在组织竣工验收前,提请城建档案馆对工程档案进行预验收,未取得《建设工程竣工档案预验收意见》的,不得组织工程竣工验收。

(10) 建设单位应在竣工验收后 3 个月内将工程档案移交城建档案馆。

2) 勘察、设计单位责任

(1) 应按合同的规范要求提供勘察、设计文件。

(2) 对需勘察、设计单位签认的工程资料应签署意见。

(3) 工程竣工验收,应出具工程质量检查报告。

3) 监理单位的责任

(1) 应负责监理资料的管理工作,并设专人对监理资料进行收集、整理和归档。

(2) 应按照合同约定,在勘察、设计阶段,对勘察、设计文件的形成、积累、组卷和归档进行监督、检查;在施工阶段,应对施工资料的形成、积累、组卷和归档进行监督、检查,使工程资料的完整性、准确性符合有关要求。

(3) 列入城建档案馆接收范围的监理资料,监理单位应在工程竣工验收后 2 个月内移交建设单位。

4) 施工单位的责任

(1) 应负责施工资料的管理工作,实行技术负责人负责制,逐级建立健全施工资料管理岗位责任制。

(2) 应负责汇总各分包单位编制的施工资料,分包单位应负责其分包范围内施工资料的收集和整理,并对施工资料的真实性、完整性和有效性负责。

(3) 应在工程竣工前,将工程的施工资料整理、汇总完成。

（4）应负责编制 2 套施工资料，其中移交建设单位 1 套，自行保存 1 套。

5）城建档案馆的责任

（1）负责接收、收集、保管和利用城建档案的日常管理工作。

（2）负责对城建档案的编制、整理、归档工作进行监督、检查、指导，对国家和各省、市重点、大型工程项目的工程档案编制、整理、归档工作应指派专业人员进行指导。

（3）在工程竣工验收前，应对列入城建档案馆接收范围的工程档案进行预验收，并出具《建设工程竣工档案预验收意见》。

4.2 施工资料的内容、管理规定和管理流程

4.2.1 施工管理资料的内容

1）工程施工资料的内容

施工资料包括：施工管理资料、施工技术资料、施工物资资料、施工测量记录、施工记录、施工试验记录、施工验收资料及质量评定资料。

2）施工管理资料的内容

施工管理资料包括：工程概况表、施工进度计划分析、项目大事记、施工日志、不合格项处置记录、工程质量事故报告、建设工程质量事故调（勘）查笔录、建设工程质量事故报告书及施工总结。

3）施工技术资料的内容

施工技术资料包括：工程技术文件资料申报表、技术管理资料、技术交底记录、施工组织设计、施工方案、设计变更文件、图纸审查记录、设计交底记录及设计变更、洽商记录。

4）施工物资资料的内容

施工物资资料包括：工程物资选样送审表、工程物资进场报验表、产品质量证明文件、半成品钢筋出厂合格证、预拌混凝土出厂合格证、预制混凝土构件出厂合格证、钢构件出厂合格证、材料与设备进场检验记录、设备开箱检查记录、材料与配件检查记录、设备与管道附件试验记录、产品复试记录/报告、材料试验报告（通用）、水泥试验报告、钢筋原材料试验报告、砌墙砖（砌块）试验报告、砂试验报告、碎（卵）石试验报告、轻骨料试验报告、防水卷材试验报告、防水涂料试验报告、混凝土掺和料试验报告、混凝土外加剂试验报告、钢材力学性能试验报告等。

5）施工测量记录的内容

施工测量记录包括：工程定位测量记录、基槽验线记录、楼层放线记录及沉降观测记录。

6）施工记录的内容

施工记录包括：通用记录、隐蔽工程检查记录表、预检工程检查记录表、施工通用记录表、

中间检查交接记录、土建专用施工记录、地基处理记录、地基钎探记录、桩基施工记录、混凝土搅拌测温记录表、混凝土养护测温记录表、砂浆配合比申请单及通知单、混凝土配合比申请单及通知单、混凝土开盘鉴定、预应力钢筋张拉记录（一）、预应力钢筋张拉记录（二）、粘结预应力结构灌浆记录、建筑烟（风）道与垃圾道检查记录、电梯专用施工记录、电梯承重梁与起重吊环埋设隐蔽工程检查记录、电梯钢丝绳头灌注隐蔽工程检查记录、自动扶梯与自动人行道安装条件记录。

7）施工试验记录的内容

施工试验记录包括：施工试验记录（通用）、设备运转记录、设备单机试运转记录、调研报告、土建专用试验记录、钢筋连接试验报告、回填土干密度试验报告、土工击实试验报告、砌筑砂浆抗压强度试验报告、混凝土抗压强度试验报告、混凝土抗渗试验报告、超声波探伤报告、强声波探伤记录、钢构件探伤报告、砌筑砂浆试块强度统计与评定记录、混凝土试块强度统计与评定记录、防水工程试水检查记录、电气专用施工试验记录、电气接地电阻试验记录、电气绝缘电阻试验记录、电气器具通电安全试验记录、电气照明与动力试运行记录、综合布线测试记录、光纤损耗测试记录、视频系统末端测试记录、管道专用施工试验记录、管道灌水试验记录、管道强度与严密性试验记录、管道通水试验记录、管道吹（冲）洗（脱脂）试验记录、室内排水通风管道通球试验记录、伸缩器安装试验记录、通风空调专用施工试验记录、现场组装除尘器与空调机漏风检测记录、风管漏风检测记录、各房间室内风量测量记录、管网风量平衡记录、通风系统试运行记录、制冷系统气密性试验记录、电梯专用施工试验记录、电梯主要功能检查试验记录、电梯电气安全装置检查试验记录、电梯整机功能检查记录、电梯层门安全装置检查试验记录表、电梯符合运行试验记录表、轿厢平层准确度测量记录表、电梯负荷运行试验曲线图标、电梯噪声测试记录表及自动扶梯、自动人行道运行试验记录。

8）施工验收资料的内容

施工验收资料包括：分部分项工程施工报验表、分部工程验收记录、竣工验收通用记录、基础/主体工程验收记录、幕墙工程验收记录、单位工程验收记录和工程竣工报告。

4.2.2 施工资料管理规定

（1）施工资料应实行报验、报审管理。施工过程中形成的资料应按报验、报审程序，通过相关施工单位审核后方可报建设（监理）单位。

（2）施工资料的报验、报审应有时限性要求。工程相关各单位宜在合同中约定报验、报审资料的申报时间及审批时间，并约定应承担的责任。当无约定时，施工资料的申报、审批不得影响正常施工。

（3）建筑工程实行总承包的，应在与分包单位签订施工合同中明确施工资料的移交套数、移交时间、质量要求及验收标准等。分包工程完工后，应将有关施工资料按约定移交。

4.2.3 施工资料管理流程

1）施工资料管理总流程

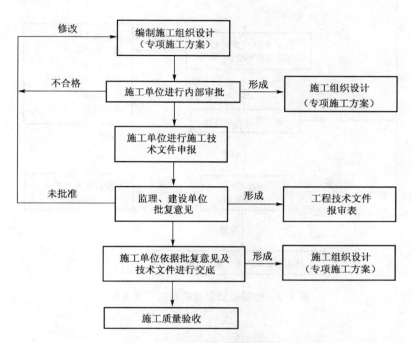

图 4-1 施工资料管理总流程

2）施工物资资料管理流程

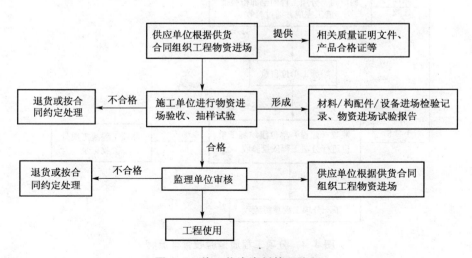

图 4-2 施工物资资料管理流程

3）检验批质量验收资料管理流程

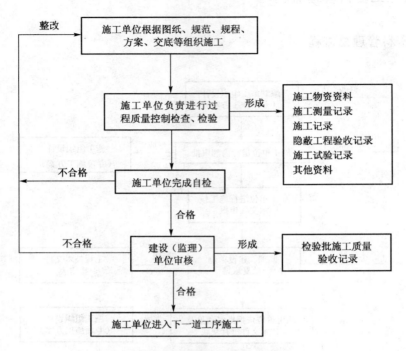

图 4-3　检验批质量验收资料管理流程

4）分项工程质量验收管理流程

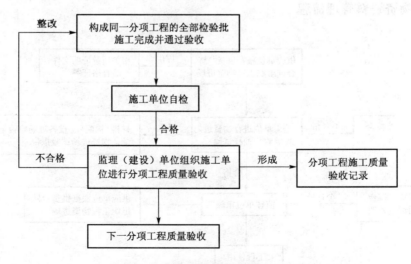

图 4-4　分项工程质量验收管理流程

5) 分部（子分部）工程质量验收资料管理流程

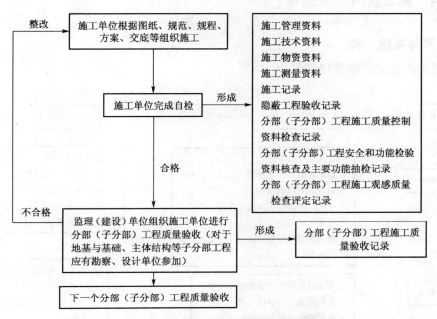

图 4-5 分部（子分部）工程质量验收资料管理流程

6) 单位（子单位）工程质量验收资料管理流程

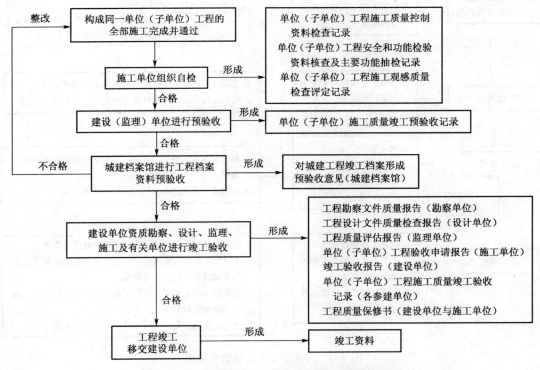

图 4-6 单位（子单位）工程质量验收资料管理流程

4.2.4 施工资料形成流程

1) 地基与基础工程

(1) 无支护土方工程管理流程(图4-7)

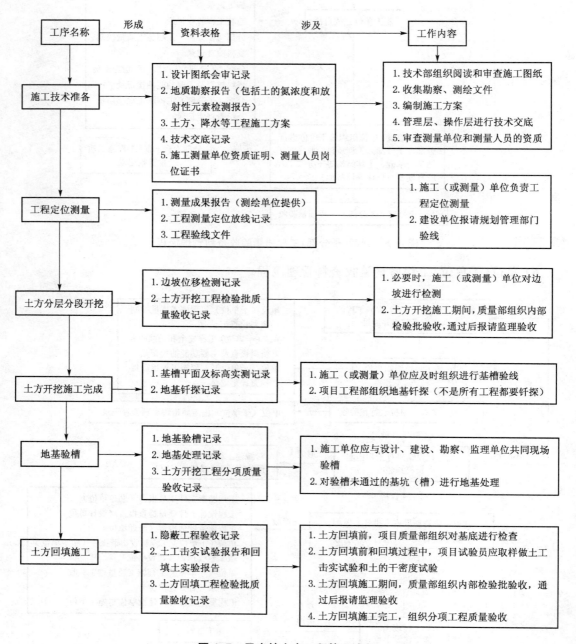

图4-7 无支护土方工程管理流程

（2）地下防水工程资料管理流程(图 4-8)

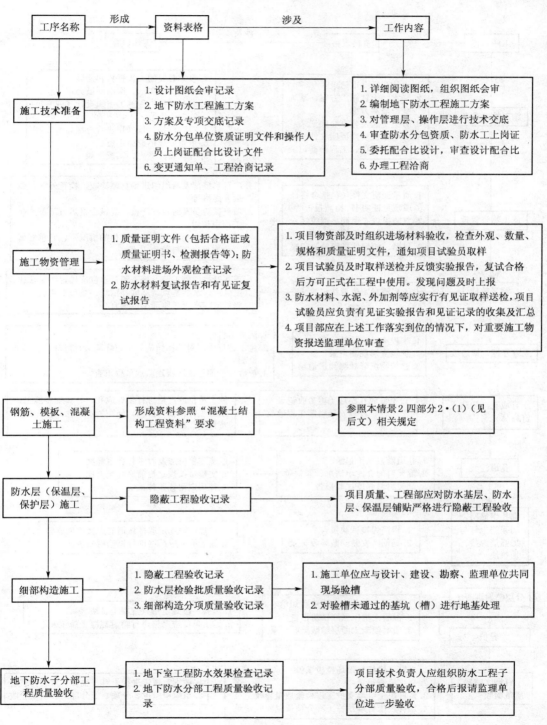

图 4-8 地下防水工程资料管理流程

(3) 土钉墙(喷锚)支护工程资料管理流程(图4-9)

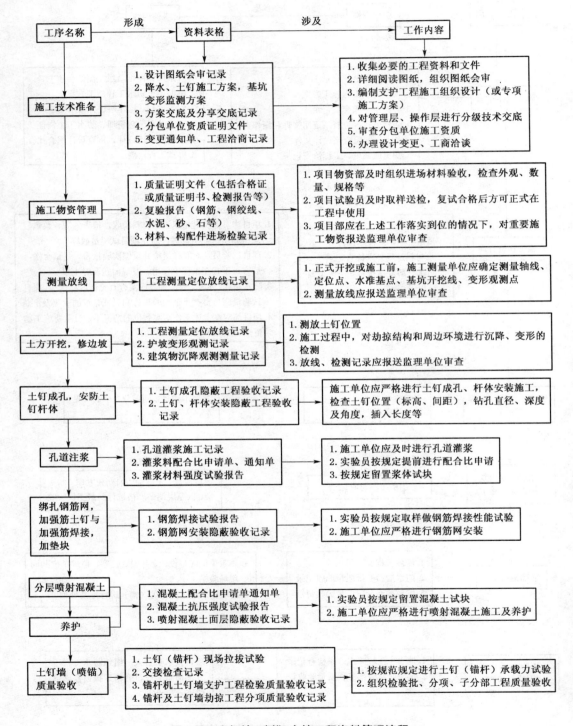

图4-9 土钉墙(喷锚)支护工程资料管理流程

(4) 排桩(灌注桩)支护工程资料管理流程(图 4-10)

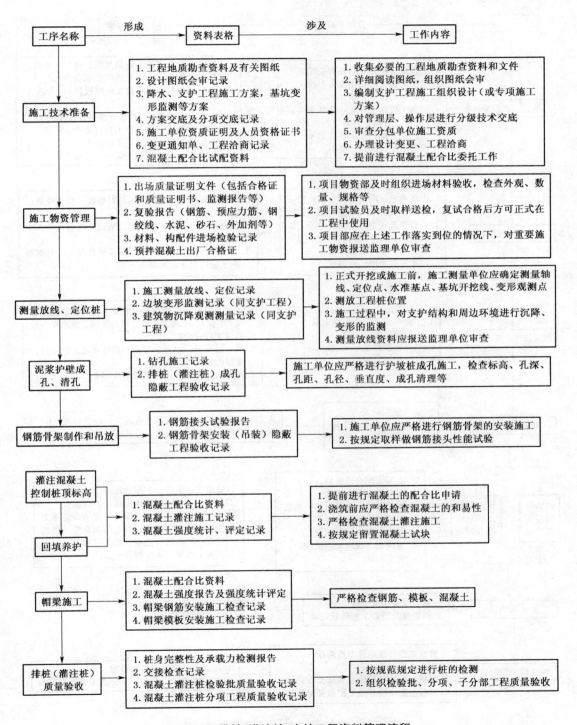

图 4-10 排桩(灌注桩)支护工程资料管理流程

(5) 桩基(灌注桩)工程资料管理流程(图 4-11)

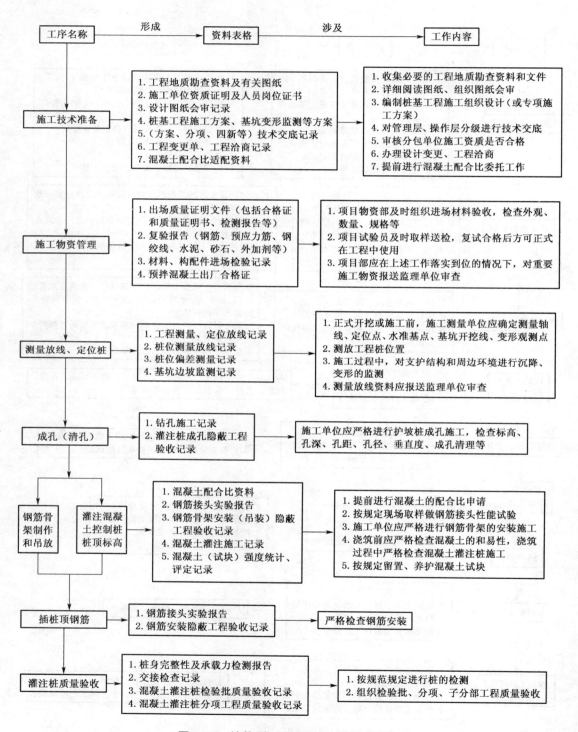

图 4-11 桩基(灌注桩)工程资料管理流程

（6）水泥粉煤灰碎石桩工程资料管理流程（图 4-12）

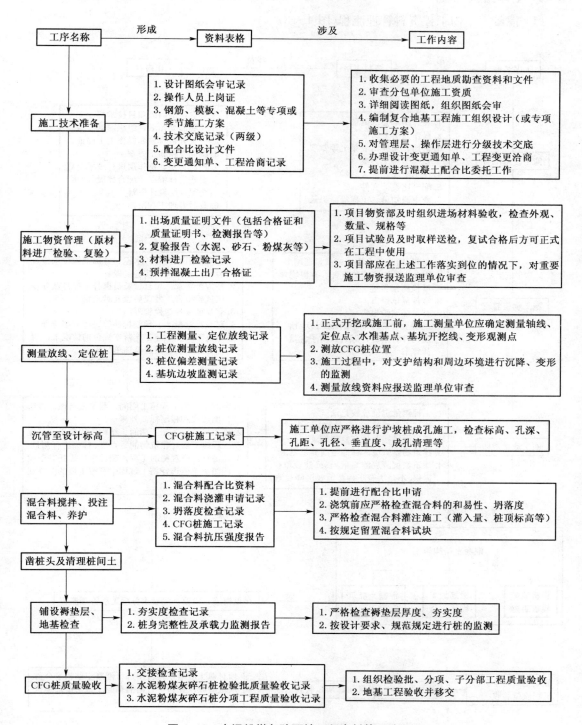

图 4-12　水泥粉煤灰碎石桩工程资料管理流程

2)主体结构工程

(1)混凝土结构工程资料管理流程(图4-13)

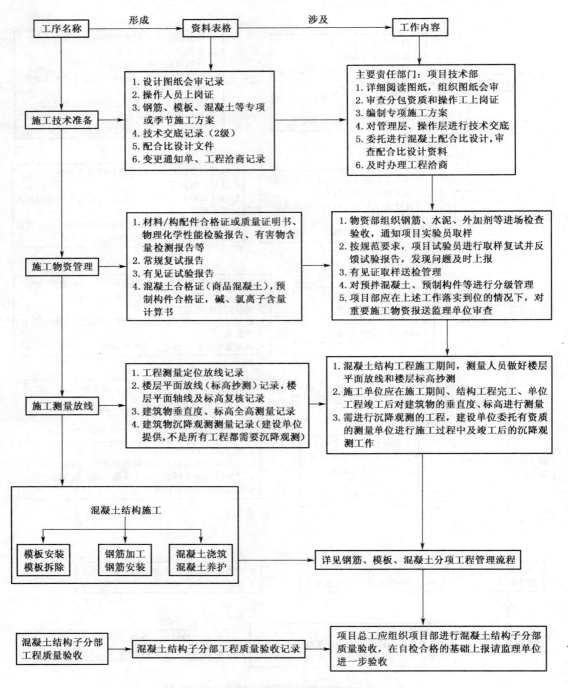

图4-13 混凝土结构工程资料管理流程

（2）模板分项工程资料管理流程（图 4-14）

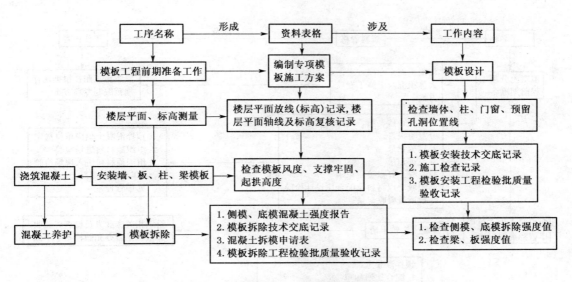

图 4-14　模板分项工程资料管理流程

（3）钢筋分项工程资料管理流程（图 4-15）

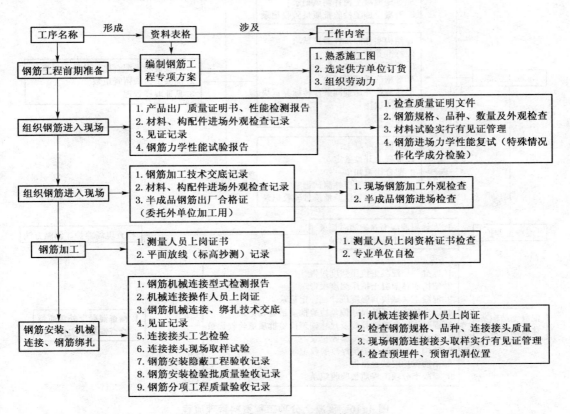

图 4-15　钢筋分项工程资料管理流程

(4) 混凝土分项工程资料管理流程(图 4-16)

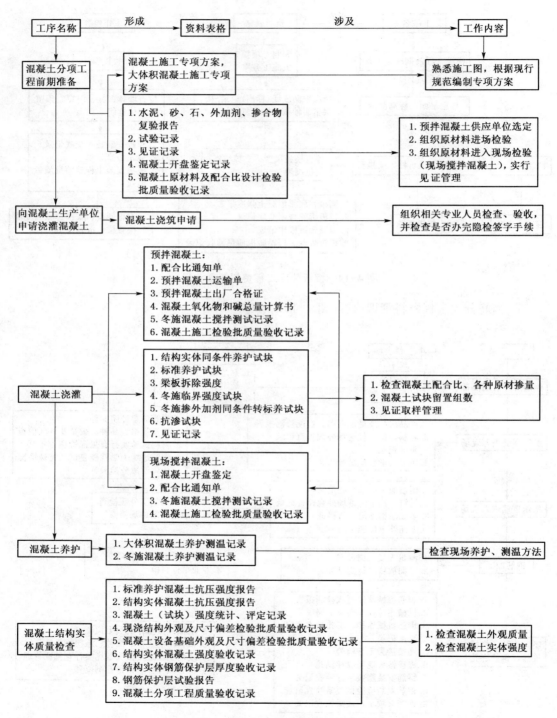

图 4-16 混凝土分项工程资料管理流程

(5) 砌体结构工程资料管理流程(图 4-17)

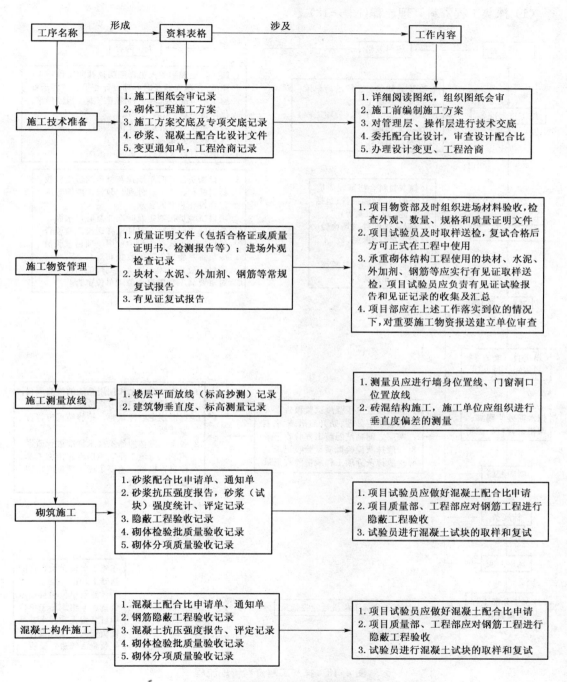

图 4-17 砌体结构工程资料管理流程

3）建筑装饰装修工程

（1）抹灰工程资料管理流程（图4-18）

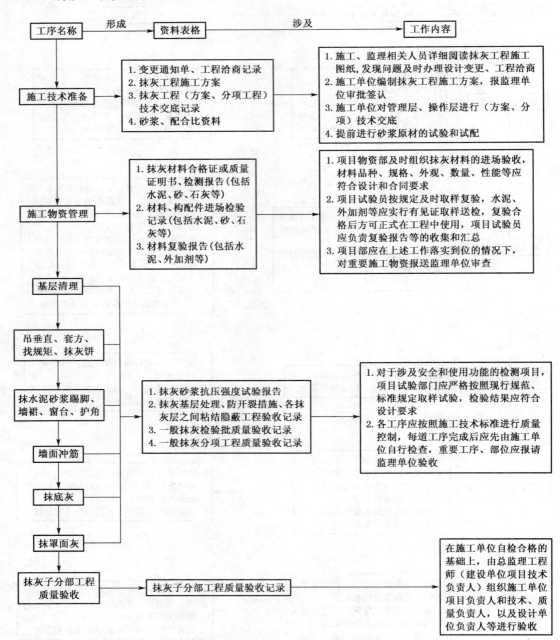

图4-18 抹灰工程资料管理流程
（以一般抹灰为例）

【说明】 抹灰工程施工前，主体结构分部工程应通过质量验收，检查填充墙是否砌完，门窗框、水暖/电气管线、消火栓箱位置是否准确。

(2)门窗工程资料管理流程(图 4-19)

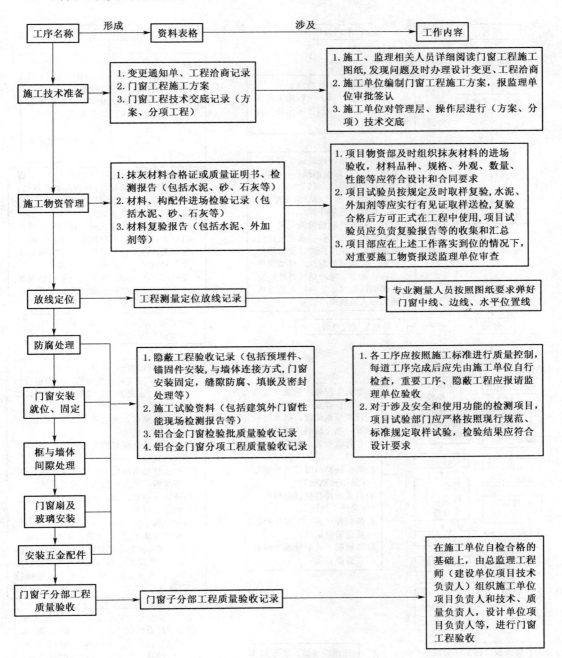

图 4-19 门窗工程资料管理流程
(以铝合金门窗安装工程为例)

【说明】 门窗工程施工前,主体结构分部工程应通过质量验收,检查门窗洞口尺寸及标高是否符合设计要求;预埋件数量、位置及埋设方法是否符合设计要求。

(3) 饰面板(砖)工程资料管理流程(图4-20)

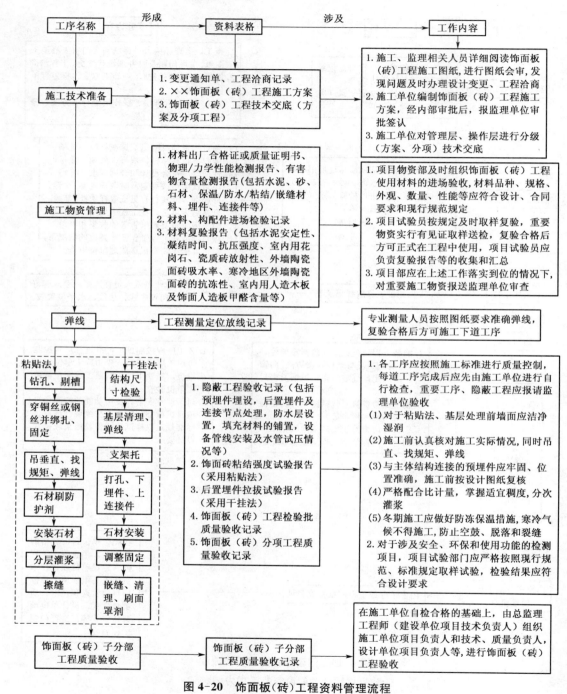

图4-20 饰面板(砖)工程资料管理流程
(以饰面板安装工程为例)

【说明】 饰面板(砖)工程施工前,应由承接方与完成方进行交接检查,检查顶棚和墙体抹灰是否完成,基底含水量是否达到装饰要求,水电及设备、墙上预留埋件是否安装完毕。

(4) 细部工程资料管理流程(图 4-21)

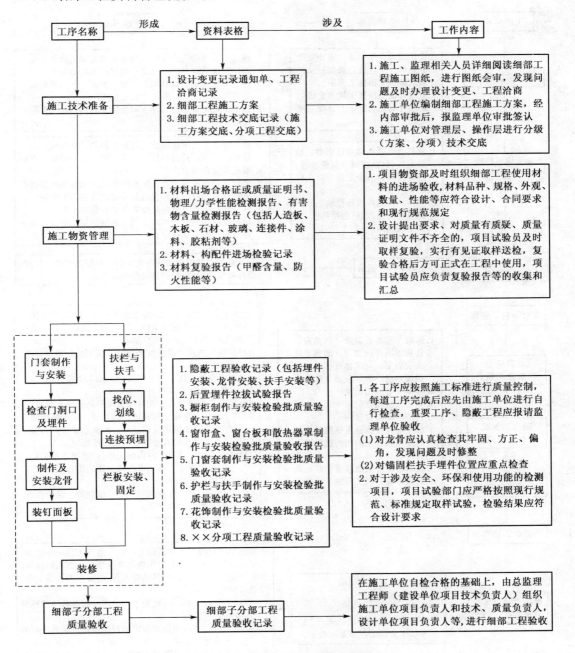

图 4-21　细部工程资料管理流程
(以扶栏与扶手、木质门窗套制作与安装为例)

【说明】 细部工程施工前,应由承接方与完成方对门窗洞口长宽尺寸、垂直度、平整度、连接件位置、墙面及地面抹灰等进行交接检查。

(5) 玻璃幕墙工程资料管理流程(图 4-22)

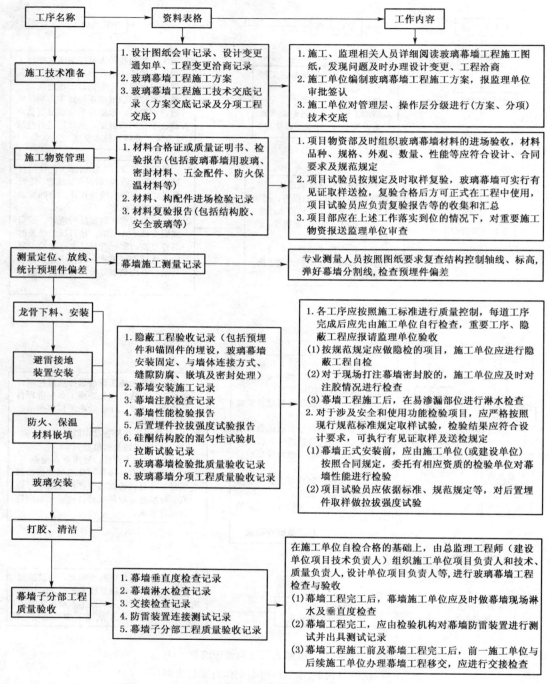

图 4-22 玻璃幕墙工程资料管理流程

【说明】 玻璃幕墙施工前,主体结构分部工程应通过质量验收,可能对幕墙造成严重污染的分项工程应完成;土建已移交控制线和基准线。

4) 建筑给排水及采暖工程

（1）室内给水系统工程资料管理流程（图4-23）

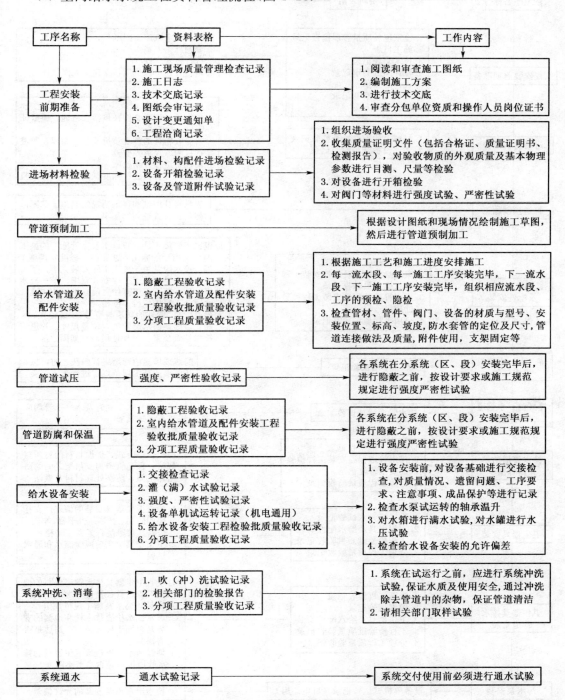

图4-23 室内给水系统工程资料管理流程

(2) 室内排(雨)水系统工程资料管理流程(图 4-24)

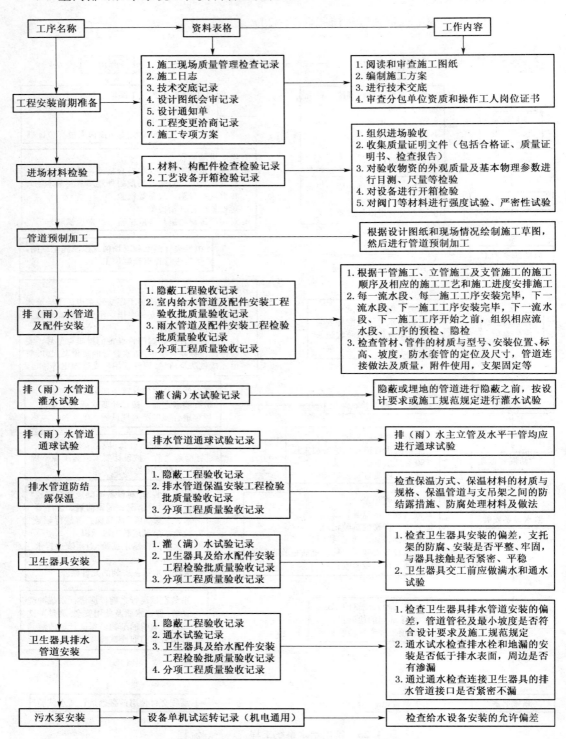

图 4-24 室内排(雨)水系统工程资料管理流程

5）建筑电气工程

（1）电气照明安装工程资料管理流程（图 4-25）

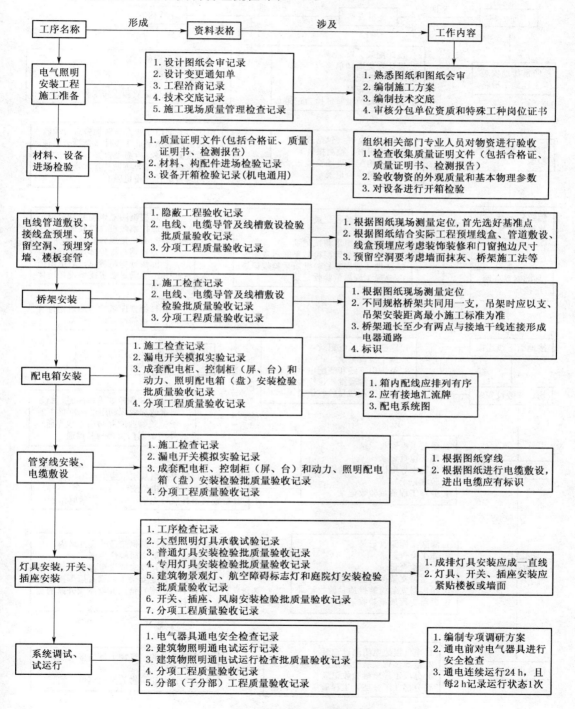

图 4-25 电气照明安装工程资料管理流程

(2) 防雷及接地装置安装工程资料管理流程(图 4-26)

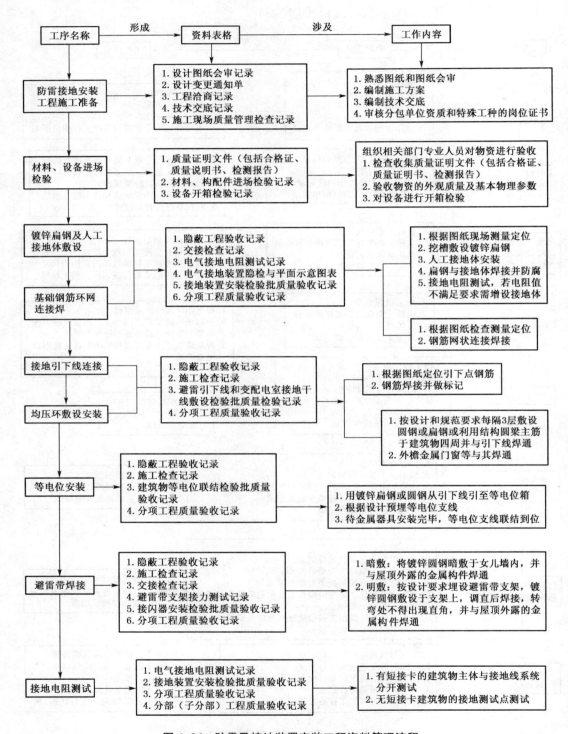

图 4-26　防雷及接地装置安装工程资料管理流程

6）通风与空调工程

（1）空调风系统工程资料管理流程（图4-27）

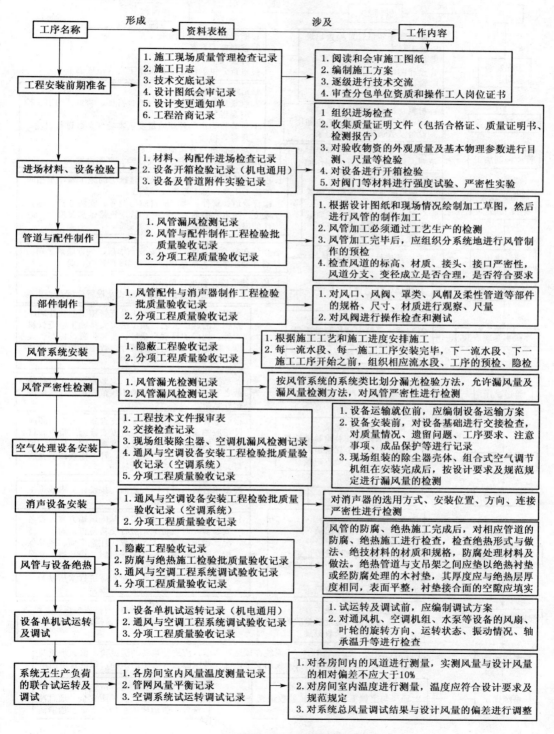

图4-27 空调风系统工程资料管理流程

(2) 空调水系统工程资料管理流程(图 4-28)

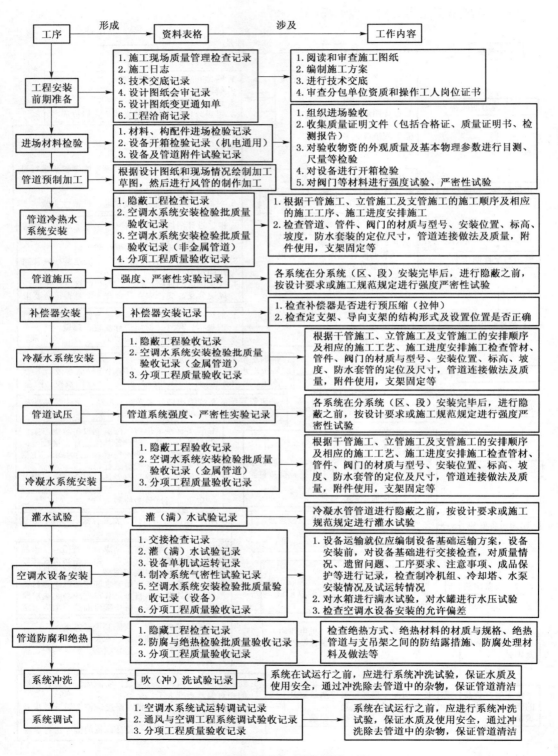

图 4-28 空调水系统工程资料管理流程

7）智能建筑工程

（1）火灾报警及消防联动系统安装工程资料管理流程（图4-29）

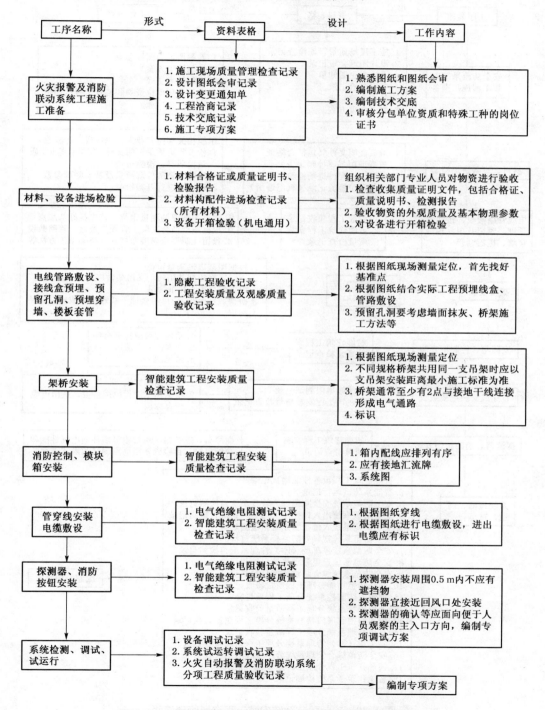

图4-29 火灾报警及消防联动系统安装工程资料管理流程

(2) 安全防范系统安装工程资料管理流程(图 4-30)

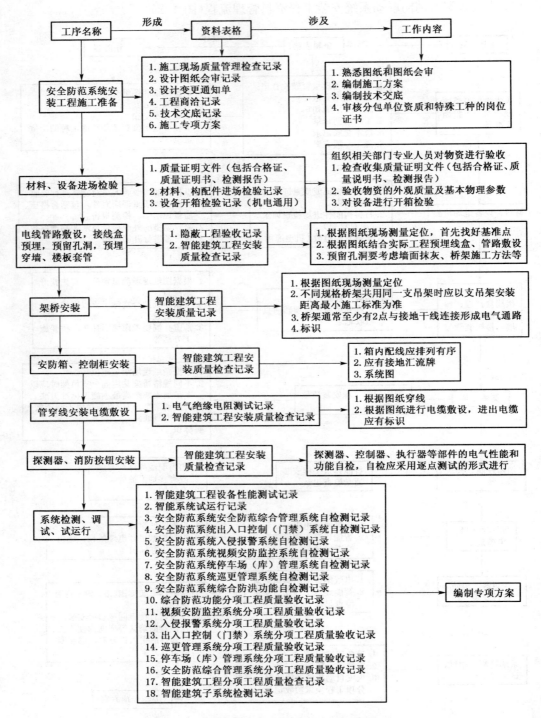

图 4-30 安全防范系统安装工程资料管理流程

4.3 施工单位文件材料

施工资料可分为施工管理资料、施工技术资料、施工进度及造价资料、施工物资资料、施工记录、施工实验记录及检测报告、施工质量验收记录、竣工验收资料。施工资料是以单位工程为组成单元,可按专业与类别划分。

4.3.1 施工管理资料

1)工程概况表

工程概况表是指建设单位在工程竣工后填写的对工程总体情况的概述以及各参建单位的记录,应包括单位工程的一般情况、构造特征、机电系统等(见项目单元五 A8-1 范表)。

2)工程开工/复工报审表(见监理资料表 B1-1)

3)施工组织设计(方案)报审表(见监理资料表 B1-2)

4)施工现场质量管理检查记录表

施工现场质量管理检查记录表由建筑工程项目经理部于工程开工前,按单位工程或标段填写,主要反映项目部监理质量责任制度及现场管理制度,健全质量管理体系,具备施工技术标准,审查资质证书、施工图、地质勘查资料和施工技术文件等。项目经理按规定填写,并将该表及相关资料、文件附后报总监理工程师或建设单位项目负责人审查,并作出审查结论。

范例表 施工现场质量管理检查记录表

表4-1 施工现场质量管理检查记录表

☒☒☒☒☒☒☒☒☒

工程名称	银和城市公园127#楼	施工许可证(开工证)		6401022013060250001	
建设单位	银和投资有限公司	项目负责人		李军	
设计单位	×××建筑设计院有限公司	项目负责人		刑龙清	
监理单位	光华工程监理有限公司	总监理工程师			
施工单位	第一建筑公司第九分公司	项目经理	范增龙	项目技术负责人	刘文
序号	项目	内容			
1	现场质量管理制度	评比奖罚制度,质量安全例会制度,交接检查制度			
2	质量责任制	管理人员岗位责任制,质量奖罚制度,技术交底制度			
3	主要专业工种操作上岗证书	抹灰工,架子工,钢筋工,混凝土工,起重工,木工,电工等证件齐全、有效			

续表 4-1

序号	项 目	内 容
4	分包方资质与对分包单位的管理制度	无分包
5	施工图审查情况	审查报告,编号 03259
6	地质勘察资料	地质勘察报告,编号 032584
7	施工组织设计、施工方案及审批	施工组织设计已审批
8	施工技术标准	各技术标准均齐全
9	工程质量检验制度	工程质量检查制度,抽检项目检测制度,施工检验制度,原材料检验制度
10	混凝土搅拌站及计量设置	编制计量设置精确度控制措施
11	现场材料、设备存放与管理制度	有现场材料、设备存放与管路制度、措施
12		

检查结论:

施工现场质量管理制度齐全、完整,能保证工程质量。

总监理工程师:刑述清

××××年××月××日

【说明】 (1)表头部分

填写参与工程建设各方责任主体的概况。

工程名称栏,应填写工程名称的全称,与合同或招投标文件中的工程名称一致。

施工许可证(开工证)栏,填写当地建设行政主管部门批准发给的施工许可证的标号。

建设单位栏,填写合同文件中的甲方,单位名称也应填写全称,与合同盖章上的单位名称相同。

建设单位项目负责人栏,应填写合同书上签字人或签字人以文字形式委托的代表——工程项目负责人,工程完工后竣工备案表中的单位项目负责人应与此一致。

设计单位栏,填写设计合同中签章单位的名称,其全称应与印章上的名称一致,设计合同中签字人或签字人以文字形式委托的该项目负责人,工程完工后竣工验收备案表中的单位负责人也应与此一致。

施工单位栏,填写施工合同中签章单位的全称,与签章上的名称一致。

项目经理、项目技术负责人栏,与合同中明确的项目经理、项目技术负责人一致。

表头部分可统一填写,不需具体人员签名,只是明确了负责人的地位。

(2)检查项目部分

填写各项检查项目文件的名称或编号,并将文件(复印件或原件)附在表的后面供检查,复印件应注明原件存放单位。

现场质量管理制度，主要是图纸会审、设计交底、技术交底、施工组织设计编制审批程序、工序交接、质量检查评定制度、质量奖惩办法，以及质量例会制度和质量问题处理制度等。

质量责任制栏，主要是质量负责人的分工，各项质量责任的落实规定，定期检查及有关人员奖罚制度等。

主要专业工种操作上岗证书栏，主要是电工、测量人员、起重、塔吊垂直运输司机、钢筋、混凝土、抹灰、焊接、木工等工种。

专业承包单位资质管理制度栏，主要是专业承包单位的资质应在其承包业务的范围内承建工程，在有分包的情况下，总承包单位应有管理分包单位的制度，主要是质量、技术的管理制度等。

施工图审查情况栏，重点看建设行政主管部门出具的施工图的审查批准书及审查机构出具的审查报告。

地质勘察资料栏，有勘察资质单位出具的正式地质勘察报告，地下施工方案的制定和施工组织总平面图编制时参考。

施工技术标准栏，是操作的依据和保证工程质量的基础，承建企业应编制不低于国家质量验收规范的操作规程等企业标准。要有批准程序，由企业总工程师、技术负责人审查批准，有批准日期、执行日期、企业标准编号及标准名称。

工程质量检验制度栏，包括原材料和设备进场检验制度、施工过程实验报告制度、竣工后抽查检测制度，应专门制定检测计划，使建设单位做到心中有数。

混凝土搅拌站及计量设置栏，主要是说明设置在工地搅拌站的计量设施的精确度、管理制度等内容，搅拌混凝土或安装专业没有这项内容。

现场材料、设备存放与管理制度栏，是保证材料、设备质量必须有的措施。要根据材料、设备性能制定管理制度，建立相应的库房等。

（3）检查结论的填写内容

直接将有关资料的名称写上，资料较多时可将其进行编号，将编号填写上，注明份数。填表时间在开工前，监理单位的总工程师（或建设单位负责人）应对施工现场进行检查，若不符合条件，需令施工单位限期改正，否则不许开工。

5）施工日志

施工日志应以单位工程为记载对象，从工程开工起至工程竣工止，对单位工程有关技术管理和质量管理活动、重大事项及效果逐日进行连续完整的记录。

范例表　施工日志

表4-2　施工日志

☐☐☐☐☐☐☐☐☐

工程名称：银和城市公园127#楼

日期	×年×月×日	气象	多云	风力	1~3级	最高温度（℃）	21℃
						最低温度（℃）	16℃

主要施工、生产、质量、安全、技术、管理活动：
  1. 4层1~19轴/A~D轴砌砖。

续表 4-2

2. ×××组瓦工16人,普工8人,电工组1人,机械工4人。
3. 4层放线同瓦工组×××进行工序交接,并形成记录。
4. 项目技术负责人×××与瓦工班组×××进行技术交底及安全技术交底,并签字形成记录。
5. 砂浆搅拌机于11时即行试运转,运转正常。同时进行开盘鉴定,监理工程师×××参加,测定其材料含水率,调整砂浆配合比。
6. 制作M5.0混合砂浆试块2组,其编号分别为2003-5-4-M5-07,2003-5-4-M5-08,取样员×××,监理见证取样员×××。
7. 早8时施工员×××、技术员××进行4层测量放线,并形成记录。
8. 早9时质检员×××进行4层放线预检和皮数杆预检,并形成记录。
9. 质检员对砂浆饱满度测试3次,分别为89%、92%、91%,抽测合格,并形成记录。
10. 质检员对砖砌体垂直度进行抽测,测试数值分别为−2 mm、1 mm、3 mm、0 mm、−2 mm,抽测合格,并形成记录。
11. 下午4时安全员×××在例行检查时发现瓦工班组一人施工时未戴安全帽,现场罚款瓦工班组长×××现金10元并警告一次。

| 记录人 | 李广乐 | 定期检查人 | 李利昆 |

【说明】(1)施工日志不得补记,不得隔页或扯页,保证内容真实、连续和完整。

(2)填写内容包括:工程准备工作的记录;班组抽检活动、组织交接检和专职检、施工组织设计交底的执行情况及效果;主要原材料进场检验、施工内容、施工检验结果的记录;质量、安全、机械事故的记录;有关洽商变更情况的记录;有关档案资料整理、交接的情况;有关新工艺、新材料、新技术、新产品的推广使用情况;工程的开工、竣工日期及分部、分项工程的施工起止日期;工程重要部位的特殊质量要求和施工方法;有关领导或部门对工程所作的生产、技术方面的决定或建议;气候、气温、地质以及其他特殊情况的记录;混凝土试块、砂浆试块的留置组数、时间以及强度试验报告等结果;其他重要事项。

6)混凝土施工日志

范例表 混凝土施工日志

表 4-3 混凝土施工日志

工程名称		银和城市公园127#楼				天气		晴
						风力		1~2级
操作班组		混凝土班组	浇筑部位	4层墙体1~6轴/A~C轴	浇筑量( )200	室外温度	高	29℃
							低	12℃
混凝土配比单编号		2006—0154	混凝土强度等级	C40		水泥出厂日期		×年×月×日
项 目		材 料 名 称						
		水泥	砂	石	水	外加剂名称		掺和料名称
						粉煤灰		泵送剂
品种规格		P·O 42.5	中砂	碎石 25.0mm	饮用水	SA-1 3.4%		FA 26.0%

续表 4-3

项 目	材 料 名 称							
	水泥	砂	石	水	外加剂名称		掺和料名称	
					粉煤灰		泵送剂	
施工配合比	1:0	2.60	3.45	0.59	0.04		0.32	
施工每盘用料数量(kg)	301	783	1039	178	12.8		96.0	
共计(kg)								
浇筑起止时间								
试块组数编号								
备注								
项目技术负责人		施工员		试验员		班组长	
刘彦文		李广耀		徐云		何茂胜	

【说明】 混凝土施工日志是施工过程中,由混凝土班组填写的混凝土施工记录。① 备注栏内填写施工活动情况和混凝土保温养护情况,特殊混凝土应说明;② 同种混凝土每工作班填写一次;③ 施工员和项目技术负责人应定期检查并签字;检查要点:混凝土的运输、浇筑、振捣、养护必须符合质量验收规范及工艺标准的要求。

7)见证实验(记录)汇总表

见证实验(记录)汇总表,是在建设单位或监理单位人员的见证下,由施工单位有关人员对工程中涉及结构安全的试块、试件和材料在现场取样并送至具备相应资质的检测单位所进行的检测。

范例表 各试验项目的见证取样试验(记录)汇总表

表 4-4 见证取样试验(记录)汇总表

工程名称		银和城市公园127#楼			试验名称		混凝土试块	
序号	规格型号	试验单编号(页次)	份数	主要使用部位	实验室名称		见证记录标号(页次)	备注(日期)
1	100×100×100	NJC20120001	1	一层梁、板、梯	××建材检测站		1	2012.4.1

【说明】 ①见证取样试验(记录)汇总表(表C1-5)适用于本规程C4~C7各类见证取样

试验报告的汇总;②不同种类试验报告应分类整理,汇总表及所附试验报告按《工程资料分类表》资料编目位置列于同类试验资料之首;③本表也可用于见证取样记录的汇总。

8）见证取样记录

在建设单位或工程监理单位人员的见证下,由施工单位的现场试验人员对工程中涉及结构安全的试块、试件和材料在现场取样和试件制作,并在《见证取样记录》上签字。

范例表　见证取样记录

表 4-5　见证取样记录

☒☒☒☒☒☒☒☒☒

工程名称	银和城市公园127#楼			
样品名称	混凝土试块	出厂编号或批号		
取样部位		地上3层9～16/A～C轴顶板梁		
取样数量	1组	代表批量		
生产厂家		生产日期	2012年3月25日	
取样地点	施工现场	取样日期	2014年3月25日	
封样设施		封样人员		

见证记录:
　　见证取样取自××混凝土有限公司08号罐车。此罐混凝土的品种、强度等级及浇筑部位均已核对无误。试块编号为××、××(见证试块)、××。在试块上已作出标志,证明强度等级。
　　取样部位
　　取样日期
　　规格:100×100×100(mm)　　强度:C30
　　成型日期:2012.3.25　　试压日期:2012.4.23
　　养护方式:28天标样

见证人签字	钱丽	见证员合格证号	139816
取样员签字	徐云	取样员合格证号	9840
见证检测单位(签单)		接收人	接收日期	年　月　日

记录日期:　　年　月　日

【说明】（1）施工过程中,应由施工单位取样人员通知监理(建设)单位见证人在现场见证原材料的取样和试件封样并共同送至见证检测单位。

（2）有见证取样的项目,凡未按规定送检或送检次数达不到要求的,其工程质量应由有相应资质的检测单位进行检测鉴定。

（3）在施工过程中,见证人员应按照见证取样和送检计划报表,对施工现场的取样和送检进行见证,并由见证人、取样人签字。见证人应制作见证记录,并归入施工技术档案。

（4）下列试块、试件和材料必须实施见证取样和送检:①用于承重结构的混凝土试块;②用于承重墙体的砌筑砂浆试块;③用于承重结构的钢筋及连接接头试件;④用于承重墙的砖和混凝土;⑤用于搅拌混凝土和砌筑砂浆的水泥;⑥用于承重结构的混凝土中使用的掺和剂;⑦地下、屋面、厕浴间使用的防水材料;⑧国家规定必须实行见证取样和送检的其他试块、试件和材料。

(5)涉及结构安全的试块、试件和材料见证送检的比例为各相关标准规范中规定应取样数量的30%,其余70%为常规试验。

9)工程材料、混凝土试块见证取样和送检计划表

范例表 工程材料、混凝土试块见证取样和送检计划表

表4-6 工程材料、混凝土试块见证取样和送检计划表

□□□□□□□□

材料(试块)名称	生产单位	进场检验批量(t)	出厂标号或批号	工程使用部位	见证取样数量	见证取样比例(%)	见证人员
水泥	金山水泥厂	200	N002	二次结构	1组	30	钱××

监理项目负责人: 填表人:
施工项目负责人: 监理单位(盖章)
　　　　　　　　　年　月　日

【说明】(1)在施工过程中,见证人员应按照审核批准的见证取样和送检计划表,对施工现场的取样和送检进行见证,取样人员应在试件或其包装上作出标志、封志。

(2)标志和封志应标明工程名称、取样部位、取样日期、样品名称、样品数量、产地及编号等,并由见证人员和取样人员签字。

(3)下列试块、试件和材料必须实施见证取样和送检:①用于承重结构的混凝土试块,同一强度等级、同一批次同条件养护试块不少于3组;②用于承重墙体的砌筑砂浆试块;③用于承重结构的钢筋及连接接头试件;④用于承重墙的砖和混凝土;⑤用于搅拌混凝土和砌筑砂浆的水泥;⑥用于承重结构的混凝土中使用的掺和剂(每个品种、1个验收批至少要保证1组见证试件);⑦地下、屋面、厕浴间使用的防水材料(每个品种、1个验收批至少要保证1组见证试件);⑧国家规定必须实行见证取样和送检的其他试块、试件和材料。

(4)涉及结构安全的试块、试件和材料见证送检的比例为各相关标准规范中规定应取样数量的30%,其余70%为常规试验。

4.3.2 施工技术资料

施工技术资料包括技术交底记录、设计图纸会审记录、工程洽商记录。

1) 技术交底记录

技术交底是指工程开工前,由各级技术负责人将有关工程施工的各项技术要求逐级向下贯彻,直到基层。其目的是使参与施工任务的技术人员和工人明确所担负工程任务的特点、技术要求、施工工艺等,做到心中有数,保证施工顺利进行。因此,技术交底是施工技术准备的必要环节。

技术交底的主要内容有:施工方法、技术安全措施、规范要求、质量标准、设计变更等。对于重点工程、特殊工程、新设备、新工艺和新材料的技术要求,更需做详细的技术交底。

技术交底包括施工组织设计交底、专项施工方案技术交底、分项工程施工技术交底、"四新"(新材料、新产品、新技术、新工艺)技术交底和设计变更技术交底。各项交底应有文字记录,交底双方签认应齐全,对于重点和大型工程施工组织设计交底应由施工企业的技术负责人把主要设计要求、施工措施以及重要事项对项目主要管理人员进行交底。其他工程施工组织设计交底应由项目技术负责人进行交底。专项施工方案技术交底应由专业工长对专业施工班组(或专业分包)进行交底。"四新"技术交底应由项目技术负责人组织有关专业人员编制。

技术交底注意事项:①技术交底必须在该交底对应项目施工前进行,并应为施工留出足够的准备时间,技术交底不得后补;②技术交底应以书面形式进行,并辅以口头讲解,交底人和被交底人应履行交接签字手续,技术交底应及时归档;③技术交底应根据施工过程的变化及时补充新内容,施工方案、方法改变时也要及时进行重新交底;④分包单位应负责其分包范围内技术交底资料的收集整理,并应在规定的时间内向总包单位移交,总包单位负责对各分包单位技术交底工作进行监督检查。

范例表 技术交底记录

表 4-7 技术交底记录

☒☒☒☒☒☒☒☒☒

工程名称	××工程	分部(项)或构建名称		主题结构
内　　　容				

一、施工准备
　技术准备
　1. 已做好图纸会审及设计交底。
　2. 根据图纸会审、设计交底编制施工方案,进行技术、环境、安全交底。
　3. 根据工程进度要求,及时绘制加工图,提出加工计划。
　4. 已校核管道、预埋件的规格、数量、坐标、标高,准确无误。
二、施工工艺
　干管安装
　　采用普通钢管时,管道连接方式为焊接连接。采用镀锌钢管时,若管道直径小于等于 100 mm,采用丝接;若管道直径大于 100 mm,采用沟槽连接。

接收部门及人员	刘彦文	交底部门及人员	范增龙	年　月　日

2）设计图纸会审记录

范例表　设计图纸会审记录

表 4-8　设计图纸会审记录

☒☒☒☒☒☒☒☒☒

工程名称		银和城市公园127#楼	
参加会审单位人员（签字）	建设单位	银和投资有限公司	李海军
	设计单位	××建筑设计研究院有限公司	夏　文
	监理单位	××光华工程监理有限公司	刑述清
	施工单位	××第一建筑公司第九分公司	范增龙
内容：			
			年　月　日

【说明】（1）监理、施工单位应将各自提出的图纸问题及意见，按专业整理、汇总后报建设单位，由建设单位提交设计单位做交底准备。（2）图纸会审应由建设单位组织设计、监理和施工单位技术负责人及有关人员参加。设计单位对各专业问题进行交底，施工单位负责将设计交底内容按专业汇总、整理，形成图纸会审记录。（3）图纸会审记录应由建设、设计、监理和施工单位的项目相关负责人签认，形成正式图纸会审记录。

3）工程变更单

见监理资料文件。

4）设计变更文件

此表格是在施工过程中，由于设计图纸本身差错，设计图纸与实际情况不符，施工条件变化，原材料的规格、品种、质量不符合设计要求及职工提出的合理化建议等原因，需要对设计图纸部分内容进行修改而办理的工程洽商记录文件。

5）工程洽商记录

范例表　工程洽商记录

表 4-9　工程洽商记录

☒☒☒☒☒☒☒☒☒

工程名称	银和城市公园127#楼

续表 4-9

建设单位：	建设单位：	建设单位：	建设单位：
代表:李军	代表:刑清	代表:夏理文	代表:范丰龙
年　月　日	年　月　日	年　月　日	年　月　日

【说明】 （1）工程洽商记录应分专业办理,内容翔实,必要时应附图,并逐条注明应修改图纸的图号。工程洽商记录应由设计专业负责人以及建设、监理和施工单位的相关负责人签认。
（2）设计单位如委托建设（监理）单位办理签认,应办理委托手续。

4.3.3 工程测量记录

施工测量资料包括工程测量定位放线记录、基槽验线记录、楼层平面放线（标高抄测）记录、楼层平面轴线及标高复核记录。

1) 工程测量定位放线记录

工程测量定位放线记录应在工程开工前完成,记录应依据本地区城市规划部门对工程定位的规定、批准手续及批准的总平面设计图进行。

① 坐标依据：填写由设计给定的建筑物与周边相邻建（构）筑物的位置尺寸关系,或新旧建筑物的角点坐标数值。高程填写依据设计给定的高程控制水准点。

② 使用仪器：应填写仪器名称和计量检测编号及有效日期。

③ 定位示意图：图的右上方注出方向指示标志,一般情况下按上北下南标注。同时标注高程测量据点 BM 点或某指定点距待测建筑物的纵横向距离。如采用与相邻建筑物做工程定位时,应标注出待测建筑物与原有建筑物的纵横向距离尺寸,一般均以边线—边线作为定位尺寸。待测建筑物轮廓线内应标注±0.000。待测建筑物应标注两个方向的轴线及尺寸线。

④ "水准点标号与标高"栏"相对"与"绝对"分别填写水准点相对于待测建筑物±0.000 的相对标高和水准点绝对标高。"设计标高"栏中"相对"填写±0.000,"绝对"填写待测建筑物绝对标高。"纵横向尺寸表示方法"栏填写外边线～外边线（或轴线～外边线、轴线～轴线）。

范例表　工程测量定位放线记录

表 4-10　工程测量定位放线记录

□□□□□□□□□

工程名称	银和城市公园127#楼	工程编号	TI1001	定位放线日期	×年×月×日
工程定位放线依据		纵轴线方位		横轴线方位	
总平面图编号	ZTZ00303	1～20轴		A～F轴	
永久水准点名称		标高			
建筑物设计标高		30.8 m			

续表 4-10

房屋朝向	坐南朝北			
永久水准点标高	111.2 m			

定位放线示意图:

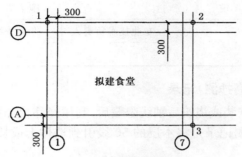

工程定位放线图

说明:1、2、3 为控制点,由甲方提供(规划局施测)。
　　　1、2、3 为外墙皮交点。

施工技术负责人	××	复核人	××	定位放线人	××

2) 基槽验线记录

基槽验线是基础开挖后为了确定基坑尺寸是否符合基础平面图的要求,施工单位对基底标高、轴线的相对位置等进行校验。

范例表　基槽验线记录

表 4-11　基槽验线记录

□□□□□□□□□

工程名称	××工程	日期	×年×月×日

验线依据及内容:
内容:1. 基底外轮廓线及外轮廓断面。
　　　2. 垫层标高。
　　　3. 集水坑、电梯井等垫层标高、位置。

基槽平面、剖面简图:

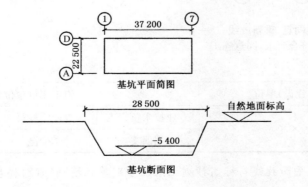

续表 4-11

检查意见：
　　基底外轮廓位置准确无误。
　　垫层标高—×××m，误差均在±5 mm 以内。

签字栏	监理（建设）单位	施工测量单位		
	×××	专业技术负责人	专业质检员	施测人
		×××	×××	×××

3）楼层平面放线（标高抄测）记录

楼层平面放线是楼板安装或浇筑后轴线隐藏后，利用经纬仪和控制点再将楼层轴线引测到楼板上的过程。标高抄测记录是将本层的 50 线引到墙体上或柱上，以此达到控制层高的目的。

范例表　楼层平面放线（标高抄测）记录

表 4-12　楼层平面放线（标高抄测）记录

□□□□□□□□□

工程名称	银和城市公园 127♯楼	日期	×年×月×日
放线部位 （标高抄测部位）	一层平面放线		

放线（标高抄测）依据：
1. 依据建筑平面图 3。
2. 轴线为 A～F/1～20，标高为 12.7 m。
3. 边线尺寸误差均在±5 mm 以内，单位为 mm。

放线及标高抄测简图及说明：

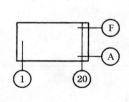 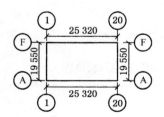

检查结论：□同意　　□不同意，重新放线
具体意见：经检查，放线符合要求，同意施工

签字栏	监理（建设）单位	施工测量单位		
	×××	专业技术负责人	专业质检员	施测人
		刘偶文	李少昆	李明耀

【说明】　（1）楼层平面放线与标高抄测记录应分别单独填制。（2）楼层平面放线内容包括

轴线竖向投测控制线、各层墙柱轴线、墙柱边线、门窗洞口位置线、垂直度偏差等。施工单位应在完成楼层平面放线后,填写《楼层平面放线记录》报监理单位审核。(3)楼层标高抄测内容包括楼层+0.5m(或+1.0m)水平控制线、皮数杆等。施工单位应在完成楼层标高抄测后,填写《楼层标高抄测记录》报监理单位审核。

4) 楼层平面轴线及标高复核记录

此表为施工单位依据主控轴线和基础平面图在基础垫层防水保护层上进行墙柱轴线及边线、集水坑、电梯井边线的测量放线及标高实测;在结构楼层上进行墙柱轴线及边线、门窗洞口线等测量放线,实测楼层标高及建筑物各大角双向垂直度偏差,填写楼层平面轴线及标高实测记录。

范例表 楼层平面轴线及标高复核记录

表4-13 楼层平面轴线及标高复核记录

☒☒☒☒☒☒☒☒☒

工程名称	银和城市公园127#楼	日期	×年×月×日
复核部位	一层平面放线		

轴线及标高复核依据:
1. 轴线:1~20/A~F轴。
2. 根据放线标高抄测依据进行复核。

轴线及标高复核简图及说明:

检查结论:□同意 □不同意,重新放线
具体意见:放线准确,同意施工。

签字栏	监理(建设)单位(专业监理工程师)	施工测量单位		
	×××	项目技术负责人	质检员	施测人
		刘偶文	李少昆	李明耀

4.3.4 进场物资资料的填报

施工物资资料是反映工程所用物资质量和性能指标等的各种证明文件和相关配套文件的统称。《中华人民共和国建筑法》第七十四条,对使用不合格的建筑材料、建筑构配件和设备作出了相应处罚规定,并对情节严重,构成犯罪的情况,依法还要追究其刑事责任。《建筑工程质量条例》第二十九条规定:"施工单位必须按照工程设计要求、施工技术标准和合同约定,对建筑材料、建筑构配件、设备和商品混凝土进行检验,检验应当有书面记录和专人签字;未经检验或者检验不合格的,不得使用。"

工程物资进场后,施工单位应进行检查(外观、数量及质量证明文件等),自检合格后填写《工程物资进场报检表》,报请监理单位(建设单位)验收。监理(建设)单位会同施工单位对进场物资进行检查验收,填写《材料、构配件进场检验记录》。进场物资质量检查记录主要检验内容包括:物资出厂质量证明文件及检测报告是否齐全;实际进场物资数量、规格和型号等是否满足设计和施工计划要求;物资外观质量是否满足设计要求或规范规定;按规定须抽检复试的材料、构配件是否及时抽检等。

进场物资质量检查记录中通用表格有合格证(质量证明文件)汇总表,试验(复验)报告汇总表,合格证粘贴表,不合格材料处理记录,材料、构配件进场检验记录。

范例表 合格证(质量证明文件)汇总表

表 4-14 合格证(质量证明文件)汇总表

工程名称:银和城市公园 127♯楼　　　　　　　　　　　　　　□□□□□□□□□

序号	名　称 规格品种	生产厂家	进　场		合格证 编　号	主要使用部位 及有关说明
			数量	时间		
1	焊接钢管 DN20	××钢管厂	530 m	2003 年×月×日	No 0004923	建筑给水
2	焊接钢管 DN32	××钢管厂	1 600 m	2003 年×月×日	No 0004954	建筑给水

范例表 试验(复验)报告汇总表

表 4-15 试验(复验)报告汇总表

工程名称:　　　　　　　　　　　　　　　　　　　　　　　□□□□□□□□□

序号	名　称 试验项目	生产厂家	进　场		报告编号 (页次)	试验结论	主要使用部位
			数量	时间			
1	热轧带肋 HRB 335 12 mm	××钢铁股份公司	45.639t	×月 ×日	××—×	合格	基础底板、梁、首层墙柱、地下一层墙柱
2	热轧带肋 HRB 335 14 mm	××钢铁股份公司	30.748t	×月 ×日	××—×	合格	基础底板、梁、首层墙柱、地下一层墙柱

4 施工单位工程资料管理

范例表 合格证粘贴表

表 4-16 合格证粘贴表

分类分批钢筋合格证粘贴表

每批钢筋粘贴表后附:

1. 合格证原件。
2. 无原件的,需要说明原件存放单位。
3. 产品质量证明书或抄件。

范例表 不合格材料处理记录(通用)

表 4-17 不合格材料处理记录(通用)

☒☒☒☒☒☒☒☒

工程名称			
使用部位			
材料种类			
代表数量			
不合格项			
检验单位			
施工单位处理意见			
监理(建设)单位处理结果	同意处理意见。 总监理工程师: (建设单位项目负责人) 年 月 日		

范例表 材料、构配件进场检验记录

表 4-18 材料、构配件进场检验记录

☒☒☒☒☒☒☒☒

工程名称							
序号	名称	规格型号	进场数量	生产厂家	检验项目	检验结果	主要使用部位
				合格证号			
1	铸钢截止阀	DN100	6个	××厂 合格证:××	外观、质量证明文件	合格	室内给水系统

续表 4-18

序号	名称	规格型号	进场数量	生产厂家/合格证号	检验项目	检验结果	主要使用部位
2	铸钢截止阀	DN70	4个	××厂 合格证：××	外观、质量证明文件	合格	室内给水系统
3	全铜截止阀	DN70	10个	××厂 合格证：××	外观、质量证明文件	合格	室内给水系统
检验结论				经外观目测合格；游标卡尺测量镀锌钢板的规格符合设计、规范要求，镀锌层附着好、光滑。明亮，无划痕，角钢无裂纹，无锈，光滑，无砂眼			

签字栏	建设(监理)单位	施工单位		
		专业质检员	专业工长	检测员
	×××	×××	×××	×××

【说明】(1)建筑工程采用的主要材料、半成品、成品、构配件、器具、设备应进场验收,有进场检验记录。(2)材料、构配件进场后,应由建设、监理单位会同施工单位对进场物料进行检查验收,填写《材料、构配件进场检验记录》。主要检验内容包括：物料出场质量证明文件及检验报告是否齐全；实际进场物料数量、规格和型号等是否满足设计和施工计划要求；物料外观质量是否满足设计要求或规范规定；按规定须抽检的材料、构配件是否及时抽检等。(3)按规定应进场复试的工程物料,必须在进场检查验收合格后取样复试。涉及安全、功能的有关物料应有见证取样送检。

1) 预拌混凝土出场合格证

范例表　预拌混凝土出场合格证

表 4-19　预拌混凝土出场合格证

□□□□□□□□□

使用单位	××第一建筑公司第九分公司		编号	HNTW00023
工程名称	银和城市公园127#楼		混凝土合同编号	××××
使用部位	一层墙柱、梁板梯		预拌混凝土标记	
混凝土设计强度等级	C30	混凝土设计抗渗等级	P8	供应数量(方)	100
供应日期		年 月 日 至		年 月 日
混凝土配合比编号	HNT2012-PHB004		混凝土坍落度设计值(mm)	150±30
原材料名称	水泥	砂	石	掺和料	外加剂
品种及规格	金山 P.C32.5	镇北堡 中砂	干沟 碎石	粉煤灰	泵送剂

续表 4-19

试验报告编号										
每组抗压强度值（MPa）	试验报告编号	强度值	试验报告编号	强度值	抗渗性能试验	试验报告编号指标		试验报告编号	指标
				其他性能试验	试验报告编号		混凝土坍落度实测值（mm）	

质量评定：

供应单位技术负责人	填表人	供应单位名称（盖章）
填表日期　　　年　月　日		

【说明】 预拌混凝土出厂合格证由供应单位负责，于出厂32天内提供。应包括以下内容：使用单位，合格证编号，工程名称与浇筑部位，混凝土强度等级、抗渗等级，供应数量，供应日期，原材料品种、规格和试验编号，配合比编号，混凝土28天强度、抗压强度、抗渗等级性能试验、抗压强度统计结果及结论，预拌混凝土标记应符合GB/T 14902—2003的规定要求，并由技术负责人和填表人签字，供应单位盖章。

2）预拌混凝土生产企业混凝土配合比设计单

范例表　预拌混凝土配合比设计单

表 4-20　预拌混凝土配合比设计单

□□□□□□□□□

工程名称	××工程	报告日期　年　月　日
委托单位	××建设集团有限公司	委托日期　年　月　日
生产企业	××预拌混凝土有限公司	设计日期　年　月　日

预拌混凝土标记	AC25-150-GD31.5-P.O		
设计混凝土强度等级	C25	水胶比	0.50
使用部位	三层顶板圈梁构造柱		
砂子产地及规格	×××中砂Ⅱ区		
水泥品种、强度等级及产地	P.O42.5××水泥厂		
石子产地及规格	×××二级配		
外加剂产地、品种	××建筑工程研究院、聚酸碱水剂（AN 4000）		
设计坍落度(mm)	180～220	砂率(%)	40
每盘材料用量(kg)	配合比	每盘用量(kg)	要求使用材料性质

续表 4-20

水泥	330	1.00	330	近期产普通或矿渣水泥
水	195	0.59	169	洁净淡水(饮用水)
砂	733	2.22	759	含泥量<3.0%,泥块含泥量<1.0%
石子	1 100	3.33		含泥量<2.0%,针片状泥量<25%

依据标准	《普通混凝土配合比设计规程》(JGJ 55—2011)
备注	1. 执行 JGJ55—2000 标准;严格按此配合比施工。 2. 该配合比用料均在干燥状态,施工时应按骨料干湿调整配合比。

负责人 ×××　　　　审核 ×××　　　　试验 ×××
混凝土生产单位　××预拌混凝土有限公司　(章)
报告日期　××年××月××日

【说明】 (1)预拌混凝土生产企业试验室应根据合同要求的混凝土等级、耐久性和工作性进行配合比设计、试配,并签发混凝土配合比试验报告。(2)预拌混凝土标记应符合 GB/T 14902—2003 的规定要求。

3) 预拌混凝土生产企业出厂检验记录

表 4-21　预拌混凝土出厂检验记录

□□□□□□□□□

工程名称	银和城市公园 127#楼	混凝土合同编号	
混凝土设计强度等级	C30	混凝土浇筑部位	二层顶梁板、梯
混凝土生产企业	××混凝土有限公司	搅拌机编号	
混凝土取样地点	施工现场	混凝土取样时间	2012.4.1
混凝土取样数量	1组	混凝土试件制作完成时间	2012.4.1
混凝土试件编号	1、2、3组	试验人员	赵吉远

序号	检验项目	计量单位	指标要求	允许偏差	实测值	实测偏差值	质量评定
1	混凝土坍落度	mm					
2	混凝土含气量	%					合格
3	混凝土强度 (28天标养)	N/m					
4	氯离子总含量	%					

备注	掺有引气型外加剂的混凝土应检验含气量		
抽检人		抽检日期	年　月　日

【说明】 (1)生产企业负责混凝土出厂检验;(2)取样地点在搅拌站;(3)混凝土强度检验

试样,抗渗、抗冻混凝土检验试样的取样频率按《预拌混凝土》(GB/T 14902—2003)标准规定进行;(4)对出厂预拌混凝土的强度等级、抗渗等级、坍落度、氯化物进行检验,掺有引气型外加剂的混凝土应检验其含气量;(5)合同规定检验其他项目的进行出厂检验;(6)各项检验指标符合规范要求,企业方可出具《预拌混凝土出厂合格证》。

4)预拌混凝土生产企业出厂检验记录

范例表 预拌混凝土出厂检验记录

表4-22 预拌混凝土出厂检验记录

施工单位	××第一建筑公司第九分公司		
供货单位	××混凝土有限公司		
预拌混凝土标记	AC25-150-GD31.5-P.O		
交货地点	施工现场	混凝土合同编号	
混凝土浇筑部位	二层梁板梯	混凝土供应数量	100
混凝土设计强度等级	C30	运输车号	宁A1001
混凝土到货时间	2012.4.1 8:00	混凝土取样时间	2012.4.1 9:00
混凝土试件制作完成时间	2012.4.1 9:05	混凝土试件编号	1 2 3
试验人员	赵洁运	试验单位	××建材检测站
需方交货参加人员	范增龙	供方交货参加人员	陈成

序号	检验项目	计量单位	指标要求	允许偏差	实测值	实测偏差值	质量评定
1	混凝土坍落度	mm		±30			
2	混凝土含气量	%		±1.5			
3	混凝土强度(28天标养)	N/m		—			
4	氯离子总含量	%		—			

备注	掺有引气型外加剂的混凝土应检验含气量		
抽检人		抽检日期	年 月 日

【说明】 (1)交货检验的取样工作应由需方承担,需方无试验室可在合同中委托供需双方认可的有资质的检测机构承担取样检验工作;(2)用于交货检验的混凝土试件应在交货地点采样;(3)进行预拌混凝土取样的试验人员必须具有相应的资格;(4)当判断混凝土质量是否符合要求时,强度、坍落度及含气量应以交货检验结果为依据。氯离子总含量以供货方提供的资料为依据,混凝土拌和物氯离子根据混凝土各组材料的氯离子含量计算求得;(5)交货检验的试验结果应在试验结束后15天内通知供方;(6)预拌混凝土标记应符合GB/T 14902—2003的规定要求。

5) 钢材出厂证明文件、性能检测报告

钢材出厂合格证：钢材（筋）及相关材料（如钢筋连接用机械连接套筒）应有出厂合格证，并分类整理贴于表上。若无出厂合格证，抄件或原件复印件上要注明原件存放单位，抄件人和抄件、复印件单位签名并盖公章。

钢筋机械性能试验报告（复试报告）：是为保证工程质量，对用于工程中的钢筋机械性能指标进行测试后由试验单位出具的质量证明文件。钢筋若无出厂合格证，需做机械性能试验和化学性能检验；预应力钢筋应有冷拉与张拉记录及冷拉后的机械性能试验报告。热轧钢筋以每次进场同一型号不超过 60 t 为一检验批，并有不低于 30%见证取样。

范例表　钢材合格证和性能检测报告汇总表

表 4-23　钢材合格证和性能检测报告汇总表

序号	名称	生产厂家	进场		合格证编号	复试报告编号	试验结论	主要使用部位及有关说明
			数量(t)	时间				
1	钢筋	包钢	10	2012.3.15	B11001	NLW20001		主体
2								
3								
4								
5								

范例表　分类分批钢筋合格证粘贴表

表 4-24　分类分批钢筋合格证粘贴表

每批钢筋粘贴表后附：
1. 合格证原件。
2. 无原件，需要说明原件存放单位。
3. 产品质量证明书或抄件。

6) 水泥出厂证明文件、性能检测报告

水泥出厂合格证：进场水泥必须有出厂合格证，并分类整理贴于表上。水泥出厂合格证应有标准规定天数的抗压强度、抗折强度、凝结时间和安定性等试验结果。

水泥试验报告（复试报告）：水泥试验报告是为保证工程质量，对用于工程中的水泥的强度、安定性和凝结时间等指标进行测试后由试验单位出具的质量证明文件。当水泥生产时间不足 28 天出厂时，应向施工单位追缴 28 天的试验报告。所有进场水泥必须进行复试，结构中用的水泥必须复试抗压强度、凝结时间和安定性等项目，其他用水泥（抹灰）必须复试安定性指标，进口水泥还应对其水泥的有害物含量（氯化物、放射性）进行检测。水泥复试取样中有不低于 30%见证取样，水泥以一次进场的统一出厂编号的水泥为一批，袋装水泥总量不超过 200 t。水泥复试可出具 3 天、7 天或快测强度以适应施工需要，但必须补做 28 天水泥强度测试。

4 施工单位工程资料管理

范例表　水泥合格证和复试报告汇总表

表 4-25　水泥合格证和复试报告汇总表

序号	名称、规格、品种	生产厂家	进　　场		合格证编号	复试报告编号	试验结论	主要试验部位及有关说明
			数量(t)	时间				
1	水泥 P.C.32.5	金山	200	2012.4.1	N200	NLW2003	合格	二次结构
2								
3								

范例表　分类分批水泥合格证粘贴表

表 4-26　分类分批水泥合格证粘贴表

各批次水泥粘贴表后附：
1. 合格证原件。
2. 无原件，需要说明原件存放位置。
3. 产品质量证明书或抄件。
4. 水泥质量检验报告单。
5. 建设工程推荐证书。

范例表　水泥试验报告

表 4-27　水泥试验报告

委托单位：××建筑公司　　　　　　　　　　　　　　　　　　　　　　　试验编号：×××

工程名称	××学院××工程		使用部位	填充墙圈梁、构造柱、砌筑	
水泥品种	P.S.A	强度等级	32.5	委托日期	××年×月×日
原检编号	0000275		检验类别	委托	
生产厂	×××		报告日期	委托日期后 28~32 d	
样品状态	无受潮结块,无杂质		代表批量	30 t	
检验项目	标准要求	实测结果	检验项目	标准要求	实测结果
细度	(6±1)mm		初凝	≤45 min	220 min
标稠用水量		27.5%	终凝	≥600 min	285 min
胶砂流动度	—	—	安定性	试饼法合格	合格
强度检验	抗折强度(MPa)		抗压强度(MPa)		快测强度(MPa)
	3 d	28 d	3 d	28 d	
标准要求					—
测定值					
实测结果					

续表 4-27

依据标准：GB 175—2007

检验结论：P.S.A 32.5 水泥所检指标合格。

备注：见证单位：×××监理公司

  见证人：×××   取样人：×××

  声明：1. 报告无材料试验专用章或检验单位公章无效。
    2. 复制报告或重新加盖材料试验专用章或检验单位公章无效。
    3. 报告无试（检）验、审核、批准人签字无效。
    4. 报告涂改无效。
    5. 检验报告若有异议，应于收到报告之日起十五日内向检验单位提出，逾期不予受理。
    6. 地址：×××   电话：×××

试验单位（章）：   负责人：××   审核人：××   试验人：××

7）砖（砌块）出厂证明文件、复试报告

砖与砌块必须有质量证明文件并分类整理贴于表上。用于承重结构或出厂试验项目不齐全的砖与砌块应做取样复试，取得复试报告。承重墙用砖和混凝土小型砌块应实行有见证取样和送检。

范例表 砖（砌块）试验报告

表 4-28 砖（砌块）试验报告

委托单位：××建筑公司   试验编号：×××

工程名称	银和城市公园 127 # 楼		使用部位	主体砌体	
水泥品种	P.S.A	强度等级	32.5	委托日期	××年×月×日
原检编号	0000275			检验类别	委托
生产厂	凌燕水泥砖厂			报告日期	委托日期后 28~32 d
样品状态	样品规格相符，无缺棱、掉角等外部缺陷			代表批量	30 t
检验项目	标准要求	实测结果	检验项目	标准要求	实测结果
细度	—	—	初凝	≤45 min	220 min
标稠用水量	6±1 mm	27.5%	终凝	≥600 min	285 min
胶砂流动度	—	—	安定性	试饼法合格	合格
强度检验	抗折强度（MPa）		抗压强度（MPa）		快测强度（MPa）
	3 d	28 d	3 d	28 d	

续表 4-28

标准要求				—
测定值				
实测结果				

依据标准：GB 5101—2003

检验结论：MU10 烧结普通砖（粉煤灰页岩）检验指标合格。

备注：见证单位：××监理公司
　　　见证人：×××　　　　　　　取样人：×××

声明：1. 报告无材料试验专用章或检验单位公章无效。
　　　2. 复制报告或重新加盖材料试验专用章或检验单位公章无效。
　　　3. 报告无试（检）验、审核、批准人签字无效。
　　　4. 报告涂改无效。
　　　5. 检验报告若有异议，应于收到报告之日起十五日内向检验单位提出，逾期不予受理。
　　　6. 地址：×××　　　　电话：×××

试验单位（章）：　　　负责人：××　　　审核人：××　　　试验人：××

8）砂、石子性能检测报告

砂、石子使用前应按规定取样复试，取得试验报告。按规定应预防碱-集料反应的工程或结构部位所使用的砂、石，供应单位应提供砂、石子的碱活性检验报告。

范例表　石子试验报告

表 4-29　石子试验报告

委托单位：　　　　　　　　　　　　　　　　　　　　　　　　　试验编号：

工程名称	银和城市公园 127♯楼		委托日期	2012.4.1
石子种类	碎石			
原检编号	0000275			
生产厂	××××		报告日期	2012.4.1
样品状态			代表批量	
检验项目	标准要求	实测结果	检验项目	标准要求	实测结果
表观密度	—		有机物含量	—	
堆积密度			坚固性		
紧密密度			岩石强度	—	

续表 4-29

检验项目	标准要求	实测结果	检验项目	标准要求	实测结果
含泥量(%)	≤2.0		压碎指标(%)	—	
泥块含量	≤0.7		SO 含量(%)	—	
吸水率	—		碱活性		
针片状含量(%)	≤25		空隙率(%)		

筛孔尺寸	75.0	63.0	53.0	37.5	31.5	26.5	19.0	16.0	9.50	4.75	2.36
标准下限(%)						0	0		85	95	
标准上限(%)						0	15		100	100	

实测结果(%)

依据标准：JGJ 52—2006

检验结论：

备注：见证单位：××
　　　见证人：×××　　　　　　　　取样人：×××
　　　使用部位：

声明：1. 报告无材料试验专用章或检验单位公章无效。
　　　2. 复制报告或重新加盖材料试验专用章或检验单位公章无效。
　　　3. 报告无试(检)验、审核、批准人签字无效。
　　　4. 报告涂改无效。
　　　5. 检验报告若有异议，应于收到报告之日起 15 日内向检验单位提出，逾期不予受理。
　　　6. 地址：×××　　　　　　　　电话：×××

试验单位(章)：	负责人：××	审核人：××	试验人：××

范例表　砂子试验报告

表 4-30　砂子试验报告

委托单位：　　　　　　　　　　　　　　　　　　　　　　　　试验编号：

工程名称	银和城市公园 127♯楼	委托日期	×年×月×日
砂种类	中砂		
原检编号	0000275		
生产厂	镇北堡	报告日期	×年×月×日
样品状态	样品规格相符，无缺棱、掉角等外部缺陷	代表批量	400 m²

续表 4-30

检验项目	标准要求	实测结果	检验项目	标准要求	实测结果
表观密度	—		有机物含量	—	
堆积密度	—		坚固性	—	
紧密密度	—		岩石强度	—	
含泥量(%)	≤2.0		压碎指标(%)	—	
泥块含量	≤0.7		SO含量(%)	—	
吸水率	—		碱活性	—	
针片状含量(%)	≤25		空隙率(%)	—	

筛孔尺寸	75.0	63.0	53.0	37.5	31.5	26.5	19.0	16.0	9.50	4.75	2.36
标准下限(%)	0	0	10	41	70		0		85	95	
标准上限(%)	10	25	50	70	92		15		100	100	
实测结果(%)											
实测结果(%)											

依据标准：GB 52—2006

检验结论：

备注：见证单位：××监理公司
　　　见证人：×××　　　　　　　取样人：×××

声明：1. 报告无材料试验专用章或检验单位公章无效。
　　　2. 复制报告或重新加盖材料试验专用章或检验单位公章无效。
　　　3. 报告无试(检)验、审核、批准人签字无效。
　　　4. 报告涂改无效。
　　　5. 检验报告若有异议，应于收到报告之日起 15 日内向检验单位提出，逾期不予受理；
　　　6. 地址：×××　　　　　　电话：×××

试验单位(章)：　　　负责人：××　　　审核人：××　　　试验人：××

9）防水材料出厂证明文件、复试报告

防水材料主要包括防水涂料、防水卷材、粘结剂、止水带、膨胀胶条、密封膏、密封胶、水泥基渗透结晶性防水材料等。防水材料必须有出厂质量合格证、有相应资质等级检测部门出具的检测报告、产品性能和使用说明。防水材料进场后应进行外观检查，合格后按规定取样复

试,并实行有见证取样和送检。质量不合格或不符合设计要求的防水材料不允许在工程中使用。新型防水材料,应有相关部门、单位的鉴定文件,并有专门的施工工艺操作规程和有代表性的抽样试验记录。

范例表 防水材料试(检)验报告

表4-31 防水材料试(检)验报告

委托单位:××第一建筑公司第九分公司　　　　　　　　　　　试验编号:

工程名称	××工程		委托日期	××年××月××日
试件名称及规格型号	聚乙烯膜面SBS防水卷材聚酯毡4mm		报告日期	××年×月×日
生产厂家	×××厂		检验类别	委托
样品状态	无皱褶,无压痕,无人为缺陷		批号	—
序号	检验项目		标准要求	实测结果	单项结论
1	拉力(N/mm)	纵	≥500	535	合格
		横	≥500	510	合格
2	延伸率(%)	纵	≥30	40	合格
		横	≥30	45	合格
3	耐热性		90℃,120 min 无流淌、无滴落	90℃,120 min 无流淌、无滴落	合格
4	不透水性(Map)		0.3 Map 30 min 不透水	0.3 Map 30 min 不透水	合格
5	低温柔性(℃)		−20℃ 1 h无裂缝	−20℃冷冻1h,柔度棒弯曲180°无裂缝	合格

依据标准:GB 18242—2008

检验结论:聚乙烯膜面聚酯毡SBS防水卷材检验指标合格。

备注:见证单位:×××　　　见证人:×××

取样人:×××　　　　　　使用部位:屋面防水

声明:1. 报告无材料试验专用章或检验单位公章无效。
　　　2. 复制报告或重新加盖材料试验专用章或检验单位公章无效。
　　　3. 报告无试(检)验、审核、批准人签字无效。
　　　4. 报告涂改无效。
　　　5. 检验报告若有异议,应于收到报告之日起15日内向检验单位提出,逾期不予受理。
　　　6. 地址:×××　　　　电话:×××

试验单位(章):　　　负责人:××　　　审核人:××　　　试验人:××

10) 门窗出厂证明文件、复试报告

表 4-32 门窗质量检测报告

检验编号：　　　　　　　　　　　　　　　　　　　　试验报告：

委托单位	××第一建筑公司第九分公司	送样日期	2012年×月×日
工程名称	银和城市公园127#楼	检测日期	2012年×月×日
产品名称	塑钢窗	报告日期	2012年×月×日
检验类别	委托	见证单位	××建材检测站
样品来源	见证取样	见证人员	钱
规格型号	1 920×1 800	送样数量	3 樘
生产厂家	—	代表数量	900m²
检测设备	动风压检测设备		
检测项目	气密性、水密性、抗风压性能	保温性能	
检测依据	GB/T 7106—2008	GB/T 8484—2008	

检验结论

　　　　　　　　抗风压性能属（GB/T 7106）　　　第Ⅲ级
　　　　　　　　气密性能属（GB/T 7107）　　　　第Ⅲ级
　　　　　　　　水密性能属（GB/T 7108）　　　　第Ⅴ级
　　　　　　　　根据（GB 11793.1—89）规定：该产品达到 C 类合格品

技术负责：　　　　　　　　　　校核人：　　　　　　　　　　检验人：

11) 装饰材料性能检测报告

主要包括抹灰材料、地面材料、门窗材料、吊顶材料、轻质隔墙材料、饰面板（砖）、涂料、裱糊与软包材料、细部工程材料等。主要物资应有质量证明文件，包括出厂合格证、检测报告和质量保证书等。应复试的物资（如建筑外窗、人造木板、室内花岗石、外墙面砖和安全玻璃等），须按照相关规范规定进行复试，有相应复试报告。建筑外墙应有抗风压性能、空气渗透性能和雨水渗透性能检测报告。有隔声、隔热、防火阻燃、防水防潮和防腐等特殊要求的物资应有相应的性能检测报告。当规范或合同约定应对材料做见证检测，或对材料质量产生异议时，须进行见证检验，并应有相应检测报告。

说明：复试报告表格中的委托单位为提请试验的单位，试验编号由试验室接收到试件的顺序统一排列编号，试样编号为生产厂家的批号，工程名称及使用部位按委托单上的工程名称和使用部位填写，检验类别有委托、仲裁、抽样、监督、对比 5 种，按实际填写，试验结论必须明确合格或不合格，试验、审核、技术负责人签字齐全并加盖试验单位公章。

12) 钢管、螺栓球及连接等出厂证明文件、复试报告

钢结构工程物资主要包括钢材、钢构件、焊接材料、连接用紧固件及配件、防火防腐涂料、焊接（螺栓）球、封板、锥头、套筒和金属板等。主要物资应有质量证明文件，包括出厂合格证、检测报告和中文标识等。按规定复试的钢材必须有复试报告，并按规定实行有见证取样和送检。重要钢结构采用焊接材料应有复试报告,并按规定实行有见证取样和送检。高强度大六角头螺栓连接副和扭剪型高强度螺栓连接副应有扭矩系数和紧固轴力(预拉力)检验报告,并按规定做进场复试,实行有见证取样和送检。防火涂料应具有相应资质等级检测机构出具的检测报告。

范例表 钢管检验报告

表4-33 钢管检验报告

(2012)WA—WT11327

产品名称		钢管	规格型号	D114×4.0 Q235B
			商标	—
检验类别		委托送样检验	产品等级	—
委托方	名称	×××	联系电话	
	地址	—	邮政编码	
生产企业			××钢结构公司	
抽样地点			送样日期	××年××月××日
批量		—	出厂批号或生产日期	
样品数量		1件	检验日期	××年×月×日
检测项目	技术要求	检测结果	单项评定	
碳(C)(%)	≤0.20	0.17	合格	
硅(Si)(%)	≤0.35	0.27	合格	
锰(Mn)(%)	≤1.40	0.38	合格	
磷(P)(%)	≤0.045	0.015	合格	
硫(S)(%)	≤0.045	0.045	合格	
样品状态		样品符合检测要求		
检验依据		GB/T 700—2006 碳素结构钢		
检验结论		样品经检验,所检项目符合 JG 10—1999 标准规定要求,判定本次检验合格。		
备注		本次检验仅对来样负责。附工程名称:××工程		

批准: 审核: 编制:

范例表 杆件检验报告

表4-34 杆件检验报告

(2012)WA—WT12302

共2页 第1页

产品名称		钢管	规格型号	D60×3.8 Q235B M20/10.9S
			商标	—
检验类别		委托送样检验	产品等级	—
委托方	名称	×××	联系电话	
	地址	—	邮政编码	

续表 4-34

生产企业		××钢结构公司	
抽样地点		送样日期	××年××月××日
批量	—	出厂批号或生产日期	
样品数量	1组	检验日期	××年×月×日
样品状态	样品符合检测要求		
检验依据	JG 10—1999 钢网架螺栓球节点		
检验结论	样品经检验,所检项目符合 JG 10—1999 标准规定要求,判定本次检验合格。 签发日期:		
备注	本次检验仅对来样负责。附工程名称:××工程		

批准:　　　　　　　　　　审核:　　　　　　　　　　编制:

检测结果

(2012)WA—WT12302

序号	规格型号			拉力载荷(kN)		抗拉强度(kN)		破坏特征	单项评价
	合格	球	钢管	螺栓	标准要求	实测值	标准要求	实测值	钢管断
1	—	D60×3.5	M20	—	—	375～500	420	钢管断	合格
2	—	D60×3.5	M20	—	—	375～500	489	钢管断	合格
3	—	D60×3.5	M20	—	—	375～500	433	钢管断	合格

范例表　高强度螺栓检验报告

表 4-35　高强度螺栓检验报告

(2012)WA—WT22570　　　　　　　　　　　　　　　　　　　　　　　共2页　第1页

产品名称		高强度螺栓	规格型号	M20×73
			商标	—
检验类别		委托送样检验	产品等级	10.9S
委托方	名称	×××建筑公司	联系电话	
	地址	—	邮政编码	
生产企业		××钢结构公司		
抽样地点			送样日期	××年×月×日
批量		—	出厂批号或生产日期	
样品数量		3件	检验日期	××年×月×日
样品状态		样品符合检测要求		

续表 4-35

检验依据	GB/T 16939—1997 钢网架螺栓球节点用高强度螺栓
检验结论	样品经检验所检项目符合 GB/T 16939—1997 标准规定要求,判定本次检验合格。 签发日期:××年×月×日
备注	本次检验仅对来样负责。附工程名称:××工程

批准:　　　　　　　　　审核:　　　　　　　　　编制:

检测结果

(2012)WA—WT22570

序号	检验项目	拉力载荷(kN)		抗拉强度(kN)		破坏特征	单项评价
		标准要求	实测值	标准要求	实测值	钢管断	合格
1	最大拉力	255~304	267	375~500	420	钢管断	合格
2	最大拉力	255~304	302	375~500	489	钢管断	合格
3	最大拉力	255~304	269	375~500	433	钢管断	合格

范例表　螺栓球节点检验报告

表 4-36　螺栓球节点检验报告

(2012)WA—WT37805　　　　　　　　　　　　　　　　　　共 2 页　第 1 页

产品名称		高强度螺栓	规格型号	M20×73
			商标	—
检验类别		委托送样检验	产品等级	10.9S
委托方	名称	×××建筑公司	联系电话	
	地址	—	邮政编码	
生产企业		××钢结构公司		
抽样地点		—	送样日期	××年××月××日
批量		—	出厂批号或生产日期	
样品数量		3 件	检验日期	×年×月×日
样品检验状态		样品符合检测要求		
检验依据		GB/T 16939—1997 钢网架螺栓球节点用高强度螺栓		
检验结论		样品经检验,所检验项目符合标准 GB/T 16939—1997 规定要求,判定本次检验合格。 签发日期:××年××月××日		
备注		本次检验仅对来样负责。附工程名称:××工程		

标准:　　　　　　　　　审核:　　　　　　　　　编制:

检测结果

(2012)WA—WT22570 共2页 第2页

序号	检验项目	拉力载荷(kN)		抗拉强度(kN)		单项评价
		标准要求	实测值	标准要求	实测值	合格
1	最大拉力	255～304	267	—		合格
2	最大拉力	255～304	302	—		合格
3	最大拉力	255～304	269	—		合格

范例表　螺栓球节点检验报告

表4-37　螺栓球节点检验报告

(2012)WA—WT37805 共2页 第1页

产品名称		螺栓球节点		规格型号	D100/235B M20×10.9S
				商标	—
检验类别		委托送样检验		产品等级	10.9S
委托方	名称	×××建筑公司		联系电话	
	地址			邮政编码	
生产企业		××钢结构公司			
抽样地点				送样日期	××年×月×日
批量		—		出厂批号或生产日期	
样品数量		2件		检验日期	××年×月×日
样品检验状态		样品符合检测要求			
检验依据		GB/T 16939—1997 钢网架螺栓球节点用高强度螺栓 JG 10—1999 钢网架螺栓球节点			
检验结论		样品经检验,所检验项目符合标准 GB/T 16939—1997 规定要求,判定本次检验合格。 签发日期:××年×月×日			
备注		本次检验仅对来样负责。附工程名称:××工程			

标准：　　　　　　　　　　审核：　　　　　　　　　　编制：

检测结果

(2012)WA—WT37805 共2页 第2页

序号	规格型号			拉力载荷(kN)		抗拉强度(kN)		破坏特征		单项评价
	合格	球	钢管	螺栓	标准要求	实测值	标准要求	实测值	螺栓断	
1	D100		M20	255～304	300	—		螺栓断		合格
2	D100		M20	255～304	253	—		螺栓断		合格

范例表　杆件(钢管与锥头对接焊缝)检验报告

表 4-38　杆件(钢管与锥头对接焊缝)检验报告

(2012)WA—WT40517　　　　　　　　　　　　　　　　　　　共1页　第1页

产品名称		螺栓球节点	规格型号	D75.5×3.75　Q235B
			商标	—
检验类别		委托送样检验	产品等级	
委托方	名称	×××建筑公司	联系电话	
	地址	—	邮政编码	
生产企业		××钢结构公司		
抽样地点			送样日期	××年××月××日
批量		—	出厂批号或生产日期	
样品数量		3件(6道)	检验日期	××年×月×日
样品检验状态		样品符合检测要求		
检验依据		GB/T 50205—2001 钢结构工程施工验收规范 JG/T 3034.2—1996 螺栓球节点钢网架焊缝超声波探伤及质量分级法		
检验结论		样品经检验,所检验项目符合标准 GB/T 16939—1997 规定要求,判定本次检验合格。 签发日期:××年××月××日		
备注		本次检验仅对来样负责。附工程名称:××工程		

标准:　　　　　　　　　　审核:　　　　　　　　　　编制:

13) 隔声/隔热/阻燃/防潮材料特殊性能检测报告

范例表　绝热用挤塑聚苯乙烯塑料检验报告(通用)

表 4-39　绝热用挤塑聚苯乙烯塑料检验报告(通用)

委托单位:×××　　　　　　　　　　　　　　　　　　　试验编号:

工程名称	××工程		委托日期	
试件名称及规格型号	绝热用挤塑聚苯乙烯泡沫塑料 X250		报告日期	
生产厂家	×××		检验类别	委托
样品状态	表面平整,无夹杂质,颜色均匀一致		代表批量	—
序号	导热系数[W/(m·k)]	标准要求	实测结果	评定结果
1	压缩强度(MPa)	≤0.030	0.02	合格
2	以下空白	≥250	260	合格

依据标准:GB/T 10801.2—2002

续表 4-39

检验结论：经复检，绝热用挤塑聚苯乙烯泡沫塑料所检验指标符合 X250 要求，合格。

备注：见证单位：××监理公司　　见证人：×××
　　　取样人：×××　　　　　　使用部位：外墙及屋面

声明：1. 报告无材料试验专用章或检验单位公章无效。
　　　2. 复制报告或重新加盖材料试验专用章或检验单位公章无效。
　　　3. 报告无试（检）验、审核、批准人签字无效。
　　　4. 报告涂改无效。
　　　5. 检验报告若有异议，应于收到报告之日起 15 日内向检验单位提出，逾期不予受理。
　　　6. 地址：×××　　　　　　电话：×××

试验单位（章）：　　　负责人：××　　　审核人：××　　　试验人：××

4.3.5　施工记录

施工记录资料是在工程施工实施过程中形成并收集汇整的，确保工程质量、安全的各种检查、记录文件或资料的统称，它对反映施工的质量和证明施工质量合格起着重要的作用。施工记录作为竣工结算的重要证据资料，由施工单位负责。

表 4-40　施工记录整理目录

序号	资料名称	表格编号	类型
一	通用施工记录		
1	施工检查记录（通用）	C5-0-1	
2	隐蔽工程验收记录（通用）	C5-0-2	
3	预检工程检查记录（通用）	C5-0-3	
4	工序交接检查记录（通用）	C5-0-4	
二	专用施工记录——建筑与结构		
5	桩基础施工记录（附图）		
6	地基与基坑支护施工记录		
7	钢筋工程隐蔽检查验收记录		
8	地基验槽记录		
9	地基处理记录		
10	地基钎探记录		
11	混凝土搅拌抽查记录		
12	混凝土浇筑申请		
13	混凝土模板拆除申请		
14	首次使用混凝土（砂浆）开盘鉴定记录		

续表 4-40

序号	资料名称	表格编号	类型
15	冬季施工混凝土搅拌测温记录		
16	大体积混凝土养护测温记录		
17	构件吊装记录		
18	预应力张拉记录（一）		
19	预应力张拉记录（二）		
20	有黏结预应力结构灌浆记录		
21	钢结构施工记录		
22	网架（索膜）施工记录		
23	木结构安装施工记录		
24	木构件制作施工记录		

施工记录资料分析整理过程：施工记录由施工单位人员形成，经施工单位现场质量管理检查，各级人员验收，特别重要的表格还需要监理（建设）单位、勘察单位、设计单位等签署审核意见。施工记录资料分为通用施工记录和专用施工记录。

通用施工记录有施工检查记录（通用）、隐蔽工程验收记录（通用）、预检工程检查记录（通用）和工序交接检查记录（通用），是适用于各专业未制定专项施工记录的表式。

1）施工检查记录（通用）

施工检查记录（通用）表是指用于未制定专项施工记录表式而又需要在施工过程中必须记录的施工项目采用的表式。

范例表　施工检查记录（通用）

表 4-41　施工检查记录（通用）

×××××××××

工程名称			
检查部位			
复查人		复查日期	
施工单位		×××	
项目技术负责人	专业质检员	专业施工员	
×××	×××	×××	

【说明】　施工检查记录（通用）填写内容可由计算机打印，签字须手写，各方签字后生效。

2）隐蔽工程验收记录（通用）

隐蔽工程是指上道工序被下道工序所掩盖、包裹而无法再次检查的重要工程项目。隐蔽工程验收由项目负责人在验收前3天以书面形式向监理单位（建设单位）提出申请。隐蔽工程验收记录应按照专业分层、分段、分部位填写。内容包括位置、标高、材质、品种、规格、数量、焊接接头、防腐、管盒固定、管口处理等。需附图时在备注栏内附图。需要进行处理的，处理后必须进行复验，并且办理复验手续，填写复验日期，作出复验结论。

范例表　隐蔽工程验收记录（通用）

表4-42　隐蔽工程验收记录（通用）

工程名称：银和城市公园127#楼　　　　　　　　　　　□□□□□□□□

分项工程名称	土方开挖	隐检日期	年　月　日
图纸编号	结施1.结施2.地质勘察报告（编号××）	隐检部位	土方开挖1～10，A～E轴
隐检依据、工程内容、施工要点	1. 基础基底标高为-3.40m，槽底土质为粉砂，细砂层，水位与地质勘察报告相符。 2. 基槽土层已挖至-3.40m，基底清理到位，浮土、松土清除到持力层，无砖块、石头等杂物。 项目技术负责人：×××　　　　　　　　　　　　　　　　年　月　日		
检查验收意见	基底标高、基底轮廓尺寸符合设计要求；槽底土质与地质勘察报告相符，清槽工作到位，未出现地下水，同意隐蔽，可进行下道工序。 专业监理工程师签字：×××　　　　　　　　　　　　　　年　月　日		
复查意见	 专业监理工程师签字：×××　　　　　　　　　　　　　　年　月　日		
施工单位	专业质检员		专业施工员
×××	×××		×××

【说明】（1）隐藏工程验收记录为通用施工记录，适用于各专业。按规范规定须进行隐检的项目，施工单位应填报本记录。（2）隐检程序。隐蔽工程检查是保证工程质量与安全的重要过程控制检查，应分专业（土建专业、给水排水专业、电气专业、通风空调专业等）、分系统（机电工程）、分区段（划分的施工段）、分部位（主体结构、装饰装修等）、分工序（钢筋工程、防水工程等）、分层进行。隐蔽工程施工完毕后，由专业施工人员填写隐检记录，并申请监理单位进行验收。验收后由监理单位签署审核意见。（3）隐检项目：应按实际检查项目填写，具体写明（子）分部工程名称和施工工序主要检查内容。隐检项目填写举例：支护工程锚杆安装，门窗工程

(预埋件、锚固件或螺栓安装),吊顶工程(龙骨、吊件、填充材料安装)。(4)隐检部位:按照实际检查部位填写,如"____层"应填写"地上/地下____层","____轴"填写横起至横止轴/纵起至纵止轴;轴线数字码、英文码标准应带圆圈;"标高"填写墙柱梁板等的起止标高或顶标高。

附表填写范例

① 检查时间:按实际检查时间填写。

② 隐检依据:特殊的隐检项目,如新材料、新工艺、新设备等,要标注具体的执行标准文号或企业标注文号。

③ 隐检内容:应将隐检的项目、具体内容描述清楚,如主要材料的复试报告单编写、主要连接件的复试报告单编号、主要施工方法,若文字不能表述清楚时,可用示意简图进行说明。

④ 复查结论:此栏主要是针对一次验收出现的问题进行复查,因此要将质量问题整改情况描述清楚。在复查中仍出现不合格项,按照不合格品处置。

⑤ 隐检记录实行"计算机打印,手写签名",各方签字后生效。

3)预检工程检查记录(通用)

预检工程检查记录(通用)是指针对于施工中要进行的预先质量控制检查记录。

范例表 预检工程检查记录(通用)

表 4-43 预检工程检查记录(通用)

☒☒☒☒☒☒☒☒☒

工程名称	×××		施工单位	×××
预检项目及内容	分项(分部)工程名称及部件		说　明	
	(施工进度:基础底板①～⑲/Ⓐ～Ⓓ轴) 1. 模板隔离剂涂刷、清理情况 2. 标高传递、轴线位置、几何尺寸、预留洞尺寸位置 3. 模板支撑系统的承载力、刚度及稳定性 4. 模板的垂直度、平整度等		依据:施工图纸结施—3、结施—7、设计变更(编号:××)以及相关标准规范	
检查意见	经检查,以上均符合《混凝土结构工程施工验收规范》(GB 50204—2002)规定,可进行下道工序施工。			
预检日期	年　月　日		要求复查时间	年　月　日
复查结论	经复查,符合规范规定要求,可进行下道工序(有复查时才可用到)。 　　　　　　　　　　　　　　　　　　项目技术负责人: 　　　　　　　　　　　　　　　　　　　　　　年　月　日			
项目技术负责人:		专业质检员:		专业施工员:

【说明】 预检是预防质量事故发生的有效途径,为通用施工记录,适用于各专业。

(1)预检程序

当须办理预检的分项工程完成后,由专业施工员填写预检记录,项目部技术负责人组织质检员、专业施工员及班组长参加验收,并将检查意见填入栏内。如在检查中发现问题,施工班组进行整改后,再对本分项工程进行复检,将复查意见填入复查意见栏内。未经预检或预检不合格不得进入下道工序。

(2) 预检项目及内容

① 模板:检查几何尺寸、轴线、标高、预埋件及预留孔位置。模板牢固性、接缝严密性、起拱情况、清扫口留置。模内清理、脱模剂涂刷、止水要求等;节点做法,放样检查。

② 设备基础和预制构件安装:检查设备基础位置、混凝土强度、标高、几何尺寸、预留孔。

③ 地上混凝土结构施工缝:检查留置方法、位置、接槎处理等。

④ 管道预留孔洞:检查预留孔洞的尺寸、位置、标高等。

⑤ 管道预埋套件管(预埋件):检查预埋套件管(预埋件)的规格、型式、尺寸、位置、标高等。

⑥ 机电各系统的明装管道(包括进入吊顶内)、设备安装:检查位置、标高、坡度、材质、防腐、接口方式、支架形式、固定方式等。

⑦ 电气明配管(包括进入吊顶内):检查导管的品种、规格、位置、连接、弯曲半径、跨接地线、焊接质量、固定、防腐等。

⑧ 明装线槽、桥架、母线(包括能进入吊顶内):检查材料的品种、规格、位置、连接、接地、防腐、固定方法、固定间距等。

⑨ 明装等电位连接:检查连接导线的品种、规格、连接配件、连接方法等。

⑩ 屋顶明装避雷带:检查材料的品种、规格、连接方法、焊接质量、固定、防腐情况等。

⑪ 变配电装置:检查配电箱、柜基础槽钢的规格、安装位置、水平与垂直度、接地的连接质量;配电箱、柜的水平与垂直度;高低压电源进出口方向、电缆位置等。

⑫ 机电表面器具(包括开关、插座、灯具、风口、卫生器具等):检查位置、标高、规格、型号、外观效果等。

⑬ 依据现行标准、规范及规程,对于其他涉及工程结构安全、实体质量及建筑观感,需做质量预控的重要工序,应填写预检记录。

(3) 填写要点

① 预检项目、部位、时间:安装实际检查项目、部位、时间填写。要按照工种分别填写,不能将几个预检项目统写在一张预检记录上。

② 预检内容:应将预检的项目、具体内容分专业描述清楚。

③ 检查意见:意见应明确。预检一次验收未通过的要注明质量问题,并提出复验意见。

④ 复查意见:此栏主要是针对一次验收未通过的质量问题进行复查,因此应把质量问题的整改情况描述清楚。在复查中仍出现不合格项,应按不合格品处置。

⑤ 预检表格实行"计算机打印,手写签名"。

4) 工序交接检查记录(通用)

工序交接检查记录(通用)是指由施工的承接方与完成方经双方检查并对可否继续施工作出确认活动的记录。

范例表　交接检查记录(通用)

表4-44　交接检查记录(通用)

☒☒☒☒☒☒☒☒☒

工程名称	××××××	施工单位	××××

交接项目名称及内容：

①～㉙轴/ⓒ～Ⓦ轴十二层墙、柱模板安装

由技术员同土建班组长、木工班组长对"①～㉙轴/ⓒ～Ⓦ十二层墙、柱模板安装"进行交接验收。经检查，模板无隔离剂玷污，模板安装的轴线位置、截面尺寸均符合设计要求及质量验收规范。因此，交接班组同意进行下道工序"①～㉙轴/ⓒ～Ⓦ轴十二层墙、柱混凝土施工"。

交班对组	××	接班对组	××	施工技术员	××	交接日期	××

【说明】　当进行中间分部、各专业工程交接时，须增加见证单位意见栏，由监理单位担任见证单位，由专业监理工程师为见证人，完成交接检查，并形成记录。其他工序交接可不填写见证单位意见栏。

5) 桩基施工记录

范例表　桩基施工记录

表4-45　桩基施工记录(附图)

单位工程名称：银和城市公园127#楼　　施工班组：打桩组　　　　☒☒☒☒☒☒☒☒☒

| | 施工日期 | 日 | 8 | 8 | 9 | 9 | 10 | | | | |
		月	6	6	6	6	6				
	桩位编号		1#	2#	3#	4#	5#				
施工记录项目	桩尖入土深度(m)		5.4	5.6	5.7	5.8	5.6				
	沉管时间(min,s)		5,1	5,2	5,3	6,1	5,1				
	最后电流(A)		10	10	10	10	10				
	最后电压(V)		380	380	380	380	380				
	灌注混凝土深度(m)		5.2	5.4	5.6	5.7	5.5				
	应灌混凝土量(m³)		0.4	0.45	0.52	0.54	0.53				
	实灌混凝土量(m³)		0.51	0.52	0.52	0.6	0.6				
	灌注充盈系数(K)		1.28	1.16	1	1.11	1.13				
	拔管时间(min,s)		4,1	4,2	4,4	5,1	4,1				
	钢筋长度(m)		5.4	5.4	5.7	5.8	5.6				
施工机具名称、规格、型号及状况										附件名称：	

施工日期：　　　项目技术负责人：　　　施工班组责任人：　　　记录人：

【说明】　(1)填写静力压桩：桩位偏差、压力表读数、垂直度、接桩方式、胶泥浇注时间、接桩、接桩间歇时间、接桩弯曲点高、桩顶标高;(2)混凝土预制桩:填写桩位偏差、锤击次数、桩顶标高、设计标高、接桩、胶泥浇注时间、接桩间歇时间、最后十击贯入度;(3)钢桩:填写桩位偏差、锤击次数、入土深度、接桩、胶泥浇注时间、接桩间歇时间、最后十击贯入度;(4)混凝土灌注桩:填写桩位偏差、孔径、孔深、垂直度、泥浆比重、泥浆面标高、沉渣深度、钢筋笼安装深度、混凝土坍落度、混凝土灌注量、桩顶标高、孔底持力层岩性。

6) 地基与基坑支护施工记录

范例表　地基与基坑支护施工记录

表 4-46　地基与基坑支护施工记录

□□□□□□□□□

单位工程名称:银和城市公园127#楼　　　　施工班组:

施工记录主要项目	检查时间	日	17	17							
	年	月	9	9							
	检查部位		-0.5	-0.55							
	孔口标高		3	3							
	水泥浆量		正常	正常							
	施工情况记录										
	施工机具名称、规格、型号及状况		千斤顶、测力杆等						附件名称:		
	附件										

施工起止时间:　年　月　日　　项目技术负责人:　　　施工班组负责人:　　　记录人:

【说明】(1)填写内容:①土方回填:虚铺厚度、压实遍数、含水率、压实系数;②钢或混凝土支撑安装工程:挖土时间、挖土深度、安装时间、预加力、支撑与围固的密贴程度;③灰土地基:虚铺厚度、上下层搭接长度、夯实遍数、加水量、压实系数;④砂、砂石地基:虚铺厚度、上下层搭接长度、夯实遍数、加水量、压实系数;⑤人工合成材料地基:虚铺厚度、上下层搭接长度、夯实遍数、加水量、压实系数;⑥粉煤灰地基:虚铺厚度、含水量、压实遍数、搭接去碾压程度、搭接长度、压实系数;⑦强夯地基:夯锤落距、夯击遍数、夯击位置;⑧振冲地基:密实电流、供水压力、供水量、填料量、孔底留振时间、孔径、孔深;⑨砂桩地基:孔径、孔深、灌沙量、垂直度;⑩预压地基:堆载高度、沉降速率、密封膜密封性、真空表读数;⑪高压喷射注浆地基:水泥用量、孔深、垂直度、注浆压力、提升速度、旋转速度;⑫土和灰土挤密桩地基:孔径、孔深、填料含水量、配合比;⑬夯实水泥桩地基:孔位偏差、孔径、孔深、垂直度、配合比、含水量、褥垫层夯填度、每次填料量、夯击次数;⑭注浆地基:浆液配合比、孔深、注浆压力;⑮水泥粉煤灰碎石桩地基:混合料配合比、坍落度、孔位偏差、孔径、孔深、垂直度、混合料灌入量、钻杆(套)提升速度、褥垫层夯填度;⑯水泥土搅拌桩地基:桩位偏差、桩长、水泥(浆)注入量、机头提升速度。

(2)检查部位:填写轴线、分层层次、桩号。

(3)附件:填写附图名称,附地基和土方回填的平面图,标明分段位置、桩号。

7）钢筋工程隐蔽检查验收记录

范例表　钢筋工程隐蔽检查验收记录

表 4-47　钢筋工程隐蔽检查验收记录

□□□□□□□□□

单位工程名称	银和城市公园 127#楼	施工单位	××第一建筑公司第九分公司
隐蔽项目部位	一层梁、板、梯		
图号	结施	检验日期	年　月　日
隐检内容	承重结构中钢筋的品牌、规格、间距、锚固长度、搭接长度、接头位置和形式、钢筋保护层厚度、除锈和除污、钢筋代换等。 1. 钢筋有质量说明书,复试合格,复试报告书编号××。钢筋均无锈蚀、无污染。 2. 墙厚 300 mm,钢筋双向双层。水平筋 φ12@120,在内侧;竖向筋 φ14@150,在外侧。 3. 竖向筋起步距柱 50 mm,水平筋起步距梁 50 mm,间距、排距均匀。		

简图:

试验报告及出厂合格证	直径	出厂合格证编号	试验报告编号	直径	出厂合格证编号	试验报告编号
	φ8	B11001	NCL20121001	φ10	B11002	NCL20121103

设计单位意见	符合设计要求和《混凝土结构工程施工质量验收规范》(GB 50204—2002)的规定	施工单位意见	符合设计要求和规范规定	
监理(建设)单位意见	同意隐蔽。 　　　　　　　　邢述清		技术负责人	刘彦文
			专业施工员	李广耀
			质检员	李少坤

注:地下室板底、结构转换层、屋面等重要部位隐蔽验收应有设计人员参加并签字。

【说明】　钢筋工程隐蔽检查验收记录的内容包括用于承重结构中钢筋的品种、规格、数量、间距、锚固长度、搭接长度、接头位置和形式、钢筋保护层厚度、除锈和除污及钢筋代换等。要求记录钢筋的连接形式、连接种类、接头位置、数量及焊条、焊剂、焊口形式、焊缝长度、厚度及表面清渣和连接质量等。

8）地基验槽记录

范例表　地基验槽记录

表 4-48　地基验槽记录

□□□□□□□□□

工程名称	银和城市公园 127♯楼	验收日期	年　月　日
地基类型	砂夹石	施工日期	年　月　日
内容（地质情况、槽基的几何尺寸；槽底标高、障碍物、钎探情况等）及简图			
1. 地质情况：持力层含卵石、粉细砂层，与地质勘探报告（编号：××）相符。 2. 槽基轴线、几何尺寸：横轴为Ⓐ～Ⓒ轴，纵轴为①～⑥；基槽长 60 m，宽 16.8 m。 3. 槽底标高：绝对高程 38.25 m，相对标高 -8.7 m，误差 ±3 mm 以内。 4. 障碍物处理情况：槽底无障碍物。			
验收意见 　　经检查，槽底土质与地质勘察报告（编号：××）相符，基槽平面位置、槽边尺寸、基槽底标高、定位检查等符合设计要求。同意地基验槽。 年　月　日		复验意见 　　经检查，复查槽底土质符合设计要求，同意地基验槽（复验情况下才有）。 年　月　日	
勘察单位	设计单位	监理（建设）单位	施工单位
年　月　日（章）	年　月　日（章）	年　月　日（章）	年　月　日（章）

【说明】　地基验槽记录的内容包括基坑位置、平面尺寸、持力层核查、基底绝对高程和相对标高、基底土质及地下水位等，有桩支护或桩基的工程还应进行桩的检查，地基验槽应有勘察、设计、监理单位签章。需处理时，施工单位应依据勘察、设计单位提出的处理意见进行地基处理，完工后填写《地基处理记录》（表 C5-1-5）报请勘察、设计、监理单位复查并签章。

9）地基处理记录

范例表　地基处理记录

表 4-49　地基处理记录

□□□□□□□□□

工程名称		施工单位	
处理原因及部位	经检查，槽底土质与地质与勘察报告（编号：××）相符，基槽平面位置、槽边尺寸、基槽底标高、定位检查等符合设计要求。同意地基验槽。		
处理方法	在Ⓑ～Ⓕ轴放⑥轴开始挖除残积土层至进入强风化层≥0.5 m。以台阶式分段向轴①～⑳方向放坡开挖，其台阶平面长度≥2.0 m。第⑧轴挖至强风化层并进入 0.5 m 后，用中粗砂分层灌水振实回填，密实度≥92%，用中粗砂以每层摊铺 300 mm 后灌水并用振动器振实。每 100 m² 钎插 2 处检查，每层取样检验，填砂密实度达到 95%。		

续表 4-49

处理范围示意图				
验收意见	同意验收			
设计单位	勘察单位	监理单位		施工单位
年 月 日 （章）	年 月 日 （章）	年 月 日 （章）		年 月 日 （章）

10）混凝土搅拌抽查记录

范例表　混凝土搅拌抽查记录

表 4-50　混凝土搅拌抽查记录

□□□□□□□□

工程名称		银和城市公园 127#楼		混凝土浇筑不稳	一层墙柱	
混凝土设计强度等级		C30	配合比通知单编号		坍落度设计值（mm）	180±30
原材料		水泥	砂	石子	水	掺和料	外加剂
产地或名称		金山	镇北堡	干沟			
品种		P·O 42.5	中砂	碎石	饮用水		
施工配合比（每盘用量/kg）		10	261	25.0 mm 346	60		

检查日期	日 月	10 5	10 5						
每盘计量（kg）	水泥								
	砂								
	石子								
	水								
	水泥								
	砂								
	石子								
	水								

续表 4-50

搅拌时间(min)							
坍落度(mm)							
项目技术负责人	刘彦文	班组负责人			质检员		

【说明】 （1）混凝土搅拌抽查记录主要检查混凝土所用的水泥、砂、石、外加剂等与适配所用的材料是否相符。同时抽测砂、石材料的实际含水率，并计算其误差是否符合规范要求。
（2）普通混凝土每工作班抽查不应少于一次，防止混凝土每工作班不应少于2次。

11) 混凝土浇筑申请

范例表　混凝土浇筑申请

表 4-51　混凝土浇筑申请

□□□□□□□□□

工程名称	银和城市公园127#楼	施工单位	××第一建筑第九分公司

致：＿＿××＿＿工程监理部：
兹申请×月×日，浇筑九层墙体①～⑩轴/Ⓐ～Ⓔ轴(25.70～28.65 m)(工程部位轴线标高)，请予以批准。
附件：1. 混凝土配合比通知单。
　　　2. 隐蔽验收记录。
　　　3. 自检、专职检、交接检查记录。
　　　4. 水、暖、电预埋件。
　　　5. 预留空、洞位置。

设计强度等级	配合比	坍落度(mm)	外加剂		振捣方法	备注
			名称	用量		
C30	C：W：S：G= 1.00：0.59：2.60：3.45	150±30	SA-1	3.4%	机械	—
	1：0.59：2.60：3.45	150	—	—	—	—

项目技术负责人：　　　　　　　　　　　　　　　　　日　期

监理单位意见

监理工程师　　　　　　　　　　　　　　　　　　　日　期

【说明】 正式浇筑混凝土前，施工单位应检查各项准备工作，如钢筋、模板工程检查，水电预埋检查，材料、设备及其他准备等。自检合格，填写《混凝土浇筑申请》报请监理单位后方可浇筑混凝土。

12）混凝土模板拆除申请

范例表　混凝土模板拆除申请

表 4-52　混凝土模板拆除申请

编号：□□□□□□□□□

工程名称	××工程	施工单位	××建设集团有限公司	
申请拆模部位	地上二层①～⑨/Ⓐ～Ⓓ轴顶板、梁			
混凝土强度等级	C25	混凝土浇筑完成时间	××年5月10日	申请拆模日期	××年5月28日

构件类型（注：在所选择构件类型的□内划"√"）

板	梁	
□ 跨度≤2 m ☑ 2 m＜跨度≤8 m □ 跨度＞8 m	☑ 跨度≤8 m □ 跨度＞8 m	□悬臂构件

拆模时混凝土强度要求	龄期(d)	同条件混凝土强度代表值(MPa)	达到设计强度等级(%)	试验报告编号
应达到设计强度的75%或____MPa	18	21.5	86	××-××

审批意见：
　　地上二层①～⑨/Ⓐ～Ⓓ轴顶板、梁同等养护试件强度达到设计强度等级的86%（附同条件混凝土强度报告），符合《混凝土结构工程施工质量验收规范》(GB50204)规定，同意拆模。

专业监理工程师：×××
批准拆模时间：　年　月　日

施工单位	×××建筑集团有限公司	
项目技术负责人	专业质检员	施工员
×××	×××	×××

【说明】　(1)拆模时混凝土强度规定：当设计有要求时，应按实际要求；当设计无要求时，应按现行规范要求。(2)如结构形式复杂（结构跨度变化较大）或平面不规则，应附拆模平面示意图。(3)在拆除现浇混凝土结构板、梁、悬臂构件底模前，施工员应填写混凝土拆模申请单，并附同条件混凝土强度报告，经项目技术负责人审核，报监理单位专业监理工程师审批，通过后方可拆模。(4)审批意见范例：地上二层①～⑨/Ⓐ～Ⓓ轴顶板、梁同等养护试件强度达到设计强度等级的86%（附同条件混凝土强度报告），符合《混凝土结构工程施工质量验收规范》(GB 50204)规定，同意拆模。

13）首次使用混凝土（砂浆）开盘鉴定记录

范例表　首次使用混凝土（砂浆）开盘鉴定记录

表 4-53　首次使用混凝土（砂浆）开盘鉴定记录

□□□□□□□□□

工程名称	银和城市公园127#楼			使用部位		一层墙、柱	
施工单位	××第一建筑公司第九分公司			搅拌方式		商品	
设计强度等级	C30			坍落度设计值(mm)		150±30	
配合比单编号				试配单位			
水灰比	0.43%			砂率(%)		0.3%	
材料名称	水泥	砂	石	水		外加剂	掺和料
每m用料(kg)	100	320	480	1 000			
调整后每盘用料(kg)	砂含水率__3__%			石含水率__0%__			
	100	320	480	1 000			
鉴定结果	鉴定项目	坍落度(mm)			原材料与申请单是否相符		
	设计	150±30			相符		
	实测	160			相符		

鉴定意见：
同意开盘。

鉴定时间：　　年　月　日

监理（建设）单位	混凝土（砂浆）试配单位负责人	施工单位项目技术负责人	搅拌机负责人
×××	×××	×××	×××

【说明】　(1)用于承重结构及防渗防水工程使用的混凝土，开盘鉴定是指同一配合比首次使用的鉴定；(2)采用搅拌混凝土的，应对首次使用的混凝土配合比在混凝土出厂前，由混凝土供应单位自行组织相关人员进行开盘鉴定；(3)采用现场搅拌混凝土的，应由施工项目部监理单位、搅拌机组、混凝土试配单位进行开盘鉴定工作，共同认定实验室签发的混凝土配合比确定的组成材料是否与现场施工所用材料相符，以及混凝土拌和物性能是否满足设计要求和施工需要；(4)用于承重结构的砌筑砂浆，首次开盘鉴定是指同一配合比首次使用时的鉴定。

14）冬季混凝土搅拌测温记录

范例表　冬季混凝土搅拌测温记录

表 4-54　冬季混凝土搅拌测温记录

□□□□□□□□□

工程名称	银和城市公园127#楼		
混凝土强度等级	C30	坍落度设计值(mm)	150±30
水泥品种及强度等级		搅拌方式	

续表 4-54

测温时间				大气温度(℃)	原材料温度(℃)				出罐温度(℃)	入模温度(℃)	备注
年	月	日	时		水泥	砂	石	水			
施工单位				××第一建筑公司第九分公司							
专业技术负责人				专业质检员					测温人		
刘彦文				李少昆					陈云		

【说明】 (1)冬季混凝土施工时,应进行搅拌(包括现场搅拌、预拌混凝土)测温并记录;(2)混凝土冬施搅拌测温记录应包括大气温度、原材料温度、出罐温度、入模温度等;(3)"备注"栏应填写"现场搅拌"或"预拌混凝土",表格中各温度值需标注正负号;(4)预拌混凝土只填写入模温度。

15)冬季混凝土养护测温记录

范例表 冬季混凝土养护测温记录

表 4-55 冬季混凝土养护测温记录

□□□□□□□□□

工程名称	银和城市公园127#楼						施工单位				××第一建筑公司第九分公司				
部 位							养护方法				测试方式				
测温时间 (__年__月 __日__时)	大气温度(℃)	入模温度(℃)	各测孔内部温度(℃) 混凝土表面温度(℃)									最大温差(℃)	间隔时间(h)	成熟度	
			测孔编号											本次	累计
			1	2	3	4	5	6	7	8	9	10	11	12	
测温孔布置简图															
项目技术负责人			刘彦文			记录人						测温人			

【说明】 (1)冬季混凝土施工时,应进行搅拌和养护测温记录。(2)混凝土冬施养护测温

应先绘制温点布置图,包括测温点的部位、深度等。测温记录应包括大气温度、各测温孔的实测温度、同一时间测得的各测温孔的平均温度和间隔时间等。(3)表格中各温度值需要标注正负号。

16) 大体积混凝土测温记录(附图)

范例表　大体积混凝土测温记录(附图)

表 4-56　大体积混凝土测温记录(附图)

编号：☒☒☒☒☒☒☒☒☒

工程名称			银和城市公园127#楼			施工单位			××第一建筑公司第九分公司	
养护方法				测温方式			测温部位			
测温时间 (　)年			大气温度 (℃)	入模温度 (℃)	孔号	各测温孔温度 (℃)	$t_中-t_上$ (℃)	$t_中-t_下$ (℃)	$t_中-t_上$ (℃)	内外最大温差记录 (℃)	裂缝宽度 (mm)
月	日	时									
						上					
						中					
						下					
测温时间 (　)年			大气温度 (℃)	入模温度 (℃)	孔号	各测温孔温度 (℃)	$t_中-t_上$ (℃)	$t_中-t_下$ (℃)	$t_中-t_上$ (℃)	内外最大温差记录 (℃)	裂缝宽度 (mm)
月	日	时									
						上					
						中					
						下					
						上					
						中					
						下					
						上					
						中					
						下					
						上					
						中					
						下					
						上					
						中					
						下					

续表 4-56

测温孔布置简图	

施工单位审核意见					
项目技术负责人		专业施工员		测温人	

【说明】 (1)大体积混凝土施工应有混凝土入模时大气温度、养护温度记录、内外温差记录和裂缝检查记录。(2)大体积混凝土测温应先绘制测温点布置图,包括测温点的部位、深度等,测温记录应包括大气温度、各测温孔的实测温度、内外最大温差记录等。(3)测温次数:混凝土浇筑后1~3天,每2h测一次,3~5天每3h测一次,第6~10天每4h测一次,每次同时测出大气温度及草袋与混凝土表面之间的温度。测温时,若发现混凝土内部最高温度与表面温度之差达到25℃或温度异常时,应及时采取措施,控制混凝土温度。

17) 构件吊装记录

范例表　构件吊装记录

表 4-57　构件吊装记录

编号□□□□□□□□

工程名称	银和城市公园 127#楼					
吊装部位				吊装日期	年　月　日	
序号	构件名称及编号	安装位置	安装检查			备注
			搁置与搭接尺寸	接头(点)处理	固定方法	标高检查	

结论：

施工单位					
专业技术负责人		专业质检员		记录人	

【说明】 (1)预制混凝土构件,大型钢、木构件吊装应有吊装记录,内容包括构件名称、安装位置、搁置与搭接长度、接头处理、固定方法、标高等;(2)表中各项均应填写清楚、齐全、准确,并附吊装图。吊装图:构件类型、型号、编号位置应与施工图纸及结构吊装施工记录一致,并注明图名、制图人、审核人及日期;(3)"安装位置"栏:用轴线号表示;"标高检查"栏:构件底部标高的检查;(4)"搁置与搭接尺寸"栏:构件在支座上的搭接尺寸;(5)"固定方法"栏:应填写与结构的连接方法;(6)"备注"栏:可标明安装过程中出现的问题、如何处理以及质量情况等。质量情况包括构件外观质量和吊装节点处理的质量情况。

18)预应力筋张记录

范例表 预应力筋张记录(一)

表 4-58 预应力筋张记录(一)

☒☒☒☒☒☒☒☒☒

工程名称	银和城市公园127#楼	张拉日期	
施工部位		预应力筋规格及抗拉强度	

预应力张拉程序及平面示意图:

张拉端锚具类型		固定端锚具类型	
设计控制应力		实际张拉力	
千斤顶编号		压力表编号	
混凝土设计强度		张拉时混凝土实际强度	

预应力筋计算伸长值

预应力筋计算伸长值

施工单位			
专业技术负责人	专业质检员		记录人

【说明】 (1)预应力筋张拉记录是利用千斤顶、锚夹具等张拉设备按施工工艺要求施加预应力实施过程的记录;(2)预应力筋锚具、夹具和连接器应有出场合格证,并在进场时按规范规定进行检查验收;(3)施加预应力所有的机具设备以及旗标,应校验合格;(4)预应力筋张拉记

录(一)包括预应力施工部位、预应力筋规格、平面示意图、张拉程序、应力记录、伸长量等；(5)预应力张拉记录(二)对每根预应力筋的张拉实测值进行记录；(6)后张法预应力张拉施工应实行见证管理，按规定做见证张拉记录。

19）有黏结预应力结构灌浆记录

范例表 有黏结预应力结构灌浆记录

表4-59 有黏结预应力结构灌浆记录

□□□□□□□□□

工程名称	银和城市公园127#楼			灌浆日期	年 月 日
施工部位					
灌浆比例				灌浆要求压力值	
水泥强度等级		进场日期	年 月 日	复试报告编号	

灌浆点简图与编号：

灌浆点编号	灌浆压力值(MPa)	灌浆量(L)	灌浆点编号	灌浆压力值(MPa)	灌浆量(L)

备注：

施工单位	
专业技术负责人	专业质检员	记录人

【说明】 后张法有黏结预应力筋张拉后，孔道应灌浆，并做灌浆记录，记录内容包括灌浆孔状况、水泥浆配比状况、灌浆压力、灌浆量，并有灌浆点简图和编号等。

4.3.6 施工试验资料

施工试验资料由通用表格，_____施工试验记录(通用)及建筑与结构专用记录，砂浆/混凝土(试块)试验报告汇总表、砂浆(试块)强度统计、评定记录，混凝土(试块)强度统计、评定记录组成，其他资料由检测单位提供。

1) 施工试验记录(通用)(见项目单元四中五、施工记录中第 1 页)

范例表　土壤试验报告汇总表

表 4-60　土壤试验报告汇总表

☒☒☒☒☒☒☒☒

工程名称		××工程					
序号	部位	类别	土壤试验报告			资料编号	备注
			编号	设计要求	结论		
1	基槽①～⑩/Ⓐ～Ⓖ轴	2∶8灰土	××－××	≥1.55 g/cm³	合格	××	
2	房心	亚粘土	××－××	≥1.55 g/cm³	合格	××	

审核：　　　　　　　　　　　　　　　　　填表：

2) 砂浆/混凝土(试块)试验报告汇总表

范例表　砂浆/混凝土(试块)试验报告汇总表

表 4-61　砂浆/混凝土(试块)试验报告汇总表

☒☒☒☒☒☒☒☒

工程名称：××工程

序号	试验编号	部位	设计强度等级	试块成型日期	龄期	试块强度等级	资料编号
1	××－××	首层填充墙①～⑩/Ⓐ～Ⓖ轴	M5	××年×月×日	28 d	7.9 MPa	
2	××－××	二层填充墙①～⑩/Ⓐ～Ⓖ轴	M5	××年×月×日	28 d	7.8 MPa	

审核：　　　　　　　　　　　　　　　　　填表：

3）砂浆（试块）强度统计、评定记录

范例表　砂浆（试块）强度统计、评定记录

表 4-62　砂浆（试块）强度统计、评定记录

□□□□□□□□

工程名称	银和城市公园 127#楼	施工单位	××第一建筑公司第九分公司
报告日期	×年×月×日	部位	主体砌体
养护方法	28 d 标养	强度等级	M7.5
施工日期		年　月　日至　年　月　日	
每组强度值（MPa）	12.60	10.60	9.80	10.60	11.00	9.10	13.40	14.60

1. 统计结果：
(1) 试块组数：$n=8$
(2) 强度标注值　$f_2 = 7.50$ MPa
(3) 强度平均值　$f_{2m} = 11.64$ MPa
(4) 强度最小值　$f_{2\min} = 9.10$ MPa
2. 根据 GB 50203—2002 评
(1) $f_{2m} \geqslant f_2$
(2) $f_{2\min} \geqslant 0.75 f_2$
3. 结论
依据《砌体工程施工质量验收规范》（GB50203）第 4.0.12，评定为合格。
批准：范增龙　　审核：刘彦文　　统计：张丹　　年　月　日

岗位操作指南

砂浆应按同一类型、同一强度等级为一验收统计评定，其合格标准如下：同一验收砂浆试块抗压强度平均值必须大于或等于设计强度等级所对应的立方体抗压强度；同一验收批砂浆试块抗压强度的最小一组平均值必须大于或等于设计强度等级所对应的立方体抗压强度的 0.75 倍。

4）混凝土（试块）强度统计、评定记录

范例表　混凝土（试块）强度统计、评定记录

表 4-63　合格判定系数

试件	10～14	15～24	≥25
λ	1.70	1.65	1.60
λ	0.90	0.85	

表 4-64　混凝土(试块)强度统计、评定记录

工程名称	银和城市公园 127♯楼			施工单位	××第一建筑公司第九分公司		
报告日期	×年×月×日			部位	主体		
强度等级	C30			养护方法	28 天标准养护		
施工日期	年　月　日至				年　月　日		
每组强度值(MPa)	37.50	46.90	45.30	49.40	41.30	38.40	46.50
	52.30	46.20	44.00	44.10	41.80	47.30	42.70
	37.80	54.50	55.80				

1. 统计结果：
(1) 试块组数　$n = 19$
(2) 强度标准值　$f_{cu,k} = 30.00$
(3) 强度平均值　$mf_{cu} = 45.19$ MPa
(4) 强度标准值　$Sf_{cu} = 5.55$ MPa
(5) 强度最小值　$f_{cu,min} = 37.30$ MPa
(6) $\lambda_1 = 1.65$
(7) $\lambda_2 = 0.85$

2. 根据(GBJ 107—87)判定：
(1) 统计判定
$mf_{cu} - \lambda S f_{cu} \geq 0.9 f_{cu,k}$
$f_{cu,min} \geq 0.2 \lambda f_{cu,k}$
(2) 非统计评定
$mf_{cu} \geq 1.15 f_{cu,k}$
$f_{cu\,min} \geq 0.95 f_{cu,k}$

3. 结论　　合格

批准：范增龙　　审核：刘彦文　　统计：张丹　　　　　年　月　日

【说明】　混凝土强度按单位工程的设计强度等级、龄期相同及生产工艺条件、配合比基本相同的混凝土为同一验收批进行评定。

4.3.7　工程安全和功能检查(抽查)记录

工程安全和功能检查(抽查)记录包括以下内容：

1) 屋面淋水(蓄水)试验记录

屋面工程完工后，应对细部结构(屋面天沟、檐沟、檐口、泛水、水落口、变形缝、伸出屋面管道等)、接缝处和保护层进行雨期观察或淋水、蓄水试验检查。淋水试验持续时间不得少于 2 h，做蓄水检查的屋面，蓄水时间不得少于 24 h。

表 4-65　屋面淋水(蓄水)试验记录

工程名称	银和城市公园 127♯楼		施工单位	××第一建筑公司第九分公司
防水材料	弹性体改性沥青		构造形式	
淋水时间	月　　日　　时起		淋水方式	用有压力的自来水管接通进行淋水(呈人工降水状)
	月　　日　　时止			
淋(蓄水)简况	1. 高出屋面的烟道、风道、出气管、女儿墙、出入孔等凸出屋面的部分泛水，防止层上口布设了淋水管 2. 淋水时间为 2 小时 15 分钟			

续表 4-65

检查结果	经检查,屋面无渗漏现象,淋水排除后卷材防水无积水,符合要求			
复查结果				
结论	符合规范规定要求、合格			
签字栏	监理(建设)单位	施工单位		
		专业技术负责人	质检员	试验人
		刘彦文	李少星	

2)地下室防水效果检查记录

地下工程验收时,应对地下工程有无渗漏现象进行检查,内容应包括裂缝、渗漏部位、大小、渗漏情况和处理意见等。发现审理现象应制作《背水内表面结构工程展开图》。

范例表　地下水防水效果检查记录

表 4-66　地下水防水效果检查记录

工程名称	银和城市公园 127♯楼	防水设计等级	2 级
部位	地下室	检查日期	
检查内容	附:防水背面展开图 检查人员用干手触摸混凝土墙面及用吸墨纸(报纸)贴附背水墙面检查①～⑥墙体的湿渍面积,检查有无裂缝和渗水现象		
检查结果	经检查:地下一层背水内背面的混凝土墙面无湿渍及渗水现象,观感质量合格,符合设计要求和《地下防水工程质量验收规范》(GB 50208—2011)规定		
评定结果	合格		
			年　月　日
签字栏	监理(建设)单位	施工单位		
		专业技术负责人	质检员	试验人
		刘彦文	李少坤	

3)有防水要求的地面蓄水试验记录

范例表　有防水要求的地面蓄水试验记录

表 4-67　有防水要求的地面蓄水试验记录

□□□□□□□□

工程名称	银和城市公园 127♯楼	蓄水深度	25 mm
试水部位	卫生间	蓄水起止时间	2012 年 6 月 2 日 08:00～2012 年 6 月 12 日 8:00
蓄水方法	蓄水试验在厕浴间防水层施工完成并验收合格后进行。在门口处用水泥砂浆做挡水墙,地漏周围挡高 50 mm,用球塞(或棉丝)把地漏堵严密,且不影响试水,然后进行放水,蓄水深度 25 mm,蓄水时间为 24 h。		
施工单位检查结果	厕所间一次蓄水试验,经 24 h,无渗漏现象。 项目专业技术负责人:刘彦文　　　　　年　月　日		
监理(建设)单位验收结论	经检查:地下一层背水表面的混凝土无湿渍及渗水现象,观感质量合格,符合设计要求和《地下放水工程质量验收规范》(GB 50208—2002)规定。 监理工程师:邢述清 (建设单位项目专业技术负责人)　　　　　年　月　日		

【说明】　凡有放水要求的房间应有防水层及装修后的蓄水检查记录。检查内容包括蓄水方式、蓄水时间、蓄水深度、水落口及边缘的封堵情况和有无渗漏现象等。

4)建筑物垂直度、标高、全高测量记录

范例表　　建筑物垂直度、标高、全高测量记录

表 4-68　建筑物垂直度、标高、全高测量记录

□□□□□□□□

工程名称		银和城市公园 127♯楼				施工阶段		主体层三层	
施工单位		××建筑公司第九分公司				测量仪器型号		经纬仪	
								水平仪	
垂直高度测量	检测部位	①/Ⓐ	①/ⓕ	⑧/Ⓐ	⑧/ⓕ				累计偏差
	允许偏差(mm)	±5	±5	±5	±5				0.00
	实测值(mm)	偏南 4 偏西 3	偏南 3 偏西 2	偏南 3 偏西 2	偏南 4 偏西 2				0.00
	说明								
标高测量	允许偏差(mm)								
	实测值(mm)								
	说明								

续表 4-68

全高测量	允许偏差(mm)	±10	±10	±10	±10				
	实测值(mm)	+5	+3	+5	+2				
	说明								

评价及建议	符合质量验收规范和测量规范的要求,实测偏差在允许垂直偏差值以内和标高高差值以内。

签字栏	监理(建设)单位	施工单位		
		专业技术负责人	质检员	试验人

【说明】 (1)施工单位应在结构工程完成和工程竣工时,对建筑物垂直度和全高进行实测并记录,并报监理单位审核;(2)超过允许偏差且影响结构性能的部位,应由施工单位提出技术处理方案,并经建设、监理单位认可后进行处理。

5) 抽气(风)道检查记录

范例表 抽气(风)道检查记录

表 4-69 抽气(风)道检查记录

编号：□□□□□□□□□

工程名称	银和城市公园 127♯楼					
施工单位	××第一建筑公司第九分公司				年 月 日	
	检查部位和检查结果					
检查部位	主抽气(风)道		副抽气(风)道		检查人	复查人
	抽气道	风道	抽气道	风道	垃圾道	
1 单元 101	1	1				李光耀	邢述清
102	1	1					
结论	经检查,各个抽气道畅通无阻,合格。					

签字栏	监理(建设)单位	施工单位		
	邢述清	专业技术负责人	质检员	记录人
		刘彦文	李少坤	李光耀

注：1. 主抽(气)风道可先检查,检查部位按轴线记录;副抽气(风)道可按户门编号记录。
2. 检查合格记(√),不合格记(×)。

6) 幕墙及外窗性能检测报告

幕墙及外窗性能检测报告由检测单位提供。

7）室内环境检测报告

室内环境检测报告由检测单位提供。

8）结构实体混凝土强度检验记录

范例表　结构实体混凝土强度检验记录

表 4-70　结构实体混凝土强度检验记录

□□□□□□□□□

工程名称	银和城市公园127#楼			项目经理	范增龙	结构类型	框剪
检验部位	主体结构					验收日期	年 月 日
强度等级	试件强度代表值（MPa）					强度评定结果	监理（建设）单位验收结果
C30	40.1	40.2	39.9			合格	合格
	41.4	41.8	41.1				
检验结论	结构实体混凝土强度经数值统计，其强度评定结果合格，符合《混凝土结构工程施工质量验收规范》（GB 50202—2002）规定，验收合格。						
签字栏	项目技术负责人： 刘彦文 年 月 日			总监理工程师： （建设单位项目负责人） 邢述清 年 月 日			

【说明】　涉及混凝土结构安全的重要部位应进行结构实体检验，并实行有可证取样和送检。结构实体检验用同条件养护试件强度检验，同条件养护试件的取样、留置、养护和强度代表值的确定应符合验收规范 GB 50204—2002 第 10.1 节及其附录 D 的规定。

9）结构实体钢筋保护层厚度检验记录

范例表　结构实体钢筋保护层厚度检验记录

表 4-71　结构实体钢筋保护层厚度检验记录

□□□□□□□□□

工程名称	银和城市公园127#楼	结构类型	框剪	检验数量	梁	2
施工单位	××第一建筑公司第九分公司	项目经理	范增龙		板	3
检测方法		检测仪器				

续表 4-71

构建部位(构件名称及轴线)	受力筋规格(mm)	钢筋保护层厚度(mm)				合格点率(％)	监理(建设)单位验收结果
		设计值	实测值				
层梁	φ20	25	28	29	30	96.4％	合格
	φ25	25	27	27	30	96.4％	
板	φ8	15	21	19	18	95.3％	合格
	φ10	15	20	22	18	95.3％	
	φ12	15	22	18	16	95.3％	
检验结论							
签字栏	项目技术负责人： 年 月 日				总监理工程师： (建设单位项目负责人) 年 月 日		

【说明】 (1)钢筋保护层厚度检验的结构部位、构件数量、检验方法和验收应符合规范 GB 50204—2002 第 10.1 节和附录 E 的规定。(2)钢筋保护层厚度检验的结构部位、构件数量、检测钢筋数量和位置等记录和资料应作为本表的附件。(3)对选定的梁类构件,应对全部纵向受力钢筋的保护层厚度进行检查;对选定的板类构件,应抽取不少于 6 根纵向受力钢筋的保护层厚度进行检验。对每根钢筋,应在有代表性的部位测量 1 点。(4)钢筋保护层厚度检验时,其允许偏差应符合规范要求。(5)梁类、板类构件纵向受力钢筋的保护层厚度应分别进行验收。(6)每次抽样检验结构中不合格点的最大偏差均不应大于规范规定允许偏差的 1.5 倍。

4.4 工程质量控制资料的内容

工程质量控制资料是系统反映单位工程的结构技能性能、使用功能和使用安全的资料,是证明或说明工程质量情况的真实、准确、及时的资料,是质量管理的依据所在。

1) 工程质量控制资料的主要类别

(1) 图纸会审、设计变更、洽商记录。

(2) 测量放线记录。

(3) 原材料出厂的质量合格证及进场试验报告。

(4) 施工试验报告和记录。

(5) 隐蔽工程验收记录。

(6) 施工记录。

(7) 质量事故处理记录以及较大质量问题的检测、加固处理措施记录等。

2）工程质量控制资料的内容

单位(子单位)工程质量控制资料核查记录见表 4-72。

表 4-72　单位(子单位)工程质量控制资料核查记录

资料报送编目	资料名称	份　数	说　明
	建筑与结构		
	图纸会审、设计变更、洽商记录		
	工程定位测量、放线记录		
	原材料出厂合格证书及进场试(检)验报告		
	合格证、试(检)验报告汇总表		
	合格证		
	材料检验报告		
	钢材合格证、试验报告汇总表		
	钢材出厂合格证		
	钢筋机械性能试验报告		
	钢材试验报告		
	焊接试验报告、焊条(剂)合格证汇总表		
	焊条(剂)合格证		
	水泥出厂合格证、试验报告汇总表		
	水泥出厂合格证		
	水泥试验报告		
	砖(砌块)出厂合格证、试验报告汇总表		
	砖出厂合格证		
	砖(砌块)试验报告		
	粗细骨料合格证、试验报告汇总表		
	砂子试验报告		
	石子试验报告		
	轻骨料试验报告		
	防水材料合格证、试验报告汇总表		
	防水材料合格证		
	防水卷材试验报告		
	防水涂料试验报告		
	防水材料试(检)验报告表(通用)		

续表 4-72

资料报送编目	资 料 名 称	份 数	说 明
	铝合金、塑钢、幕墙材料出厂质量证书汇总表		
	铝合金、塑钢、幕墙材料出厂质量证书		
	硅酮结构胶相容结构		
	施工试验报告及见证检验报告		
	检验报告（通用）		
	钢材连接试验报告		
	钢材焊接接头冲击试验报告		
	钢材焊接接头硬度试验报告		
	焊缝射线探伤报告		
	焊缝超声波探伤报告		
	焊缝磁粉探伤报告		
	土壤试验报告		
	土壤击实试验报告		
	混凝土试块强度试验报告汇总表		
	混凝土强度试配报告单		
	外加剂试配报告单		
	混凝土试块试验报告单		
	混凝土抗渗性能试验报告单		
	混凝土抗冻性能试验报告单		
	预拌混凝土出厂合格证		
	混凝土强度评定表		
	混凝土强度非统计方法评定		
	砂浆抗压强度试验报告汇总表		
	砂浆试配及报告单		
	砂浆试块试验报告		
	隐蔽工程验收表		
	施工记录		
	施工记录表（通用）		
	地基钎探记录		
	地基验槽记录		
	构件吊装记录		

续表 4-72

资料报送编目	资 料 名 称	份 数	说 明
	电热法施工预应力记录		
	现场施加预应力张拉记录		
	钢筋冷拉记录		
	混凝土浇灌申请书		
	混凝土开盘鉴定		
	混凝土工程施工记录		
	混凝土坍落度检查记录		
	冬期施工混凝土日报		
	混凝土养护测温记录		
	预制构件、预拌混凝土合格证		
	预制构件、预拌混凝土、门窗合格证汇总表		
	预制构件合格证		
	钢构件合格证		
	木构件合格证		
	门窗合格证		
	预拌混凝土合格证		
	地基、基础、主体结构检验及抽样检测资料		
	中间交接检验记录		
	单项工程竣工验收记录（通用）		
	工程质量事故调查处理资料		
	工程质量事故报告		
	建筑工程质量事故调(勘)查处理资料		
	分部(子分部)工程质量验收记录		
	分项、检验批工程质量验收记录		
	新材料、新工艺施工记录		
	给排水与取暖		
	给排水与取暖工程图纸会审、设计变更、洽商记录		
	材料、配件、设备出厂合格证及进场检(试)验报告		
	材料、设备出厂合格证		
	主要材料、设备出厂合格证、检(试)验报告汇总表		
	主要设备开箱检验记录（通用）		

续表 4-72

资料报送编目	资 料 名 称	份 数	说 明
	管道、设备强度试验,严密性试验记录		
	给排水、采暖隐蔽工程验收记录		
	系统清洗、灌水、通水、通球试验记录		
	管道系统吹洗(扫)检验记录		
	排水管道灌水、通水试验记录		
	室内排水管道通球试验记录		
	给排水与取暖分部(子分部)工程质量验收记录		
	给排水与取暖分项、检验批工程质量验收记录		
	建筑电气		
	建筑电气工程图纸会审、设计变更、洽商记录		
	材料、配件、设备出厂合格证及进场试(检)验报告		
	材料、设备出厂合格证		
	主要材料、设备出厂合格证,试(检)验报告汇总表		
	主要设备开箱检验记录		
	电气设备调试记录		
	接地、绝缘电阻测试记录		
	接地电阻测试记录		
	绝缘电阻测试记录		
	电气工程隐蔽工程验收记录		
	电气工程施工记录		
	电气工程分部(子分部)工程质量验收记录		
	电气工程分项、检验批工程质量验收记录		
	通风与空调工程		
	通风与空调工程图纸会审、设计变更、洽商记录		
	材料、设备出厂合格证		
	材料、配件、设备出厂合格证及进场试(检)验报告		
	主要设备开箱检验记录		
	制冷、空调、水管道强度试验、严密性试验记录		
	制冷系统气密性试验记录		
	冷冻水管道压力试验记录		
	通风与空调隐蔽工程验收记录		

续表 4-72

资料报送编目	资料名称	份数	说明
	制冷设备运行调试记录		
	设备单机试车记录		
	制冷机组试运行调试记录		
	通风、空调系统试运行调试记录		
	风量、温度测试记录		
	除尘器、空调机漏风检测记录		
	各房间室内风量测量记录		
	管网风量平衡记录		
	空气净化系统检测记录		
	通风与空调工程施工记录		
	通风与空调分部(子分部)工程质量验收记录		
	通风与空调分项、检验批工程质量验收记录		
	电梯		
	电梯工程图纸会审、设计变更、洽商记录		
	材料、配件、设备出厂合格证及进场试(检)验报告		
	材料、设备出厂合格证		
	主要材料、设备出厂合格证、试(验)报告汇总表		
	主要设备开箱检验记录		
	电梯隐蔽工程验收记录		
	电梯安装工程施工记录		
	接地、绝缘电阻测试记录		
	负荷试验、安全装置检查记录		
	电梯安全装置检查记录		
	电梯负荷运行试验记录		
	电梯分部(子分部)工程质量验收		
	电梯分项工程质量验收记录		
	建筑智能化		
	建筑智能化工程图纸会审、设计变更、洽商记录		
	材料、设备出厂合格证及进场试(检)验报告		
	材料、设备出厂合格证		
	主要材料、设备出厂合格证、试(验)报告汇总表		

续表 4-72

资料报送编目	资 料 名 称	份 数	说 明
	主要设备开箱检验记录		
	隐蔽工程验收记录		
	系统功能测定记录		
	设备调试记录		
	系统检测报告		
	综合布线测试记录		
	光纤损耗测试记录		
	视频系统末端测试记录		
	系统技术、操作和维护手册(由供货厂商提供)		
	系统管理、操作人员培训记录		
	建筑智能化分部(子分部)工程质量验收记录		
	建筑智能化分项工程质量验收记录		
	桩基、有支护土方资料		
	桩基、有支护土方工程图纸会审、设计变更、洽商记录		
	桩位定位测量放线图		
	材料出厂合格证及进场检(试)验报告		
	施工试验报告及见证检测报告		
	隐蔽工程验收记录		
	施工记录		
	施工记录(通用)		
	钢筋混凝土预制桩施工记录		
	钢管桩施工记录		
	泥浆护壁成孔灌装桩施工记录		
	干作业成孔灌装桩施工记录		
	套管成孔灌装桩施工记录		
	井点施工记录(通用)		
	轻型井点降水记录		
	喷射井点降水记录		
	电渗井点降水记录		
	管井井点降水记录		
	深井井点降水记录		

续表 4-72

资料报送编目	资 料 名 称	份 数	说 明
	地下连续墙挖槽施工记录		
	地下连续墙护壁泥浆施工记录		
	地下连续墙混凝土浇筑记录		
	锚杆成孔记录		
	锚杆安装记录		
	预应力锚杆张拉与锁定施工记录		
	注浆机护坡混凝土施工记录		
	土钉墙土钉成孔施工记录		
	土钉墙土钉钢筋安装记录		
	沉井下沉施工记录		
	沉井、沉箱下沉完毕检查记录		
	试打桩情况记录		
	预制构件、预拌混凝土合格证		
	桩基检查资料		
	桩的静载试验报告		
	桩的动测试验报告		
	工程质量事故调查处理资料		
	桩基、有支护土方子分部工程质量验收记录		
	桩基、有支护土方分项、检验批工程资料验收报告		
	地基处理资料		
	桩基处理工程图纸会审、设计变更、洽商记录		
	工程测量放线定位平面图		
	材料出厂合格证及进场检(试)验报告		
	隐蔽工程验收记录		
	地基处理施工记录		
	土桩和灰土挤密桩桩孔施工记录		
	土桩和灰土挤密桩桩孔分填施工记录		
	重锤夯实施工记录		
	强夯地基施工记录		
	深层搅拌桩施工记录		
	地基处理工程试验检测报告		

续表 4-72

资料报送编目	资料名称	份数	说明
	工程质量事故调查处理资料		
	地基处理子分部工程质量验收记录		
	地基处理分项工程质量验收记录		

4.5 工程质量控制资料填写及整理要求

4.5.1 图纸会审、设计变更、洽商记录

1) 图纸会审

图纸会审记录是对已正式签署的设计文件进行交底、审查和会审，对所提出的问题予以记录的技术条件。图纸会审应由建设单位组织设计、监理、施工单位（地基处理较为复杂时应包括勘察单位）进行。

（1）图纸会审记录见表 4-73。

表 4-73 图纸会审记录

工程编号：

工程名称			会审日期及地点	
建筑面积			结构类型	
参加人员	设计单位			
	施工单位			
	监理单位			
	建设单位			
主持人				
记录内容				记录人：
建设单位签章 代表	设计单位签章 代表		记录单位签章 代表	施工单位签章 代表

（2）会审内容：①建筑、结构、设备安装等设计图纸是否齐全，手续是否完备；设计是否符合国家有关政策、规范规定，图纸总的做法说明是否齐全、清楚、明确，与建筑、结构、安装、装饰和节点大样图之间有无矛盾；设计图纸（平、立、剖、节点）之间尺寸是否相符，建筑与结构、土建与安装之间互相配合的尺寸是否相符，有无错误和遗漏；设计图纸本身、建筑构造与结构构造、结构各构件之间在立体空间上有无矛盾，预留孔洞、预埋件、大样图或采用标准构配件的型号、尺寸有无错误和矛盾。②总图的建筑物坐标位置与单位工程建筑平面图是否一致；建筑物的设计标高是否可行；地基与基础的设计与实际情况是否相符，结构性能如何；建筑物与地下构

筑物及管线之间有无矛盾。③主要结构的设计在承载力、刚度、稳定性等方面有无问题;主要部位的建筑构造是否合理;设计能否保证工程质量和安全施工。④图纸的结构方案、建筑装饰,与施工单位的施工能力、技术水平、技术装备有无矛盾;采用新工艺、新技术,施工单位有无困难;所需特殊建筑材料的品种、规格、数量能否解决,专业设备机械能否保证。⑤安装专业的设备是否与图纸选用的设备相一致;到货的设备出厂资料是否齐全,技术要求是否合理,是否与设计图纸相一致;设备与土建图纸建筑是否相符合,管口相对位置、接管规格、材质、坐标、报告是否与设计图纸一致;管道、设备及管件需做防腐、脱脂及特殊清洗时,设计结构是否合理,技术要求是否切实可行。

【说明】 (1)图纸会审一般由建设单位主持或建设、设计单位共同主持,应按要求组织图纸会审,主持人要签记姓名;(2)有关专业均要有人员参加会审,参加人员签字齐全有效,日期、地点要写清楚;(3)要记录会审中发现的所有需要记录的内容,已解决的注明解决方法,未解决的注明解决时间及方式,记录由设计、施工的任一方整理,可在会审时协商确定;(4)凡会审已形成的正式文件记录,均不得进行涂改;(5)建设单位、设计单位、记录单位、施工单位等参加图纸会审的单位,会审记录单位盖章后生效。

2) 设计变更

设计变更是在设计、施工过程中,由于设计图纸本身问题,设计图纸与实际情况不符,施工条件变化,原材料的规格、品种、质量不符合设计要求,以及有关人员提出的合理化建议等原因,需要对图纸部分内容进行修改而办理的变更设计文件。

(1) 遇有下列情况之一时,必须由设计单位签发变更通知单:①当决定对图纸进行较大修改时。②施工前及施工过程中发现图纸有差错,做法、尺寸有矛盾,结构变更,图纸与实际情况不符。③由建设单位提出对建筑构造、细部做法、使用功能等方面的修改意见,必须经过原设计单位同意,并提出设计变更通知书或设计变更图纸。④由设计单位或建设单位提出的设计图纸修改,应由设计部门提出设计变更联系单;由施工单位的技术、材料等原因造成的设计变更,由施工单位提出洽商,请求设计变更,并经设计部门同意,以洽商记录作为变更设计的依据。

(2) 要求说明:①所有设计变更必须由原设计单位的相应设计专业人员作出,有关负责人签字,设计单位盖章批准,最后由建设单位(项目负责人)、监理单位(项目总监)、施工单位(项目经理)签字盖章生效;②应先有设计变更后施工,按签发日期顺序排列;③内容明确、具体,办理及时,必要时附图,不得任意涂改和后补。

(3) 设计变更涉及以下内容时,必须报请原图纸审查部门审批,批准后方可实施:①建筑物的稳定性、安全性(含地基基础和主体结构体系);②消防、节能、环保、抗震、卫生、人防的有关强制性标准规范;③图纸规定的深度要求;④影响公众利益。

3) 洽商记录

洽商记录是施工过程中,由于设计图纸本身差错,设计图纸与实际情况不符,施工条件变化,原材料的规格、品种、质量不符合设计要求,及职工提出合理化建议等原因,需要对设计图纸部分内容进行修改而办理的工程洽商记录文件。

(1) 工程洽商记录见表 4-74。

表 4-74 工程洽商记录

工程名称：

洽商事项：

建设单位： 代表： 年 月 日	设计单位： 代表： 年 月 日	监理单位： 代表： 年 月 日	施工单位： 代表： 年 月 日

（2）洽商记录遇有下列情况之一者，必须由设计单位签发设计变更通知单，不得以洽商记录办理：①当决定对图纸进行较大修改时；②施工前及施工过程中发现图纸有差错、做法、尺寸矛盾，结构变更或与实际情况不符；③由建设单位提出，对建筑构造、细部做法、使用功能等方面提出的修改意见。

【说明】（1）洽商记录按签订日期先后顺序编号排序，内容明确具体，必要时附图，签字齐全，不得任意涂改和后补；（2）应先洽商记录，后施工；（3）特殊情况需先施工后变更者，必须先征得设计部门同意，洽商记录需在一周内补上。

4.5.2 测量放线记录

1）工程定位测量及复测记录

工程定位测量及复测记录是根据当地行政主管部门给定总图范围内的工程建筑物、构筑物的位置、标高进行测量与复测，以确保建筑物的位置、标高的正确。测量人员根据建筑红线或指定建筑物引测控制线，施测出该建筑物轴线，作出永久控制桩做好复测。

（1）工程定位测量放线记录见表 4-75。

表 4-75 工程定位测量放线记录

年 月 日   编号：

工程名称			建设单位			定位测量示意图 (尺寸单位:mm)
施测单位						
图纸编号						
测量依据	引用坐标	A	$X=$ $Y=$	水准点 高 程(m)	相对	
		B	$X=$ $Y=$		绝对	
使用仪器型号		经纬仪		水准仪		
备注						测量员： 年 月 日

续表 4-75

会签栏	施工测量单位(签单)			监理(建设)单位(签章)	复验意见：
	专业技术负责人	质量检查员	专业工长	年 月 日	年 月 日

(2) 工程定位测量及复测记录包括平面位置定位、定位标高、测设点位和提供竣工技术资料。

平面位置定位：根据场地上建筑物主轴线控制点，将房屋外墙轴线交点用经纬仪投测到地面木桩顶面作为标志的小钉上。

标高定位：根据施工现场水准控制点标高（或从附近引测的大地水准标高），推算±0.000标高与某建筑物、某处标高的相对关系，用水准仪和水准尺在供放线用的龙门桩上标出标高。

测设点位：将已经设计好的各种不同建（构）筑物的几何尺寸和位置，按照实际要求，运用测量仪器和工具标定到地面及楼层上，并设置相应的标志作为施工依据。

提供竣工技术资料：在工程竣工后，将施工中各项测量数据及建筑物的实际位置、尺寸和地下施工位置等资料，按规格格式整理或编绘技术资料。

鉴于工程测量的重要性，凡工程测量均必须进行复测。

【说明】(1) 工程定位测量：每个工程均需填写工程定位测量放线记录、工程定位测量复试记录。工程定位测量放线都必须进行复测，以确保工程测量准确无误。(2) 施测部位：填写工程进行定位测量放线或工程定位放线复测的定位、位置。(3) 使用仪器：测量时使用的经纬仪、水准仪等仪器，填写时应注明规格、型号。(4) 大气温度：填写测量时的大气温度。(5) 测量依据：根据规划部门指定的坐标；根据施工现场水准控制点推算出的该建筑物±0.00标高。(6) 定位测量示意图：要标注明确，如指北针、轴线、坐标等，高程依据要求标准引出位置，标明基础主轴线之间的尺寸以及建（构）筑物与建筑红线或控制桩的相对位置。(7) 实测坐标、高程：按实际位置与实际测定标高填写。(8) 复验意见：当复测与初测偏差较小时可以不必改正；当复测与初测偏差较大需要纠正时，注明偏差方向、数据后，应填写"按复测数据施工"。(9) 参加定位测量及复测的监理、建设、施工单位人员必须签字齐全，不应代签。

2) 基槽及各层测量放线记录

基槽及各层测量放线记录是指建筑工程根据施工图设计给定的位置、轴线、标高进行的测量和复测，以保证建筑物的位置、轴线、标高正确。

(1) 基槽及各层测量放线记录见表 4-76。

表 4-76 基槽及各层测量放线记录

施测单位：　　　　　　日期：　年　月　日　　　　　编号：

工程名称	
工程部位	
轴线定位依据	
标高确定依据	
测量仪器名称及型号	

续表 4-76

测量放线示意图				
	测量员：		施测日期： 年 月 日	
复验意见				年 月 日
参加人员	监理（建设）单位（签章）	施工单位（盖章）		
		专业技术负责人	质检员	专业工长
	年 月 日			

（2）主要内容：①基槽验线主要包括轴线、外轮廓线、断面尺寸、基地高程、坡度等的检测与检查；②楼层放线主要包括各层墙柱轴线、边线、门窗洞口位置线、楼层 0.5 m（或 1 m）水平控制线、轴线竖向投测控制线等；③不同类别工程应分别提供基槽及各层测量放线与复测记录。

【说明】（1）工程部位：填写基槽或楼层（分层、分轴线或施工流水段）测量的具体部位。（2）轴线、标高定位方法：总平面图、建筑方格网等定位依据以及竖向投测依据。（3）测量放线示意图的内容包括：基底外轮廓线及断面；垫层标高；集水坑、电梯井等垫层标高、位置；楼层外轮廓线，楼层重要控制线、尺寸、相对高程等；示意图指北针方向、分层楼层段的具体图名。（4）复测意见：由监理（建设）单位复验后填写。

4.5.3 原材料出厂的质量合格证及进场试验报告

1）合格证、试验报告汇总表

合格证、试验报告汇总表核查用于工程各种材料的品种、规格、数量，通过汇总达到检查的目的。

（1）合格证、试验报告汇总表见表 4-77。

表 4-77 合格证、试验报告汇总表

工程名称：

序号	名称、规格、编号	生产厂家	进　场		合格证编号	复试报告日期	试验结论	主要使用部位及有关说明
			数量	时间				

填报单位： 审核： 制表：

（2）资料要求：①合格证、试验报告汇总表按施工过程中依次形成的以上表式经核查后全部汇总，不得缺漏；②砂、石、砖、水泥、钢材、防水材料等均应进行整理汇总，应满足设计要求的品种和规格,否则为合格证、试验报告不全。

试样结论是指进场材料抽样复试的复试报告的结论,应填写是否符合某标准要求。

【说明】(1)专业使用部位就有关要求说明要填写进场材料主要使用在何处及需要说明的事项。(2)施工单位项目经理部的项目技术负责人为审核人,签字有效;施工单位项目经理部的专职质检员为制表人,签字有效。

2) 合格证粘贴表

合格证粘贴表是为整理不同厂家提供的规格不一的出厂合格证而设定的表式。

合格证粘贴表见表 4-78。

表 4-78 合格证粘贴表

审核:　　　　　　　　　　　整理:　　　　　　　　　年　月　日

【说明】(1)各种材料的合格证应按施工过程中依次形成的以上表式,经核查符合要求后全部粘贴在表内,不得缺漏;(2)审核人、整理人应分别签字。

3) 材料检验报告

材料检验报告是为保证建筑工程质量,对用于工程的材料进行有关指标测试,由试验单位出具的试验证明文件。

(1) 材料检验报告见表 4-79。

表 4-79 材料检验报告

委托单位:			试验编号:	
工程名称			委托日期	
使用部位			报告日期	
试样名称及规格型号			检验类别	
生产厂家			批号	
序号	检验项目	标准要求	实测类别	单项结论

依据标准:

续表 4-79

检验结论：

备注：

试验单位：　　　　技术负责人：　　　　审核：　　　　试(检)验：

(2) 资料要求：①材料检验必须按相关标准进行,应将质量标准与试验结果一并填写；②材料检验的试验报告单位必须具有相应的资质,不具备相应资质的试验室出具的报告无效；③有见证取样试验要求的必须进行见证取样试验。

【说明】(1)材料试验报告负责人签章必须齐全。(2)检验结论应全面、准确地填写是否符合标准规定。(3)试验单位是指承接该试验的具有相应资质的试验单位,签字盖章有效；技术负责人是承接该试验的具有相应资质的试验单位的技术负责人,签字有效；审核应由承接该试验的具有相应资质试验单位的技术负责人签字；试(检)验应由试验单位的参与试验人员签字。

4) 钢材、钢筋出厂合格证、试验报告

(1) 钢材试验报告见表 4-80,钢筋力学性能试验报告见表 4-81。

表 4-80 钢材试验报告

委托单位：　　　　　　　　　　　报告编号：
建设单位：　　　　　　　　　　　收样日期：
工程名称：　　　　　　　　　　　检验日期：

试样名称				委托编号					
使用部位				试验委托人					
试样规格型号				试样编号					
产地				代表数量					
试件规格	力学性能			冷弯 $d=a$	硬度 (HV)	冲击韧性 (MPa)	化学成分(%)			
	屈服点 (MPa)	抗拉强度 (MPa)	拉长率 (%)				碳 C	硫 S	锰 Mn	磷 P	硅 Si
依据标准和结论										
备注										

检验人：　　　审核：　　　技术负责人：　　　检验单位：　　　见证取样人及编号：

表 4-81　钢筋力学性能试验报告

委托单位：　　　　　　　　　　　　报告编号：
建设单位：　　　　　　　　　　　　收样日期：
工程名称：　　　　　　　　　　　　检验日期：　　　　　　编号：

试样名称		委托编号			
使用部位		试验委托人			
试样规格型号		试样编号			
产地		代表数量		炉批号	

规格(mm)	屈服点(MPa)		抗拉强度(MPa)		伸长率(%)		弯曲条件	弯曲结果
	标准要求	实测值	标准要求	实测值	标准要求	实测值		

备注：

检验结论：1.（依据标准）
　　　　　2.

检验人：　　　审核：　　　技术负责人：　　　检验单位（公章）：　　　见证取样人及编号：

（2）资料要求：①结构中所用受力钢筋及钢材应有出厂合格证和复试报告。钢材、钢筋进场时应有包括炉号、型号、规格、机械性能、化学成分、数量（指每批的代表数量）/生产厂家名称、出厂日期等内容的出厂合格证，合格证必须包括机械性能、化学成分。②出厂合格证采用抄件或复印件时应加盖抄件（标注原件合格证所放单位及钢材批量）或复印件单位盖章，经手人签字。钢材合格证经检查不符合有关规定的，为不符合要求。③凡使用进口钢筋，应做机械性能试验和化学成分检验。④钢材、钢筋试验报告中复试的品种、规格必须齐全，钢材试验报告单的品种、规格应和图纸上的品种、规格相一致，并应满足批量要求，应将试验报告结果与标准资料相对比，检查其是否符合要求。复测必须实行见证取样，实验室应在见证取样人名单上加盖公章，经手人签字。⑤钢筋集中加工的应将钢筋复验单及钢筋加工出厂证明抄送施工单位（钢筋出厂证明及复验原件由钢筋加工厂保存）；直接发到现场或构件厂的钢筋，复试由使用单位负责。⑥试验报告的检查：检查试验编号是否填写，检查钢材试验单的试验材料是否准确无误，各项签字和报告日期是否齐全。

5）水泥出厂合格证、试验报告

水泥试验报告是为保证工程质量，对用于工程中的水泥的强度、安定性和凝结时间等指标进行测试后由试验单位出具的质量证明文件。

（1）水泥试验报告见表 4-82。水泥出厂合格证应分类按序贴于合格证粘贴表上。

表 4-82 水泥试验报告

委托单位：				试验编号：	
工程名称				使用说明	
水泥品种		强度等级		委托日期	
批号				检验类别	
生产厂		代表批量		报告日期	
检验项目	标准要求	实测结果	检验项目	标准要求	实测结果
细度			初凝		
标准稠度用水量			终凝		
胶砂流动度			安定性		

强度检验	抗折强度（MPa）		抗压强度（MPa）		快测强度（MPa）
	3d	28d	3d	28d	
标准要求					
测定值					
实测结果					

依据标准：

_____

检验结论：

_____

备注：

_____

试验单位：　　　　　技术负责人：　　　　　审核：　　　　　试（检）验：

【说明】（1）所有牌号、品种的水泥均应有合格证和试验报告，水泥使用以复试报告为准，试验内容必须齐全且均应在使用前取得，试验报告单的试验编号必须填写，以防止弄虚作假。(2)水泥出厂合格证内容应包括水泥牌号、厂标、水泥品种、强度等级、出厂日期、批号、合格证编号、抗压强度、抗折强度、安定性、凝结时间。(3)合格证中应有3d、7d、28d抗压、抗折强度和安定性试验结果。水泥复试可以提出3d强度以适应施工需要，但必须在28d后补充28d水泥强度报告，应注意出厂编号、出厂日期一致。(4)从出厂日期起3个月内为有效期，超过3个月(快硬硅酸盐水泥超过1个月)应另做试验。(5)水泥的合格证试验单应满足工程使用水泥的数量、品种、强度等级等要求,且是必试项目,不得缺漏。(6)水泥试验报告单必须和配合比通知单、试块强度试验报告单上的水泥品种、强度等级、厂牌相一致;水泥复试单和混凝土、砂浆试验报告上的时间进行对比可鉴别水泥是否有先用后试验现象。(7)单位工程的水泥复试批量与实际使用数量的批量构成应基本一致。(8)必须实行见证取样,试验室应在见证取样人名单上加盖公章,经手人签字。(9)水泥出厂合格证或试验报告不齐,为不符合要求;水泥先用后试验或不试验,为不符合要求;水泥进场3个月未复试,为不符合要求。(10)水泥进场时应对其品种、级别、包装或散装仓号、出厂日期等进行检查,并应对其强度、安定性及其他必要的性能指标进行复验,其质量必须符合现行国家标准《通用硅酸盐水泥》(GB 175—2007)等的规定。按同一生产厂商、同一等级、同一品种、同一批号且连续进场的水泥,袋装不超过200 t为一批,散装不超过500 t为一批,每批抽样不少于一次。

6) 砖(砌块)出厂合格证、试验报告

砖(砌块)试验报告是对工程中砖(砌块)的强度等指标进行复试后由试验单位出具的质量证明文件。

(1)砖(砌块)试验报告见表4-83,砖(砌块)出厂合格证按工程进度依次贴于合格证粘贴表上。

表 4-83 砖(砌块)试验报告

委托单位:　　　　　　　　　　　　　　　　　　　　　　　试验编号:

工程名称					委托日期	
使用部位					报告日期	
强度等级		代表批量			检验类别	
生产厂家						
抗压检验结果	强度平均值(MPa)		强度标准差(MPa)		强度标准差(MPa)	变异系数
	标准要求	实测结果	标准要求	实测结果		
外观质量						
尺寸偏差						
检验项目	泛霜	石灰爆裂		冻融	吸水性	饱和系数
实测结果						

依据标准:

检验结论:

备注:

试验单位:　　　　　技术负责人:　　　　　审核:　　　　　试(检)验:

【说明】 (1)应核对砖出厂合格证。合格证的内容应包括厂家、品种、规格、批量、出厂日期、出厂批号、强度等级及相关性能指标,并盖有厂检验部门的印章。合格证不包括上述内容时复试时加试。(2)应核对砖试验报告单,砖试验报告单应包括试验编号、委托单位、工程名称、使用部位、品种、规格、强度等级、厂家、出厂日期、批号、代表数量、送检日期、试验日期以及试验结果等内容。(3)用于工程中的各种品种、强度等级的砖(指普通实心块),进场后不论有无出厂合格证,均必须(在工地取样)按规定批量(一批砖约为3.5万~15万块)进行复试。必试项目为抗压强度,设计有要求时进行抗折强度试验。实行见证取样,试验室应在见证取样人名单上加盖公章,经手人签字,随同试验报告单一并返送委托单位。试验报告单后面必须有返送的见证取样人名单,无返送人员名单的试验报告单视为无效。(4)砖试验不全或不进行试验的为不符合要求。(5)砖进场的外观检查,应检查砖的规格、尺寸、长、宽、厚、缺棱掉角程度、数量;砖的花纹,棱边弯曲和大面翘曲程度,有无石灰爆裂现象,砖的煅烧程度。

7)粗、细骨料及轻骨料试验报告

粗、细骨料及轻骨料试验报告是对工程中的骨料筛分以及含泥量、泥块含量、针片状含量、压碎指标等进行复试后由试验单位出具的质量证明文件。

(1)建筑用砂检验报告见表4-84,建筑用碎石(卵石)检验报告见表4-85,轻骨料试验报告见表4-86。

表4-84　建筑用砂检验报告

委托单位：　　　　　　　　　　　　　　　　　　　　　试验编号：

工程名称							
砂种类				委托日期			
产地				报告日期			
				检验类别			
检验项目	标准要求	实测结果	检验项目	标准要求	实测结果		
表观密度(kg/m³)			石粉含量(%)				
堆积密度(kg/m³)			氯盐含量(%)				
紧密密度(kgm³)			含水率(%)				
含泥量(%)			吸水率(%)				
泥块含量(%)			云母含量(%)				
硫化物及硫酸盐(%)			孔隙率(%)				
轻物质含量(%)			坚固性				
			碱活性				
筛孔尺寸(mm)	9.50	4.75	2.36	1.18	0.60	0.30	0.15	筛分结果	细度模数	
标准下限(%)										
标准上限(%)									级配区属	
实测结果(%)										

续表 4-84

依据标准：

检验结论：

备注：

| 试验单位： | 技术负责人： | 审核： | 试(检)验： |

表 4-85 建筑用碎石(卵石)检验报告

委托单位：　　　　　　　　　　　　　　　　试验编号：

工程名称				委托日期		
石子种类				报告日期		
产地				检验类别		
检验项目	标准要求	实测结果		检验项目	标准要求	实测结果
表观密度(kg/m^3)				有机物含量		
堆积密度(kg/m^3)				坚固性		
紧密密度(kgm^3)				岩石强度(MPa)		
含泥量(%)				压碎指标(%)		
泥块含量(%)				SO_3含量(%)		
吸水率(%)				碱活性		
针片状含量(%)				空隙率(%)		
筛孔尺寸(mm)						
标准下限(%)						
标准上限(%)						
实测结果(%)						

依据标准：

检验结论：

备注：

| 试验单位： | 技术负责人： | 审核： | 试(检)验： |

表 4-86 轻骨料试验报告

委托单位：				试验编号：	
工程名称				委托日期	
轻骨料种类		密度等级		报告日期	
产地		代表批量		检验类别	
检验项目			实测结果		
试验结果	一、筛分析	1. 细度模数（细骨料）			
		2. 最大粒径（粗骨料）			
		3. 级配情况			
	二、表观密度（kg/m³）				
	三、堆积密度（kg/m³）				
	四、筒压强度（MPa）				
	五、吸水率（1 h）				
	六、其他				
结论：					

试验单位：	技术负责人：	审核：	计算：	试（检）验：

（2）资料要求：① 粗、细骨料试验报告必须是经监理单位审核同意的试验室出具的试验报告单。工程中使用的砂、石按产地不同和批量要求进行试验，必须试验项目为颗粒级配、含水率、比重、容重、含泥量。对重要工程混凝土使用的砂、碎石或卵石应进行碱活性检验。② 按工程需要的品种、规格，先试验后使用。试验报告单应项目齐全，试验编号必须填写，并应符合有关规范要求。

【说明】（1）C30 及 C30 以上的混凝土、防水混凝土、特殊部位混凝土，设计提出要求应加试有害杂质含量等。混凝土强度等级为 C40 及其以上混凝土或设计有要求时应对所有的石子硬度进行试验。（2）当设计为预防混凝土出现碱-骨料反应对砂子含碱量提出要求时，应进行专门试验。粗、细骨料试验报告应按产地、粒径、试验时间依次排列归档。

8）焊条、焊剂合格证

（1）焊条、焊剂合格证均应分类按序粘贴于合格证粘贴表上。

（2）工程上使用的焊条、焊丝和焊剂，必须有出厂合格证。

9）防水材料合格证、试验报告

防水材料试验报告是对工程中防水材料的耐热度、不透水性、拉力等指标进行复试后由试验单位出具的资料证明文件。

（1）防水卷材试验报告见表 4-87，防水涂料试验报告见表 4-88。

防水卷材合格证按厂家提供的规格，根据工程进度贴于合格证粘贴表上。

表 4-87　防水卷材试验报告

委托单位：					试验编号：	
工程名称				委托日期		
生产厂家				报告日期		
使用部位				检验类别		
代表位置			规格型号		批号	
试验结果	一、拉力试验	拉力(N)		纵		横	
		拉伸强度(MPa)		纵		横	
	二、断裂伸长率(延伸率)(%)		纵		横	
	三、剥离强度(屋面)(MPa)					
	四、粘和性(地下)(MPa)					
	五、耐热度	温度(℃)		评定		
	六、不透水性(抗渗透性)					
	七、柔韧性(低温柔性、低温弯折性)	温度(℃)		评定		
	八、其他					

依据标准：

结论：

备注：

试验单位：	技术负责人：	审核：	试(检)验：

表 4-88　防水涂料试验报告

工程名称		委托日期	
试件名称及使用规格		报告日期	
生产厂家		检验类别	
代表数量		批号	
试验结果	一、延伸性(mm)			
	二、拉伸强度(MPa)			
	三、断裂拉伸率(%)			
	四、粘结性(MPa)			
	五、耐热度	温度(℃)		评定	

续表 4-88

试验结果	六、不透水性				
	七、柔韧性(低温)		温度(℃)	评定	
	八、固体含量				
	九、其他				

依据标准：

检验结论：

备注：

试验单位：　　　　技术负责人：　　　　审核：　　　　试(检)验：

（2）资料要求：①防水材料必须有出厂合格证和在工地取样的试验报告。②按规定在现场进行抽样复检，对试件进行编号后按见证取样规定送试验室复试。试样来源及名称应填写清楚。试验单子项填写齐全，复试单试验编号必须填写，以防弄虚作假。防水材料试验单中的各试验项目、数据应和检验标准对照，必须符合专项规定或标准要求，不合格的防水材料不得用于工程，并且必须提供技术负责人专项处理，签署退场处理意见。试验结论要明确，责任人签字要齐全，不得漏签或代签。

【说明】（1）货物进场要抽样检查。按合同中规定的品种、规格及质量要求，先逐项进行外观检查，然后对照厂方(供方)提供的出厂合格证的质量指标，逐项核对。（2）防水材料合格证、试验报告对应排列，按厂家、品种依次排列归档。

10）门窗、预制混凝土构件合格证

（1）门窗、预制混凝土构件合格证由厂家提供表式，根据工程进度分类粘贴于合格证粘贴表上。

（2）资料要求：①门窗、预制混凝土构件必须有出厂合格证。任何预制混凝土构件，只有在取得生产厂家提供的合格证，并经现场抽检合格证后方可使用。合格证原件及检查记录，要求填写齐全，不得缺漏或填错。②构件合格证应包括生产厂家、工程名称、合格证编号、合同编号、设计图纸的种类、构件类别和名称、型号、代表数量、生产日期、结构试验评定、承载力、拱度，并有生产单位技术负责人、质检员姓名或签字，加盖生产单位公章。

其他部分内容在此不予介绍。

4.5.4 施工试验报告和记录

1）施工试验报告

施工试验报告是为保证建筑工程质量，对用于工程的无待定表式的材料，进行有关指标的测试,由试验单位出具的试验证明文件。

(1) 施工试验报告(通用)见表 4-89。

表 4-89 施工试验报告(通用)

委托单位:		报告日期:		
建设单位:		收样日期:		
工程名称:		检验日期:		编号:
施工部位		试样名称		
生产厂家		试样规格、材质		
试验内容及要求:				
试验情况:				
依据标准:				
结论:				
检验人: 审核人: 负责人:		检验单位(公章):		见证取样人及编号:

(2) 资料要求:①无特定表式的材料必须有出厂合格证和在工地取样的试验报告,试验单子项填写齐全,不得漏填或填错,复试单试验编号必须填写。②试验结论要明确,责任人签字要齐全,不得漏签或代签,并加盖试验单位公章。③委托单上的工程名称、部位、品种、强度等级等与试验报告单应对应一致。④必须填写表格日期,以检查是否为先试验后施工,先用后试验为不符合要求。⑤试验的代表批量和使用数量的代表批量应一致。

【说明】 (1)必须实行见证取样时,试验室应在见证取样人名单上加盖公章,经手人签字;(2)使用材料与规范及设计要求不符合为不符合要求;(3)试验结论与使用品种、强度等级不符为不符合要求。

2) 土壤试验报告

土壤试验报告是为保证工程质量,由试验单位对工程中进行的回填夯实类土的干质量密度指标进行测试后出具的质量证明文件。

(1) 土壤试验报告见表 4-90,土壤击实试验报告见表 4-91。

表 4-90 土壤试验报告

委托单位:			试验编号:	
工程名称			委托日期	
取样部位		试验种类	报告日期	
试样数量		最小干密度(g/cm³)	检验类别	

续表 4-90

取样编号	取样步骤	湿密度(g/cm³)	含水率(%)	干密度(g/cm³)	单个结论

取样位置示意图：

依据标准：

检验结论：

试验单位：　　　　技术负责人：　　　　审核：　　　　检验：

表 4-91　土壤击实试验报告

委托单位：　　　　　　　　　　　　　　　　　　　　　试验编号：

工程名称			取样部位	
土样类别		最大粒径(mm)	压实系数	
检验类别		委托日期	报告日期	

依据标准：

检验结论：
　　最佳含水率　　％，最大干密度　　g/cm³，控制最小干密度　　g/cm³

备注：

试验单位：　　　　技术负责人：　　　　审核：　　　　试验：

（2）资料要求：①素土回填、灰土及砂石垫层、砂石地基的干密度试验取样位置示意图，取点分布应符合评定标准的规定。②土壤试验记录要填写齐全；土体试验报告单的子目应齐全，计算数据准确，签证手续完备，鉴定结论明确。③单位工程的素土、砂、砂石等回填必须按每层取样，检验的数量、部位、范围和测试结果符合设计要求及规范规定。如干质量密度低于质量标准时，必须有补夯措施和重新进行测定的报告。④大型和重要的填方工程，其填料的最大干密度、最佳含水量等技术参数必须通过击实试验确定。⑤检验时，如出现下列情况之一者，该项目应为不符合要求：大型土方或重要的填方工程以及素土、灰土、砂石等地基处理，无干土质量密度试验报告单或报告单中的实测数据不符合质量标准；土壤试验有"缺、漏、无"现象及不符合有关规定的内容和要求。

3) 钢筋连接试验报告

钢筋连接试验报告是为保证建筑工程质量,对用于工程的不同形式的钢材连接进行有关指标的测试,由试验单位出具的试验证明文件。

(1) 钢筋连接试验报告见表 4-92。

表 4-92 钢筋连接试验报告

试样名称				委托编号	
使用部位				试验委托人	
钢材类别		原材料编号		试样编号	
接头类型		代表数量		操作人	
公称直径	屈服点	抗拉强度	断口特征及位置	冷弯条件	冷弯结果

检验结论:(依据标准)

年　月　日

备注:(焊工姓名、焊接方法、岗位证书编号)

检验人:　　　审核:　　　技术负责人:　　　检验单位(公章):　　　见证取样人及编号:

(2) 资料要求:①钢筋或钢材闪光对焊、电弧焊、电渣压力焊等均应按有关规定执行;试验子项齐全,试验数据必须符合要求。②钢筋焊接接头按规定每批各取 3 件分别进行抗剪(点焊)、拉伸机弯曲试验,试验报告单的子项应填写齐全。对不合格焊接件应重新复试,对焊件进行补焊。③钢结构构件按设计要求应分别进行一、二、三级焊接质量检验。一、二级焊接,即承受拉力或压力要求与母材有同等强度的焊缝,必须有超声波检验报告,一级焊缝还应有 X 射线伤检报告。④受力预埋件钢筋 T 形接头必须做拉伸试验,且必须符合设计或规范规定。⑤焊条、焊丝和焊剂的品种、牌号及规格和使用应符合设计要求和规范规定,应有出厂合格证(如包装商标上有技术指标,也可将商标揭下存档,无技术指标时应进行复试)并应注明使用部位及设计要求的型号。质量指标包括机械性能和化学分析。低氢型碱性焊条以及在运输中受潮的酸性焊条,应烘培后再用,并填写烘培记录。⑥不同预应力钢筋的焊接均必须符合设计或规范要求(先焊后拉)。

【说明】 (1)试验编号必须填写,以此作为查询实验室及试验台账,核实焊接试验数据的重要依据;(2)必须实行见证取样,试验室应在见证取样人名单上加盖公章,经手人签字;(3)机械连接或其他连接方式必须按设计要求进行试验,由试验室出具试验报告;(4)无焊工合格证的人员进行施焊为不符合要求。

4) 砂浆配合比

(1) 砂浆配合比通知单见表4-93。

表4-93 砂浆配合比通知单

工程名称				委托日期	
使用部位				报告日期	
砂浆种类		设计单位		要求稠度	
水泥品种、强度等级		生产厂家		试验编号	
砂规格				试验编号	
掺和料种类				试验编号	
外加剂种类				试验编号	
配合比					
处理名称	水泥	砂子	掺和料	水	外加剂
用量(kg/cm³)					
质量配合比					
实测程度		分层宽		养护条件	

依据标准:

备注:

试验单位: 　　　技术负责人: 　　　审核: 　　　试验:

(2) 资料要求:①凡是以前强度等级的各种砂浆均应出具配合比,并按配合比拌制砂浆,严禁使用经验配合比。②配合比采用的原材料必须与施工采用的材料一致。当原材料中水泥、砂子、外加剂出现较大变更时,如水泥的厂家或等级变更、砂子粒径变更等,应另行出具配合比。③试验内容齐全。④配合比签字盖章齐全。⑤配合比按种类、强度等级、报告日期依次排序归档。

5) 砂浆试件抗压强度检验报告

砂浆试件抗压强度检验报告是施工单位根据设计单位要求的砂浆强度等级,在施工现场按标准留置试件,由试验单位进行强度测试后出具的报告单。

(1) 砂浆试件抗压强度检验报告见表 4-94。

表 4-94 砂浆试件抗压强度检验报告

委托单位：　　　　　　　　　　报告编号：
建设单位：　　　　　　　　　　收样日期：
工程名称：　　　　　　　　　　检验日期：　　　　　　　　编号：

组号	设计等级	工程结构部位	制作日期		试验日期		龄期(d)	试件尺寸(mm)	受压面积(mm²)	养护条件	立方体破坏压力(MPa)	砂浆立方体抗压强度(MPa)	抗压强度(MPa)	达到设计强度(%)
			月	日	月	日								

检验依据和结论	
备注	

检验人：　　　审核：　　　技术负责人：　　　检验单位（公章）：　　　见证取样人及编号：

(2) 资料要求：①砂浆强度以标准养护龄期 28 天的试件抗压试验为准，在冬季施工条件下养护时应增加同条件养护的试件，并有测温记录。②非标养试块应有测温记录，超龄期试件按有关规定换算为 28 天强度进行评定。③砌筑砂浆的验收批，同一类型、同一强度等级的砂浆试件应不少于 3 组。当同一验收批只有一组批件时，该组试件抗压强度的平均值必须大于或等于设计强度等级对应的立方体抗压强度。④每一检验批且不超过 250 m³ 砌块的各种类型及强度等级的砌筑砂浆，每台搅拌机应至少抽检一次；在砂浆搅拌机出料口随机取样制作砂浆试件（同盘砂浆应只有制作一组试件），最后检查试件强度试验报告单。⑤当施工中或验收时出现下列情况，可采用现场检验方法对砂浆和砌体强度进行原位检测或取样检验，并判定其强度：砂浆试件缺乏代表性或试块数量不足；对砂浆试件的试验结果有怀疑或有争议；砂浆试件的试验结果不能满足设计要求。

【说明】(1)有特殊性能要求的砂浆，应符合相应标准并满足施工规范要求。(2)砌筑砂浆采用重量配合比，如砂浆组成材料有变更，应重新选定砂浆配合比。砂浆所有材料应符合质量检验标准，不同品种的水泥不得混合使用。砂浆的种类、强度等级、稠度、分层度均应符合设计要求和施工规范规定。

6）混凝土试块试验报告汇总表

混凝土试块试验报告汇总表可核查用于工程的各种品种、强度等级、数量的混凝土试块，通过汇总可达到便于检查的目的。

（1）混凝土试块试验报告汇总表见表4-95。

表4-95 混凝土试块试验报告汇总表

工程名称：　　　　　　　　　　　　　　　　　　　　　　　　　　　　　年　月　日

序号	试验编号	施工部位	留置组数	设计要求强度等级	试块成型日期	龄期	混凝土试块强度等级	备注

填表单位：　　　　　　　　　审核：　　　　　　　　　制表：

（2）资料要求：①混凝土试块试验报告汇总表应按施工过程中依次形成的混凝土试块试验报告表式，经核查后确保汇总填写；②混凝土试块试验报告汇总表的整理按工程进度为序进行；③用于检查的试件，应在混凝土的浇筑地点随机抽取。

7）混凝土强度试配报告单

混凝土强度试配报告单是施工单位根据设计要求的混凝土强度等级提请试验单位进行混凝土试配，根据试配结果出具的混凝土强度试配报告单。

（1）混凝土强度试配报告单见表4-96。

表4-96 混凝土强度试配报告单

委托单位：　　　　　　　　　　　　　　　　　　　　　　　　　试验编号：

工程名称				委托日期	
使用部位				报告日期	
混凝土种类		设计等级		要求坍落度	
水泥品种、强度等级		生产厂家		试验编号	
砂规格				试验编号	
外加剂种类及掺量				试验编号	
掺和料种类及掺量				试验编号	

续表 4-96

配合比						
材料名称	水泥	砂子	石子	水	外加剂	掺和剂
用量(kg/m³)						
质量配合比						
搅拌方法						
砂率(%)						

依据标准：

备注：

试验单位： 技术负责人： 审核： 试（检）验：

(2) 资料要求：①不论混凝土工程量大小、强度等级高低，均应进行试配，并按配比单拌制混凝土，严禁使用经验配合比；不做试配为不正确。②申请试配应提供混凝土的技术要求，原材料的有关性能，混凝土的搅拌、施工方法和养护方法，设计有特殊要求的混凝土应特别予以详细说明。③混凝土试配应在原材料试配试验合格后进行。④试验、审核、技术负责人签字齐全，并加盖试验单位公章。⑤凡现浇框架结构、剪力墙结构、现场预制大型构件、重要混凝土基础以及构筑物、大体积混凝土及其他不同品种、不同强度等级、不同级配的混凝土均应事先送样申请试配，以保证满足设计要求。由试验室根据试配结果签发通知单，施工中如材料与送样有变化应另行送样，申请修改配合比。承接试配的试验室应由省级以上行业主管部门批准。

【说明】(1) 通常情况下，当建筑材料的供应渠道与材质相对稳定时，施工企业可根据本单位常用的材料，由试验室试配出各种混凝土、砂浆配合比备用，作为一般过程的施工实际配合比。在使用过程中，根据材料情况及混凝土质量检验结果适当予以调整。(2) 混凝土、砂浆配合比严禁采用经验配合比。

8) 混凝土试块试验报告

混凝土试块试验报告是为保证工程质量，由试验单位对工程中留置的混凝土试块的强度指标进行测试后出具的质量证明文件。

(1) 混凝土试块试验报告见表 4-97。

表 4-97 混凝土试块试验报告

委托单位：			试验编号：	
工程名称			委托日期	
结构部位			报告日期	
强度等级		试块变长(mm)	检验类别	
配合比编号			养护方法	

续表 4-97

试样编号	成型日期	破型日期	龄期(d)	强度值(MPa)	强度代表值(MPa)	达设计强度(%)

依据标准：

备注：

试验单位：　　　　　技术负责人：　　　　　审核：　　　　　试(检)验：

(2) 资料要求：①凡现浇框架结构、剪力墙结构、现浇预制大型构件、重要混凝土基础以及构筑物、大体积混凝土及其他不同品种、不同强度等级、不同级配的混凝土均应在浇筑地点随机抽取留置试件；②混凝土试件由施工单位提供；③混凝土签发以标准养护龄期28天的试件抗压试验结果为准，在冬期施工条件下养护时应增加同条件的试件，并有测温记录；④非标准养护试件应有测温记录，超龄期试件按有关规定换算为28天强度进行评定；⑤混凝土强度以单位工程按《混凝土结构工程施工质量验收规范》(GB 50204—2002)进行验收。

【说明】(1) 必须实行见证取样，试验室应在见证取样人名单加盖公章，经手人签字。(2) 有特殊性能要求的混凝土，应符合相应标准并满足施工规范的要求。(3) 混凝土试件试验也称混凝土物理力学性能试验，内容有抗压强度试验、抗拉强度试验、抗折强度试验、抗冻强度试验、抗渗强度试验、干缩试验等。对混凝土质量检验，一般只进行抗压强度试验，对设计有抗冻、抗渗等要求的混凝土应分别按设计有关要求进行相关试验。

9) 混凝土抗渗性能报告

混凝土抗渗性能试验报告是为保证防水工程质量，由试验单位对工程中留置的抗渗混凝土试块的强度指标进行测试后出具的质量证明文件。

混凝土抗渗性能报告见表 4-98。

表 4-98 混凝土抗渗性能报告

委托单位：　　　　　　　　　　　　　　　　　　试验编号：

工程名称		使用部门	
混凝土强度等级		设计抗渗等级	
混凝土配合编号		成型日期		委托日期	
养护方法		龄期		报告日期	

续表 4-98

试件上表面渗水部位及剖开渗水高度(mm)：　　　　　　实际达到压力(MPa)：

依据标准：

检验结论：

备注：

试验单位：　　　　技术负责人：　　　　审核：　　　　试(检)验：

资料要求：①不同品种、不同强度等级、不同级配的抗渗混凝土均应在混凝土浇筑点随机留置试块，且至少有 1 组在标准养护条件下养护，试件的留置数量应符合相应标准的规定；②抗渗混凝土强度以标准养护龄期 28 天的试块抗压试验结果为准，在冬期施工条件下养护时增加条件养护的试块，并有测温记录；③抗渗混凝土试验报告单子项应填写齐全；④抗渗混凝土强度等级按《混凝土结构工程施工质量验收规范》(GB 50204—2002)和《混凝土强度检验评定标准》(GB/T 50107—2010)进行验收，抗渗性能应符合《地下防水工程质量验收规范》(GB/T 50208—2011)；⑤抗渗试验必须见证取样，试验室应在见证取样人名单上加盖公章，经手人签字。

10）混凝土试件抗压强度统计评定表

混凝土试件抗压强度统计评定表是单位工程混凝土强度进行综合检查评定用表。它主要核查水泥等原材料是否与实际相符，混凝土强度等级、试压龄期、养护方法、试件留置的部位及组数等是否符合设计要求和有关标准、规范的规定。

混凝土试件抗压强度统计评定表见表 4-99。

表 4-99　混凝土试件抗压强度统计评定表

评定日期：　年　月　日　　　　　　　　　　　编号：

工程名称						施工单位			
强度等级						养护方法			
统计日期						结构部位			
试件组数 n	强度标准差 $f_{cu,k}$(MPa)	强度平均差 $m_{f_{cu}}$(MPa)	强度最小值 $f_{cu,\min}$(MPa)	标准差 $s_{f_{cu}}$(MPa)	合格判定系数	试件组数 n		
							10～14	15～24	≥25
						λ_1	1.7	1.65	1.60
						λ_2	0.9	0.85	0.85

续表 4-99

每组强度值（MPa）						
评定方法	统计方法			非统计方法		
	$0.90 f_{cu,k}$	$m_{f_{cu}} \lambda \cdot f_{cu,k}$	$\lambda_2 \cdot f_{cu,k}$	$1.15 f_{cu,k}$	$0.95 f_{cu,k}$	
评定公式	$mf_{cu}\lambda_1 \cdot f_{cu,k} \geqslant 0.90 f_{cu,k}$		$f_{cu,min} \geqslant \lambda_2 \times f_{cu,k}$	$mf_{cu} \geqslant 1.15 f_{cu,k}$	$f_{cu,min} \geqslant 0.95 f_{cu,k}$	
结果						
结论						
会签栏	监理（建设）单位 年　月　日			施工单位		
				专业技术负责人	审核	统计

资料要求：①抗渗混凝土强度等级按《混凝土结构工程施工质量验收规范》（GB 50204—2002）及《混凝土强度检验评定标准》（GB/T 50107—2010）对混凝土进行评定；②评定数据准确，评定人员符合要求；③结构实体用同条件试块的汇总、评定纳入结构实体检测资料进行整理归档。

4.5.5　隐蔽工程验收记录

隐蔽工程验收记录是指被下道工序所隐蔽的，关系到结构性能和使用功能的重要部位或项目的隐蔽检查记录。凡本工序操作完毕，将被下道工序所掩盖、包裹而以后无从检查的工程项目，在隐蔽前必须进行隐蔽工程验收。

1）土建工程主要隐蔽验收内容

（1）土方工程：①基槽标高及几何尺寸、土质情况；②地基处理的填料配比、厚度、密实度；③回填土的填料配比、厚度、密实度。

（2）钢筋工程：①纵向受力钢筋的品种、规格、数量、位置等；②钢筋的连接方式、接头位置、接头数量、接头面积百分率等；③箍筋、横向钢筋的品种、规格、数量、间距等；④预埋件的规格、数量、位置等。

（3）地面工程：地面下的基土、各种防护层及经过防腐处理的结构或连接件。

(4) 屋面工程:保温隔热层、找平层、防水层。
(5) 防水工程:卷材防水层及胶结材料防水的基层,地下室外墙防水,厨、卫间防水层。
(6) 装饰工程,地面下的灰土,装饰隐蔽部位的防腐处理等。
(7) 完工后无法检查或规范中要求作隐蔽验收的项目。

2) 隐蔽工程验收记录

隐蔽工程验收记录见表 4-100,钢筋隐蔽工程验收记录见表 4-101,地下防水隐蔽工程验收记录见表 4-102。

表 4-100 隐蔽工程验收记录

施工单位: 　　　　　　　　　　　　　　　　　　　编号:

工程编号			分项工程编号	
施工图名称及编号			项目经理	
施工标准名称及代号			专业技术负责人	
隐蔽工程部位	质量要求	施工单位自查情况	监理(建设)单位验收情况	
施工单位自查结论	施工单位项目技术负责人: 　　　　　　　　　　　　　　年 月 日			
监理(建设)单位验收结论	监理工程师(建设单位项目负责人): 　　　　　　　　　年 月 日			
备 注				

表 4-101 钢筋隐蔽工程验收记录

年 月 日 　　　　　　　　　　　　　　　　　　　　　　编号:

工程名称		隐检项目	
隐蔽验收部位		隐检时间	
隐检依据			

隐检内容:
1. 纵向受力钢筋的品种、规格、数量、位置。
2. 箍筋、横向钢筋的品种、规格、数量、间距,预埋件的规格、数量、位置。
3. 设计变更和钢筋保护层厚度等。
4. 预应力筋锚具和连接件的品种、规格、数量、位置及护套等。
5. 预留孔道的规格、数量、位置、形状及灌浆孔、排水管等。
6. 锚固区局部加强构造等。

续表 4-101

施工单位自查情况与结论：	钢筋（原材、焊接）检验		
	规格	合格证编号	试验报告编号

监理（建设）单位验收意见与结论：

监理（建设）单位（盖章）	施工单位（签章）		
专业监理工程师： （建设单位项目专业技术负责人） 年 月 日	专业技术负责人	质检员	专业工长

表 4-102 地下防水隐蔽工程验收记录

年 月 日　　　　　　　　　　　　　　　　　　　　　　　　　　编号：

工程名称		隐检项目	
隐检部位		防水等级	
防水构造		隐检时间	

隐检内容：
1. 卷材、涂料防水层及基层。
2. 防水混凝土结构和防水层掩盖的部位。
3. 变形缝、施工缝等防水构造的做法。
4. 管道设备穿过防水层的封固部位。
5. 渗排水层、盲沟和坑槽。
6. 衬砌前围岩渗漏水处理。
7. 基坑的超挖和回填。

施工单位自查情况与结论：

监理（建设）单位验收意见与结论：

监理（建设）单位（盖章）	施工单位（签章）		
专业监理工程师： （建设单位项目专业技术负责人） 　　　　　　　　　　年 月 日	专业技术负责人	质检员	专业工长

3）资料要求

（1）隐蔽工程验收记录应按专业，分层、分段、分部位按施工程序进行填写。隐蔽工程验收记录按分项工程检验批填写，内容包括位置、标高、材质、品种、规格、数量、焊接接头、防腐、管盒固定、管口处理,需附图时应附图。

(2) 隐蔽工程验收时,施工单位必须附有分项工程质量验收及测试资料,包括原材料试(化)验单、质量验收记录、出厂合格证等,以备检查。

(3) 需要进行处理的,处理后必须进行复验,并且办理复验手续,填写复验日期,并作出复验结论。

(4) 工程具备隐检条件后,由专业工长填写隐蔽工程验收记录,由质检员提前一天报请监理单位,验收时由专业技术责任人组织专业工长、质检员共同参加验收后由监理单位专业监理工程师(建设单位项目专业技术负责人)签署验收意见及验收结论。

(5) 隐蔽工程记录签字、盖章要齐全,参加验收人员须本人签字,并加盖监理(建设)单位项目部公章和施工单位项目部公章。

4.5.6 施工记录

1) 施工记录(通用)

施工记录(通用)为未定专项施工记录表式而又需要在施工过程中进行必要记录的施工项目采用。

施工记录(通用)见表 4-103。

表 4-103 施工记录(通用)

工程名称		验收日期	
施工内容			
施工依据与材质			
问题与处理意见			
鉴定意见与建议			
参加验收单位及人员			

项目技术负责人:　　　　　　质检员:　　　　　　记录人:

资料要求:①凡相关专业施工质量验收规范中主控项目或一般项目的检查方法中要求进行检查施工记录的项目,均应按资料的要求对该项施工过程完成后的成品质量进行检查并填写施工记录,存在问题时应有处理建议;②施工记录应按表式内容逐一填写;③施工记录由项目经理部的专职质量检查员或工长实施记录,由项目技术负责人审定。

2）地基钎探记录

地基钎探记录是为了探明基底下对沉降影响最大的一定深度内的土层情况而进行的钎探记录。基槽完成后，一般均按设计要求或施工规范规定进行钎探。

地基钎探记录见表4-104。

表 4-104　地基钎探记录

工程名称：　　　　　　　　　　　施工单位：

探点编号	钎探方式		直径			钎探日期			探点布置及处理部位示意图
	锤击数								
	合计	0～30 cm	30～60 cm	60～90 cm	90～120 cm	120～150 cm	150～180 cm	180～210 cm	
									结论：

工程质量负责人：　　　　　　质检员：　　　　　　钎探员：

资料要求：①地基钎探记录专业包括钎探点平面布置图和锤击数记录。②钎探点平面布置图应与实际基槽一致，应标出方向，基槽各轴线、轴号要与设计基础图一致。确定钎探点布置及编号顺序，钎探点平面布置图编号顺序，钎探点平面布置图也可以在表外另附图。③由钎探负责人负责组织钎探记录，专业工长要对钎探点的布设和各步锤击数进行检查，专业技术负责人审核并签证。④地基钎探记录原则上应用原始记录表，受损严重的应重新抄写，但原始记录仍要原样保存，重新抄写的记录数据、文字应与原件一致，要注明原件处并有抄写人签字。

3）地基验槽记录

地基是建筑物的基石，认真细致地进行地基验槽，及时发现并慎重处理好地基施工中出现的有关问题，是保证地基符合设计要求的一项重要措施，同时也可以丰富和提高工程勘察报告的准确程度。地基验槽记录见表4-105。

表 4-105 地基验槽记录

工程名称：　　　　　　　　　　　　　　　　施工单位：

建筑面积		项目经理	
开挖时间		项目技术负责人	
完成时间		质检员	
验收时间		记录人	

项次	项目	查验情况	附图或说明
1	土壤类别		
2	基底是否为老土		
3	地基土的均匀、致密程度		
4	地下水情况		
5	有无坑、穴、洞、窑、墓		
6	其他		
初验结论			
复验结论			

建设单位	监理单位	设计单位	勘察单位	施工单位

资料要求：①地基上的均匀、致密程度，有无坑、穴、洞、窑、墓等内容应填写齐全，签字盖章应齐全；②地基需处理时，须有设计部门的处理方案，处理后应复验并注明复验意见；③对有地基处理或设计要求处理及注明的地段、处理的方案、要求、实施记录及实施后的验收结果，应作为专门问题进行处理，归档编号；④地基验槽除设计有规定外，均应提供地基钎探记录资料，没有地基钎探时应补探；⑤地基验槽除设计规定外，均应提供地基钎探记录资料，没有地基钎探时应补探；⑥地基验槽必须在当地质量监督部门监督的情况下进行，有建设、设计、施工、监理各方签证为符合要求，否则为不符合要求。

4）混凝土施工记录

不论混凝土浇筑工程量大小，均应对环境条件、混凝土配合比、浇筑部位、坍落度、试件留置情况等进行真实记录。混凝土施工记录见表 4-106。

表 4-106 混凝土施工记录

编号：

工程名称			施工单位		
混凝土强度等级		操作班组		气象	
				风力	
混凝土配比单编号		浇筑部位		气温（℃）	最高
					最低

续表 4-106

混凝土配合比	水泥 (kg)	砂 (kg)	石 (kg)	水 (kg)	外加剂名称及用量 (kg)		掺和料名称及用量 (kg)	
配合比								
每 m³ 用量								
每盘用量								
浇筑时间	年 月 日 时至 年 月 日 时							
搅拌、运输、振捣、养护方法								
当班完成混凝土数量（m³）								
浇筑过程记录								
备注								
专业技术负责人： 质检员： 施工班长： 试验员：								

资料要求：①混凝土施工记录应按表中要求填写浇筑部位、天气情况、配比单编号等；②配合比按试验室提供的配合比填写，每盘用量应按施工配合比填写，根据施工情况及时测试砂、石含水率，调整配合比，由试验配合比转变为施工配合比；③在混凝土浇筑过程中要及时检查坍落度，冬期施工时大体积混凝土还要做测温记录。

4.5.7 质量事故处理记录及质量检测、加固处理文件

1）质量事故处理记录

凡因工程质量不符合规定的质量标准，影响使用功能或设计要求的质量事故，在初步调查的基础上应填写工程质量事故报告。工程质量事故报告见表 4-107。

表 4-107 工程质量事故报告

事故部位			报告日期		
事故性质	设计错误		交底不清		违反操作规程
事故发生日期					
事故等级					
直接责任者		职务		损失金额	
事故经过和原因分析：					

续表 4-107

事故处理意见：		
企业负责人：	企业技术负责人：	项目经理：

资料要求：①工程质量事故的内容及处理建议应填写具体、清楚；②有当事人及有关领导的签字及附件资料；③事故经过和原因分析要尊重事实，尊重科学，实事求是。

工程建设重大质量事故：①工程建设过程中发生的重大质量事故；②由于勘察、设计、施工等过失造成工程质量低劣，在交付使用后发生的重大质量事故；③因工程质量达不到合格标准而需要加固补强、返工或报废，且经济损失达到重大质量事故级别的重大质量事故。

一般工程质量事故：凡造成影响使用功能和工程结构安全，造成永久性缺陷，均应视为一般质量事故。

2）质量检测、加固处理文件

工程结构、安装等分部中出现需要检测的，其检测文件、设计复核认可文件、加固补强以及补强验收文件等，应进行汇总归档。

4.6 工程质量验收资料的整理

1）工程质量验收的划分与程序

（1）工程质量验收的划分：建设工程质量验收划分为单位（子单位）工程质量竣工验收、分部（子分部）工程质量验收和检验批质量验收。

（2）工程质量验收的程序：①检验批的质量验收；②分项工程质量验收；③分部（子分部）工程质量验收；④单位（子单位）工程质量竣工验收。单位工程施工质量验收必须按以上顺序依次进行，报送资料逆向依序编制。

2）单位（子单位）、分部（子分部）、分项工程和检验批的验收

（1）检验批的质量验收

主控项目和一般项目：①主控项目包括重要原材料、成品、半成品、设备及附件的材质证明或检（试）验报告；结构强度、刚度等检验数据，工程质量性能的检测；一些重要的允许偏差项目，必须控制在允许偏差限值之内。②一般项目是指允许有一定的偏差或缺陷，以及一些无法定量（如油漆的光亮、光滑项目等），但又不能超过一定数量的项目。

检验批质量验收记录见表 4-108。

表 4-108 检验批质量验收记录

工程名称		分项工程名称		验收部位	
施工单位		专业工长		项目经理	
执行项目标准名称及编号					

续表 4-108

		分包单位		分包项目经理		施工班组长	
		质量验收规范的规定		施工单位检查评定记录		监理(建设)单位验收记录	
主控项目	1						
	2						
	3						
	4						
	5						
	6						
	7						
	8						
一般项目	1						
	2						
	3						
	4						
施工单位检查评定结果		项目专业质量检查员： 年　月　日					
监理(建设)单位验收结果		专业监理工程师： (建设单位项目专业技术负责人) 年　月　日					

注：地基基础、主体结构工程的质量验收不填写"分包单位"和"分包项目经理"。

资料要求：①主控项目和一般项目的质量经抽样检验合格；②具有完整的施工操作依据和质量检测记录；③施工执行项目标准名称及编号填写企业标准或行业推荐标准；④施工单位检查评定结果，施工单位自行检验合格后，注明"合格"。

【说明】 记录单位在运输时，应对主控项目、一般项目逐项进行验收，对符合验收规范的项目，填写"合格"或"符合要求"，在验收结论里统一填写"同意验收"，并由专业监理工程师(建设单位项目技术负责人)签字，填写验收日期。

(2) 分项工程质量验收

分项工程质量验收记录见表 4-109。

表 4-109　分项工程质量验收记录表

工程名称		结构类型		检验批数	
施工单位		项目经理		项目技术负责人	
分包单位		分包单位负责人		分包项目经理	

续表 4-109

序号	检验批名称及部位、区段	施工单位检查评定记录	监理（建设）单位验收记录
1			
2			
3			
4			
5			
6			
检查结论	项目专业技术负责人： 年 月 日	验收结论	监理工程师： （建设单位项目专业技术负责人） 年 月 日

【说明】（1）分项工程所含的检验批均应符合质量要求的规定。（2）分项工程所含的检验批的质量验收记录应完整。（3）分项工程的验收由施工单位项目专业技术负责人进行检查评定，由监理单位专业监理工程师进行验收。（4）验收批部分、区段，施工单位检查评定结果，由施工单位项目专业质量检查员填写；检查结论由施工单位的项目专业技术负责人填写并签字；验收结论由专业监理工程师审查后填写。同意项填写"合格"或"符合要求"，并签字确认；不同意项不填写，并提出存在问题和处理意见。

分项工程质量的验收是在检验批验收的基础上进行的，只是一个统计过程，但也由一些在检验批验收中没有的内容，在分项验收时应注意：①核对检验批的部位、区段是否全部覆盖分项工程的范围，是否有缺漏的部位没有验收到；②一些在检验中无法检验的项目，在项目工程中直接验收，如砖砌体工程中的全高垂直度、砂浆评定的强度等；③检验批验收记录的内容及签字人是否正确、齐全。

（3）分部（子分部）工程质量验收

分部（子分部）工程质量验收对分项工程的质量进行检查验收后，对有关工程质量控制资料、安全剂功能的检验和抽样检测结果的质量核查，以及观感质量进行评价。

验收主要内容如下：

①分项工程：检查每个分项工程验收是否正确；查对所含分项工程，有没有漏、缺或是没有进行验收的分项工程；检查分项工程的资料是否完整，每部分验收资料的内容是否有缺项、漏项，以及分项验收人员的签字是否规范。

②安全和功能检验（检测）资料核查：检查各规范中规定的检测项目是否都进行了验收，不能进行检测的项目应说明原因；核查各项检测记录（报告）是否符合要求，包括检测项目的内容，所遵循的检测方法标准，检测结果的数据是否达到规定的标准；检查资料的检测程序，有关取样人、检测人、审核人、试验负责人，以及公章、签字是否齐全等。

③观感质量验收：观感质量验收是一个辅助项目，没有具体标准，由检查人员宏观掌握。可以评为一般、好、差。有影响安全或使用功能的项目，不能评价，应修理后再评价。

分部(子分部)工程质量验收记录见表4-110。

表4-110 分部(子分部)工程质量验收记录

工程名称		结构类型		检验批数	
施工单位		项目经理		项目技术负责人	
分包单位		分包单位负责人		分包项目经理	

序号	检验批名称	检验批数	施工单位检查评定	验收意见
1				
2				
3				
4				
5				
6				
7				
质量控制资料				
安全和功能检验(检测)报告				
观感质量验收				

验收单位	分包单位	项目经理:	年 月 日
	施工单位	项目经理:	年 月 日
	勘察单位	项目负责人:	年 月 日
	设计单位	项目负责人:	年 月 日
	监理(建设)单位	总监理工程师: (建设单位项目专业负责人)	年 月 日

【说明】 (1)分部(子分部)工程所含分项工程的质量均应验收合格;(2)质量控制资料应完整;(3)地基与基础、主体结构和设备安装等分部工程,有关安全及功能的检验和抽样检测结果应符合有关规定;(4)观感质量验收应符合要求。

(4) 单位(子单位)工程质量竣工验收

单位(子单位)工程质量竣工验收由五部分内容组成,即分部工程、质量控制资料核查、安全和主要使用功能核查及抽查结果、观感质量验收、综合验收结论,每一项内容都有专门的验收记录表。单位(子单位)工程质量竣工验收记录是一个综合性的表,是在各项验收合格后填写的。单位(子单位)工程质量竣工验收记录见表4-111。

表4-111 单位(子单位)工程质量竣工验收记录

工程名称		结构类型		层数/建筑面积	
施工单位		技术负责人		开工日期	
项目经理		项目技术负责人		竣工日期	

续表 4-111

序号	项目	验收记录	验收结论
1	分部工程	共____部分,经查____分部,符合标准设计要求____分部	
2	质量控制资料核查	共____部分,经查符合要求____项,经核定符合规范要求____项	
3	安全和主要使用功能核查及抽查结果	共核查____项,符合要求____项,经返工处理符合要求____项	
4	观感质量验收	共抽查____项,符合要求____项,不符合要求____项,经返工处理符合要求____项	
5	综合验收结论		

参加验收单位	建设单位（公章）单位(项目)负责人：年 月 日	监理单位（公章）总监理工程师：年 月 日	施工单位（公章）单位负责人：年 月 日	设计单位（公章）单位(项目)负责人：年 月 日

资料要求：①单位(子单位)工程由建设单位(项目)负责人组织施工单位(含分包单位)、设计单位、监理单位等(项目)负责人进行验收。参加验收单位应加盖公章,并由单位负责人签字。控制资料核查、安全检验资料及观感评定表,由施工单位项目经理和总监理工程师(建设单位项目负责人)签字。②验收内容符合要求的,验收结论填写"同意验收"；不符合要求的项目,应执行相关程序进行处理。③综合验收结论由建设单位填写。工程满足合格要求时,可填写"通过验收"。④建设单位、监理单位、施工单位、设计单位在工程验收合格后,各单位的项目负责人要亲自签字,并加盖单位公章(注明签字证明验收的日期)。

(5) 单位(子单位)工程质量控制资料核查记录

单位(子单位)工程质量控制资料核查记录见表 4-112。

表 4-112　单位(子单位)工程质量控制资料核查记录

工程名称			施工单位		
序号	项目	资料名称	份数	核查意见	核查人
1	建筑与结构	图纸会审、设计变更、洽商记录			
2		工程定位测量、放线记录			
3		原材料出厂合格证及进场检(试)验报告			
4		施工试验报告及见证检测报告			

续表 4-112

序号	项目	资料名称	份数	核查意见	核查人
5	建筑与结构	隐蔽工程验收记录			
6		施工记录			
7		预制构件、预拌混凝土合格证			
8		地基基础、主体结构检验及抽样检测资料			
9		分项、分部工程质量验收记录			
10		工程质量事故及事故调查处理资料			
11		新材料、新工艺施工记录			
1	给排水与取暖	图纸会审、设计变更、洽商记录			
2		材料、配件出厂合格证及进场检(试)验报告			
3		管道及设备强度试验、严密性试验记录			
4		隐蔽工程验收记录			
5		系统清洗、灌水、通水、通球试验记录			
6		施工记录			
7		分项、分部工程质量验收记录			
1	建筑电气	图纸会审、设计变更、洽商记录			
2		材料、配件出厂合格证及进场检(试)验报告			
3		设备调试记录			
4		接地、绝缘电阻测试记录			
5		隐蔽工程验收记录			
6		施工记录			
7		分项、分部工程质量验收记录			
1	通风与空调	图纸会审、设计变更、洽商记录			
2		材料、配件出厂合格证及进场检(试)验报告			
3		制冷、空调、水管道强度试验、严密性试验记录			
4		隐蔽工程验收记录			
5		系统清洗、灌水、通水、通球试验记录			
6		制冷设备运行调试记录			
7		通风、空调系统调试记录			
8		分项、分部工程质量验收记录			
1	电梯	图纸会审、设计变更、洽商记录			
2		设备出厂合格证及开箱检验记录			
3		隐蔽工程验收记录			

续表 4-112

序号	项目	资料名称	份数	核查意见	核查人
4	电梯	施工记录			
5		接地、绝缘电阻测试记录			
6		负荷试验、安全装置检查记录			
7		分项、分部工程质量验收记录			
1	智能建筑	图纸会审、设计变更、洽商记录			
2		材料、配件、设备出厂合格证书和技术文件进场检(试)验报告			
3		隐蔽工程验收记录			
4		系统功能测定及设备调试记录			
5		系统技术、操作和维护手册			
6		系统管理、操作人员培训手册			
7		系统检测报告			
8		分项、分部工程质量验收记录			

结论：

施工单位项目经理：　　　　　　　　　　　　总监理工程师：
　　　　　　　　　　　　　　　　　　　　　（建设单位项目负责人）
　　　年　月　日　　　　　　　　　　　　　　　年　月　日

资料要求：①单位（子单位）工程质量控制资料核查记录表内容较多，应按《建筑工程施工质量验收统一标准》(GB 50300—2001)附录表 G.0.1-2 逐项进行检查。②由总监理工程师组织专业监理工程师及施工单位项目经理进行核查、汇总，填写资料份数（不能按页数，按项目名称进行汇总）。③核查意见为检查各项资料内容的结果，填写"符合要求"；核查人为各专业监理工程师；有合理缺项时用"/"注明。④结论是对整个工程质量控制资料核查的结论性意见，应为"完整"；不完整时应进行处理。由施工单位的项目经理签字，监理工程师核查后签字生效。

(6) 单位（子单位）工程安全和功能检验资料核查及主要功能抽查记录表

单位（子单位）工程安全和功能检验资料核查及主要功能抽查记录见表 4-113。

表 4-113　单位(子单位)工程安全和功能检验资料核查及主要功能抽查记录表

工程名称：

序号	项目	安全和功能检查项目	份数	核查意见	抽查结果	核查(抽查)人
1	建筑与结构	屋面淋水试验记录				
2		地下室防水效果检查记录				
3		有防水要求的地面蓄水试验记录				
4		建筑物垂直度、标高、全高测量记录				
5		抽气(风)道检查记录				
6		幕墙及外窗气密性、水密性、耐风压检测报告				
7		建筑物沉降观测记录				
8		节能、保温测试记录				
9		室内环境检测报告				
10						
1	给排水与取暖	给水管道通水试验记录				
2		暖气管道、散热器压力试验记录				
3		卫生器具满水试验记录				
4		消防管道、燃气管道压力试验记录				
5		排水干管通球试验记录				
6						
1	电气	照明全负荷试验记录				
2		大型灯具牢固性试验记录				
3		避雷接地电阻测试记录				
4		线路、插座、开关接地检验记录				
5						
1	通风与空调	通风、空调系统试运行记录				
2		风量、温度测试记录				
3		洁净室洁净度测试记录				
4		制冷机组试运行调试记录				
5						
1	电梯	电梯运行记录				
2		电梯安全装置检查报告				
1	智能建筑	系统试运行记录				
2		系统电源及接地检查报告				
3						

续表 4-113

结论:

施工单位项目经理:　　　　　　　　　　　　总监理工程师:
　　　　　　　　　　　　　　　　　　　　　（建筑单位项目负责人）
　　年　月　日　　　　　　　　　　　　　　　　年　月　日

　　资料要求:①单位(子单位)工程安全和功能检验资料核查及主要功能抽查记录表,应按《建筑工程施工质量验收统一标准》(GB 50300—2001)附录表 G.0.1-3 逐项进行检查;②由总监理工程师组织各专业监理工程师及施工单位项目经理对工程安全和功能检验资料进行核查,验收时对主要功能进行抽查;③份数栏填写工程安全和功能检验资料的核查份数,写明意见,是否"符合要求"应填入核查意见栏,当不符合要求时应进行处理;④抽查结果是指对工程进行的专业功能抽查的结论性意见,符合要求时将"符合要求"填入抽查结果栏内。

　　【说明】　(1)核查(抽查)人为各专业监理工程师,有合理缺项时用"/"注明。(2)结论是对整个工程安全功能检查资料核查及主要功能抽查的结论性意见,应为"完整",不完整时应进行处理。

（7）单位(子单位)工程观感质量检查记录

单位(子单位)工程观感质量检查记录见表 4-114。

表 4-114　单位(子单位)工程观感质量检查记录

工程名称			施工单位			
序号	项　目		抽查质量状况	质量评价		
				好	一般	差
1	建筑与结构	室外墙面				
2		变形缝				
3		雨水管、屋面				
4		室内墙面				
5		室内顶棚				
6		室内地面				
7		楼梯、踏步、护栏				
8		门窗				
1	给排水与采暖	管道接口、坡度、支架				
2		卫生器具、支架、阀门				
3		检查口、扫除口、地漏				
4		散热器、支架				
1	建筑电气	配电箱、盘、板、接线盒				
2		设备器具、开关、插座				
3		防雷、接地				

续表 4-114

序号	项 目		抽查质量状况	质量评价		
				好	一般	差
1	通风与空调	风管、支架				
2		风口、风阀				
3		风机、空调设备				
4		阀门、支架				
5		水泵、冷却塔				
6		绝热				
1	电梯	运行、平层、开关门				
2		层门、信号系统				
3		机房				
1	智能建筑	机房设备安装及布局				
2		现场设备安装				
3						
感观质量与综合评价						

检查结论	施工单位项目经理： 年　月　日	总监理工程师： （建设单位项目负责人） 年　月　日

资料要求：①工程观感质量检查是一个综合验收，包含项目较多，进行检查前应首先确定检查部位和数量。②由总监理工程师负责组织各专业监理工程师、项目经理以及相关的主要技术、质量负责人进行检查。③"抽查质量状况"栏中，一般每个子抽查项目 10 个点，可以设定代号表示，如"好"、"一般"、"差"分别用"√"、"○"、"△"表示。④"质量评价"按抽查质量状况的数理统计结果，权衡给出"好"、"一般"、"差"的评价。⑤"观感质量综合评价"可由参加观感质量检查的人员根据子项目质量情况进行评价，权衡后得出结果。

5 竣工验收及备案资料管理

知识点

(1) 掌握建设工程项目竣工资料管理各参与人员职责。
(2) 掌握建设工程项目竣工档案管理机构。
(3) 掌握建设工程项目竣工资料的填写、编制、审核及审批要求。
(4) 掌握建设工程项目竣工资料的质量要求。
(5) 掌握建筑工程资料的验收范围。

基本要求

(1) 了解建设工程项目竣工资料管理全过程。
(2) 熟悉建设工程项目竣工资料管理的方法。

5.1 建设工程项目竣工档案管理

1) 建设工程项目竣工档案管理机构及其职责

(1) 市城建档案馆或区城市建设档案机构负责档案管理的全面工作,其主要职责如下:

① 做好对建设单位、施工单位、监理单位等在工程项目施工过程中的文件材料和竣工图的监督、检查和指导,并要求做到施工文件材料、竣工图编制与工程建设同步。

② 负责对建设单位、监理单位、施工单位的有关档案管理人员进行业务培训,提高城建档案工作的业务水平。指导有关人员做好建设工程项目竣工档案的整理、编制和咨询工作。

③ 根据建设单位或个人填报的《建设工程项目竣工档案验收报送登记表》,告知本地区建设工程竣工档案工作流程及编报要求。根据建设工程项目竣工验收备案的规定,在建设工程竣工验收备案前,负责审核建设工程项目档案,并出具档案认可文件。

④ 及时地做好建设工程项目竣工档案的验收工作。验收时,查验两套项目档案(其中一套报送城建档案管理机构,一套由建设单位归档)。对验收合格的竣工档案,办理有关竣工档案移交手续,发《建设工程项目档案验收合格证》。对建设单位、施工单位、监理单位等单位执行相关档案法律、法规情况进行监督检查。对档案违法案件进行查处。

(2) 建设工程项目竣工档案报送的范围:工业与民用建筑工程,市政基础设施工程,公用基础设施工程、公共交通基础设施工程、园林建设、风景名胜建设工程、市容环境卫生设施建设工程、城市防洪、抗震、人防工程、军事工程(除军事禁区和军事管理区以外的穿越市区的地下管线走向和有关隐蔽工程位置)，整个建设工程项目建筑面积小于 2 000 m² 的，经城建档案管理机构验收合格后，委托建设单位保管，整个建设工程项目建筑面积虽小于 2 000 m²，但属于古建筑、园林建筑、宗教建筑、特殊公寓、重点保护建筑、雕塑等，均要向城建档案管理机构报送一套建设工程项目竣工档案。

【说明】 市城建档案馆或区城市建设档案机构是由市政府主管建设的机关领导，集中保管本城市建设档案的档案馆。根据法规规定，建设单位或个人应严格遵守国家档案管理的规定，建立健全档案管理机构，凡在规划行政管理部门申请办理工程规划许可证的建设工程项目，承建的建设单位或个人(包括驻地部队、中央各部门和外省市在地区的单位及中外合资、外商融资、中外合作等企业)都必须无偿、及时地向城建档案管理机构报送建设工程项目竣工档案。及时收集、整理建设工程项目中各环节的文件资料，按照规范化的要求，切实做好建设工程档案，并在建设工程项目竣工验收后 6 个月内及时向市城建档案馆或区城市建设档案机构无偿报送建设工程项目竣工档案。

2) 建设单位在建设工程项目竣工档案编制和报送工作中的职责

(1) 建设单位是工程建设的承办单位，应设专门处理档案工作的部门，配备相应的专职或兼职的建设工程档案管理人员，具体负责该建设工程项目档案的管理工作，确保竣工档案资料的形成和整理工作。建设单位在申请建设工程规划许可证时，必须先填报《建设工程竣工档案验收报送登记表》，一份报城建档案管理机构，一份由建设单位或个人留存。

(2) 建设单位在工程招标及与勘察、设计、施工、监理等单位签订协议、合同时，应对工程文件的套数、移交时间等提出明确要求。工程开工后，建设单位、施工单位和监理单位的档案管理人员应参加建设工程项目竣工档案的业务培训，以便及时了解竣工档案的规范操作要求。

(3) 建设单位必须做好建设工程项目的前期立项、施工阶段、竣工验收阶段形成文件(其中还包括声音与图像)的收集、整理及归档工作。还必须负责组织、监督和检查勘察、设计、施工、监理等单位的工程文件的形成、积累和立卷归档工作，也可委托给监理单位监督检查工程文件的形成、积累和立卷归档工作。建设单位必须收集和汇总勘察、设计、施工、监理等单位立卷归档的工程文件。

(4) 建设单位在组织竣工验收前，必须经城建档案管理机构对项目档案进行认定，取得认可文件后，方可到建设工程质量监督部门办理备案登记。建设单位在竣工验收后 6 个月内，必须做好建设工程项目竣工档案验收工作，取得城建档案管理机构签发的《建设工程项目竣工档案验收合格证》，方可办理建设工程项目竣工规划验收等其他工作。如设立代建单位，建设单位需与代建单位明确档案资料报送工作中的职责以及代理事项等。

3) 施工单位在建设工程项目竣工档案编报工作中的职责

(1) 施工单位是工程的具体建造者，从放样到建筑物实体的建成过程中，将产生大量的施工技术文件，这些文件直接反映了施工单位的施工质量、管理水平及技术水平的高低，并直接影响到今后工程的建造、管理、维修和改扩建。施工单位必须按文件规定和施工规范要求，认真做好施工技术文件材料和竣工图的编制工作，确保文件材料的准确性、完整性和真实性。

(2) 建设项目资料管理按承包方的不同，具体分为：①建设工程项目实行总承包的，总承包负责收集、汇总各分包单位形成的工程档案，各分包单位应将本单位形成的工程文件整理、立卷后及时移交总包单位,总包应及时向建设单位移交档案;②建设工程项目由几个单位承包的,各承包单位分别负责收集、整理立卷其承包项目的工程文件,并应及时向建设单位移交。

(3) 施工单位必须配备专职或兼职工程资料管理人员,负责收集和保管施工过程中形成的施工技术文件材料。施工单位在施工过程中,在收到变更通知时,应及时做好竣工图或竣工图草图的更改工作,确保竣工图的准确性。施工单位的技术负责人必须做好施工技术文件和竣工图的审核工作,确保施工技术文件和竣工图的完整性和准确性。工程竣工后,施工单位必须做好工程施工资料和竣工图、施工照片、录像等声像材料的移交工作,并协助建设单位做好建设工程项目竣工档案的编报工作,再由建设单位向市城建档案馆或区城市建设档案机构无偿报送建设工程项目竣工档案。

4) 设计单位在建设工程项目竣工档案编报工作中的职责

按国家有关规定和建设单位的要求,向建设单位提供一定套数的签证齐备的施工图纸,并确保具有法律效力。对施工过程中的各项变更和材料替换部分,负责出具设计变更图。对施工过程中产生的图纸交底会审纪要、技术核定单等修改依据性文件进行审核并签证盖章。对于设计变更通知单不能满足现场施工要求的重大变更,需绘制施工修改图。向建设单位出具设计计算书代保管证明和提供所设计工程的设计计算书,将本单位形成的工程文件整理立卷后移交给建设单位,再由建设单位向市城建档案馆或区城市建设档案机构无偿报送建设工程项目竣工档案。

5) 监理单位在建设工程项目竣工档案编报工作中的职责

(1) 监理单位必须按照工程监理规范及有关文件规定,认真、规范地编制监理文件资料,确保监理文件的准确性和可靠性。监理单位必须配备专职或兼职工程资料管理人员负责收集、整理监理文件,对监理文件进行规范化管理,确保监理文件的完整性。监理单位在施工过程中依照法律法规以及有关技术标准规范、承包合同和设计文件,代表建设单位认真履行监理职责,监督施工单位做好施工技术文件资料的收集和整理工作,所提交的材料要参照施工现场的工程质量和实物进行认真核查,并做好所有签证工作,确保监理文件和施工文件的准确性、完整性和真实性。

(2) 建设工程项目竣工后,现场监理人员和监理总工程师应及时做好监理文件、施工技术文件和竣工图的审核会签工作,确保施工技术文件和竣工图的完整和准确。建设工程项目竣工后,监理单位应将本单位形成的工程文件立卷后向建设单位移交,同时还应协助建设单位做好竣工档案的编报工作,再由建设单位向市城建档案馆或区城市建设档案机构无偿报送建设工程项目竣工档案。

5.2 建设工程项目竣工档案验收与备案报送

1) 建设工程项目竣工档案验收要求及内容

(1) 工程档案完整,工程档案的内容真实、系统、准确地反映工程建设活动和工程实际状况。
(2) 文件的编写内容、格式、来源符合实际,个人签章或单位签章的文件没有遗漏,手续都完备。
(3) 竣工图绘制方法、图示等符合专业技术要求,图面整洁,盖有竣工章。
(4) 竣工档案编制符合规范要求。

2）建设工程项目竣工备案资料归档要求

（1）按国家有关规定要求，凡建设、设计、施工、监理单位需向本单位提交的文档，应单独组卷。

（2）勘察、设计单位应当在工作完成时，施工、监理单位应当在工程竣工验收前，将各自形成的工程档案向建设单位移交，建设单位、监理单位应根据城建档案管理机构的要求，对档案的完整、准确、系统情况及案卷质量进行审查，审查合格后，才可向城建档案管理机构提出验收申请。

（3）归档文件必须完整、系统，能够反映工程建设活动全过程。归档文件必须经过分类整理，并组成符合要求的案卷。

3）建设工程项目竣工档案验收、备案报送程序

（1）根据《中华人民共和国城乡规划法》的规定，建设单位应在建设工程项目竣工后6个月内向城建档案管理部门报送竣工档案，竣工资料包括该工程的审批文件和该建设工程竣工时的总平面图、各层平面图、立面图、剖面图、设备图、基础图和城乡规划主管部门指定需要的其他图纸。竣工资料是城乡规划主管部门进行具体的规划管理过程中需要查阅的重要资料，建设单位必须依照本法的规定报送竣工资料。在6个月内报送有困难的，须由建设单位向城建档案管理机构申请办理延期报送手续，没有申请办理延期报送竣工档案手续且超过6个月不报送者，《中华人民共和国城乡规划法》第六十七条、国务院令第279号第五十九条规定，逾期不报送竣工档案进行处罚。首先由其所在地城市、县人民政府城乡规划主管部门责令限期补报，在责令补报的期限内补报了竣工验收资料的，不予处罚；逾期不补报的，处1万元以上5万元以下的罚款。

（2）建设工程项目竣工档案验收、报送程序根据不同的地区有所差异，现以上海市的程序为例，其程序如下：

① 建设单位或个人在规划管理部门申请办理《建设工程规划许可证》时，填报《建设工程竣工档案验收报送登记表》，一份报城建档案管理机构，一份由建设单位或个人留存。

② 城建档案管理机构根据《建设工程竣工档案验收报送登记表》及时与建设单位或个人联系，告知建设工程竣工档案编报要求，对编制建设工程项目档案进行指导，督促建设单位或个人及时收集、整理有关资料。

③ 建设单位在组织工程项目竣工验收备案前，必须提请城建档案管理机构对工程档案进行审核，取得建设工程档案认可文件，作为竣工验收备案的必备条件。

④ 建设工程项目竣工验收备案后，必须按照要求做好建设工程项目竣工档案验收工作。

⑤ 建设工程项目竣工档案验收合格后，由建设单位负责报送并做好移交工作。移交时，必须填妥"档案移交接收单"，由移交单位和城建档案管理机构接收人员签字，盖上双方单位公章，办理移交手续，一式两份，移交单位和接收单位各执一份。

⑥ 项目档案移交接收后，由城建档案管理机构核发《建设工程项目档案合格证》，此证是办理规划验收的必要条件。规划验收合格后，建设单位应及时将建设工程项目规划验收合格证移交城建档案管理机构。

⑦ 建设单位向城建档案管理机构报送一套竣工档案纸质原件，同时报送电子档案。特殊工程可向城建档案管理机构提出申请，拍摄缩微胶片。缩微前，建设单位必须按要求编制出一套纸质载体的工程项目竣工档案。经城建档案管理机构验收合格后发给准许缩微证明，此证明包括案卷目录、验收签章、档号、缩微号、质量要求、双方法人签字盖章等，并将证书拍在胶片"片头"上。

⑧ 凡在上级规划管理部门申领建设工程规划许可证、建设地点在本地区的项目工程的建

设单位,从完整地记录、保存本地区城市建设档案的要求出发,项目档案验收后,应及时向本地区城建档案管理机构报送竣工档案电子档案或缩微胶片。

⑨ 建设工程项目竣工档案应包括一套工程照片(建设前原貌,各施工阶段代表性照片,竣工后现状照片,特别是隐蔽工程、质量事故等照片)。每张照片都要有简要的文字材料,能准确说明照片内容。建设工程项目总投资在1亿元以上或重点工程建设项目必须报送经剪辑、合成后的专业级录像带,录像带内容必须能基本反映建设工程项目的全过程,要求图像清楚,声音清晰。

4) 建设工程项目竣工档案报送工作流程

建设工程项目竣工档案报送工作具体流程,因各地具体流程有差异,现以上海浦东新区流程为例说明,详见图5-1所示。

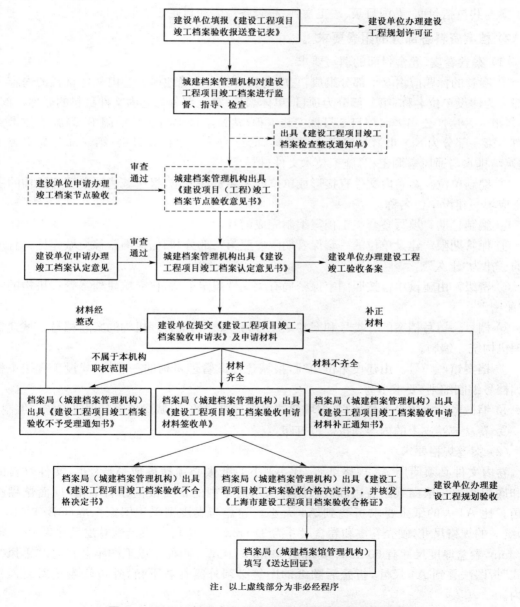

注:以上虚线部分为非必经程序

图5-1 ×××新区建设工程项目竣工档案验收报送流程

5.3 建设工程项目竣工档案编制规范及要求

5.3.1 建设工程竣工档案资料组卷的编制方法

1) 档案资料组卷的组成部分

案卷共包括封面、卷内目录、竣工文件材料、备考表和封底 5 个部分。

2) 档案资料各部分的组卷要求

(1) 案卷卷皮、卷盒封面的填写要求

① 案卷的标题应由 3 个部分组成,它应简明、完整、准确地揭示卷内文件材料的内容。第一部分为建设单位名称;第二部分为项目、单体名称;第三部分为卷内文件材料的名称。例如:"××市××房产公司××项目5号楼安装工程(建筑给排水与通风空调工程)施工技术文件材料",第一部分为××市××房产公司;第二部分为××项目5号楼;第三部分为安装工程(建筑给排水与通风空调工程)施工技术文件材料。

② 编制单位。案卷内文件直接形成单位或主要责任单位,报送城建档案管理机构的一套档案应填写建设单位名称。

③ 编制日期。填写整套竣工档案编制完成的日期。

④ 保管期限。建设单位的一套保管期限参照第二部分"归档范围",移交城建档案管理机构的一律为"永久"。

⑤ 密级。由建设单位按照国家保密局有关文件规定填写,移交城建档案管理机构的一律为"秘密"。

⑥ 档号。填写档案的分类号和案卷顺序号,报城建档案管理机构的案卷档号由城建档案管理机构统一编制。

⑦ 档案馆(室)号。由建设单位填写,报城建档案管理机构的一套按《建设工程竣工档案室编档号编制细则》要求填写。

⑧ 缩微号。由建设单位填写,报城建档案管理机构的,由城建档案管理机构统一编制。

⑨ 卷盒与卷皮上的内容须按规范打印。

(2) 案卷规格要求

卷内文件必须使用 A4 规格纸张,比 A4 小的纸张必须裱糊成 A4 大小,文件材料的右边和底边必须与裱糊纸的右边和底边贴齐。双面裱糊的正面裱糊在右下角,反面裱糊在左下角。比 A4 大的纸张要求折叠到 A4 大小。卷盒与卷皮则采用国家标准(GB/T 11822—89)统一的规格尺寸,硬壳卷皮和卷盒尺寸为 310 mm×220 mm,案卷软卷皮尺寸为 297 mm×210 mm,卷盒厚度尺寸有 60 mm、40 mm、30 mm、20 mm 四种。竣工图不装订,按"手风琴风箱式"折图法叠到 A4 尺寸,折叠后图纸的图签必须外露在右下角,外包软卷皮后装入档案盒内。

(3) 案卷页号编制方法

案卷封面、卷内目录、卷内备考表、案卷封底不编写页号。以独立案卷为单位,在有书写内容的页面编写页号,每个案卷统一用阿拉伯数字从 1 开始用打号机依次编写页码(用黑色油墨)。页号编写位置:单面书写的文件材料编写张号,编写在右下角;双面书写的文件材料编写页号,正面编写在右下角,反面编写在左下角;竣工图纸页号一律编写在右下角。

(4) 卷内目录的填写要求

卷内目录按规范要求进行打印,卷内目录应与卷内文件材料内容相符,并置于卷首,原工程图纸中的专业设计目录不能代替。卷内目录中各项内容填写要求如下:

① 顺序号,按案卷内文件排列先后用阿拉伯数字从 1 开始依次标注。
② 文件编号,填写发文机关的发文号或图纸的原编图号。
③ 责任者,填写文件材料的直接形成单位或主要责任者。
④ 文件标题,即文字材料或图纸名称,无标题的文件,应根据内容拟写标题。对于设计阶段、施工阶段等案卷中第一个文件无项目名称、单体名称的,在第一个文件材料的标题前必须加上项目名称和单体名称。例如:单独组卷的土建隐蔽工程卷,必须写明"××项目××楼号土建工程隐蔽验收记录";建筑竣工图卷内目录中必须写明"××项目××楼号建筑竣工图图纸目录"。
⑤ 日期,填写文件材料形成的年、月、日。如:1999.5.18(文字材料为原文件形成的年、月、日,汇总表为汇总日期,竣工图为编制日期)。
⑥ 页次,填写文件在卷内所排的起始页号,每卷最后一份文件填写起止页号。
⑦ 备注,填写需要说明的问题。

(5) 卷内备考表的填写

卷内备考表分为上、下两栏,上栏由立卷单位填写,下栏由接收单位填写。备考表上栏部分标明本案卷已编号的文件材料的总页号,指文字、图纸、照片等的页数。立卷人由责任立卷人签名,年、月、日,按立卷、审核时间填写。下栏部分,由接收单位根据案卷的完整情况及质量情况标明审核意见。

(6) 案卷装订方法

案卷按"一线三洞"装订方法装订,孔间距为 8 cm,文字材料应用蜡线装订成册,订结打在背面。

5.3.2 建设工程项目竣工档案编制说明及目录索引编制方法

1) 编制说明及目录索引卷(即"00"卷)的内容

(1) 编制说明(附有关问题的情况说明)。
(2) 建设工程项目信息数据基本要素。
(3) 案卷目录。
(4) 案卷分目录。

2) 编制说明的基本内容

编制说明包括工程概况、竣工档案编制情况、其他需要说明的问题等。

(1) 工程概况:①工程地址;②工程面积(建筑面积);③工程投资规模;④工程勘察、设计、施工、监理单位名称;⑤结构类型;⑥开、竣工日期;⑦立项依据;⑧施工管理、投资控制执行情况;⑨工程预(概)决算(工程总决算及各单体工程决算)。

(2) 竣工档案情况

① 编制依据。

② 竣工档案整理情况:×××工程竣工档案共有纸质文件×卷,电子档案(光盘)×盘。

 a. 第一阶段　×××工程前期文件有×卷。
 b. 第二阶段　×××工程设计文件有×卷。
 c. 第三阶段　×××工程监理文件有×卷。
      ×××工程施工文件有×卷。
 d. 第四阶段　×××工程竣工文件有×卷。
      ×××工程竣工图有×卷。
      ×××工程声像文件(照片)有×卷。
      ×××工程声像文件(录像)有×卷。

3) 案卷目录

(1) 顺序号:按案卷排列先后用阿拉伯数字从1开始依次标注。
(2) 案卷号:建设单位不需编写,由城建档案管理机构接收后统一编写。
(3) 案卷名称:填写每一卷案卷的案卷题名全称。
(4) 卷内张数:文字材料卷填写每一案卷文件材料的页数;图纸卷填写每一案卷图纸的张数。
(5) 归档日期:填写编制日期。
(6) 备注:其他需要说明的内容。

4) 案卷分目录

按案卷排列顺序,反映每一案卷的归档内容。

5) 卷内备考

卷内备考表上栏部分:标明本案卷已编号的文件总页号或本卷需要说明的情况,并由责任立卷人签名,年、月、日按立卷审核时间填写。

卷内备考表下栏部分:由接收单位根据案卷的完整情况及质量情况标明审核意见。

5.3.3　建设工程项目竣工档案归档质量要求

(1) 归档的工程文件为原件。

(2) 工程文件的内容及其深度必须符合国家有关工程勘察、设计、施工、监理等方面的技术规范、标准和规程。文件材料、图纸、图表等签章、签字手续必须完备,做到完整、准确、系统,编制的竣工档案必须真实反映工程项目竣工后的实际情况。

(3) 工程文件必须采用耐久性强的书写材料,如碳素墨水,不得使用易褪色的书写材料,如彩色笔、红色墨水、铅笔、圆珠笔和复写纸,不得随意涂写,禁止使用修正液。

(4) 文件材料纸张尺寸统一使用中华人民共和国国家标准(GB/T 11822—89)A4(297 mm×210 mm)。

(5)编制报送的建设工程项目竣工档案缩微制品,必须按国家缩微标准进行制作,主要技术指标(解像力、密度、海波残留量等)要符合国家标准,保证质量,以适应长期保管要求。

(6)归档的照片(含底片)要求图像清晰,文字说明准确。录像必须是经剪辑、配音、制作合成后的专业级录像带,其内容必须反映建设工程项目活动中的整体过程。

(7)竣工档案中工程文件材料或竣工图为外文版的,应全部译成中文,并由翻译责任者签名。

(8)声像档案应当具有成套性,真实、全面地反映工程的建设过程。

① 照片要求。照片必须建册且填写必要的信息,数量应大于 60 张。用胶片拍摄的,要提供底片,用光面冲印,5~7 英寸。如果使用数码相机拍摄的,要求精度在 500 万像素以上,同时报送备份光盘。

② 声像专题处要求。片长不少于 10 min,图像清晰,画面稳定,经过专业编辑,配有解说词、背景音乐及文字说明。报送像带规格:BETACAM、BETACAM‑SX、MPEG‑IMX 等专业级录像带。报送数量:专业录像带 1 盘,DVD 光盘 1 张。

③ 缩微胶片要求。如果使用微缩胶片,卷片需保存,片头区、原件区、片尾区各自完整(片头、片尾区测试标版、证明标版、识别标版等内容必不可少)。缩微胶片的解像力为 5.0 以上(ISO 2 号测试图图样,1∶24 缩小倍率,第一代缩微胶片),密度值应控制在 0.8~1.2,30.5 m 长的卷式缩微片接头不能超过 3 个。

5.3.4 建设工程项目竣工档案组卷要求

1)组卷原则

文件材料立卷篇幅为 150~200 页,且其厚度不超过 2 cm。建设工程项目竣工档案组卷时,要科学地按照项目建设过程中文件材料形成的普遍规律进行组卷,使文件材料之间既相对独立,又相互联系,构成一个前后次序既不可分离又不混淆的有机整体。案卷内不应有重份文件;不同载体的文件一般应分别组卷。

2)组卷方法

(1)建设工程项目竣工档案要进行科学组卷,一般可按阶段进行分类组卷。一个建设工程由多个单位工程组成时,工程文件应按单位工程组卷。

(2)建设工程项目竣工档案可按建设程序划分为前期文件材料、设计文件材料、监理文件材料、施工文件材料、竣工文件材料、竣工图和声像材料。前期文件材料、设计文件材料可按建设程序、业务形成单位等组卷。监理文件材料、施工文件材料可按单位工程、分部工程、专业、阶段等组卷。竣工图可按单位工程、专业等组卷。

(3)文字材料按事项、专业顺序排列。同一事项的请示与批复、主件与附件不能分开,并按批复在前、请示在后和主件在前、附件在后的顺序排列。

5.3.5 电子档案的编制要求

1)电子档案收集要求

非通用文件格式的城建电子文件,收集时应转换成归档要求的格式。如电子文件存在无法转换或缺少的情况,则应将其对应的纸质文件扫描。扫描型电子文件以 TIFF 文件为通用格式。城建电子文件的内容必须真实、准确、完整,与相关纸质内容一一对应。

2) 电子档案鉴定要求

应检查每份电子文件是否属于归档范围,每份电子文件应与相对应的纸质文件完全一致,若不一致,应重新收集正确的电子文件或纸质文件。

3) 电子档案整理要求

(1) 电子档案的目录体系须按规定结构建立(虚线框为目录,实线框为文件)。
(2) 电子档案的命名、整理内容和归档要求
① 竣工档案案卷及卷内条目数据
格式:ACCESS 数据
命名:DATABASE.mdb
表名为 DATABASE,数据结构如表 5-1 所示。

表 5-1 DATABASE 数据结构

字段名称	解释	数据类型(长度)	必填	示例
RELPATH	案卷全文在光盘上所在的目录	文本(255)	√	0001
FILENAME	对应全文的文件名	文本(255)	√	00000001.tif
CDNO	光盘号	文本(255)		
CDFILE	对应全文在光盘上的相对文件路径	文本(255)	√	0001\00000001.tif
FILMNO	胶片编号	文本(255)		
PICIDX	画幅号	文本(255)		
SXH	卷内顺序号	数字(长整型)	√	1
WJBH	文件编号	文本(255)		天〔2001〕999 号
ZRZ	责任者	文本(255)		天天房地产有限公司
WJCLTM	文件材料题目	文本(255)	√	♯3、♯4 地块项目建议书
RQ	日期	文本(255)		2007.8.5
YC	页次	文本(255)	√	1
ZYC	总页数	文本(255)	√	135
BZ	备注	文本(255)		
DangHaoX	档号(案卷顺序号)	文本(255)		0001
TYPE	案卷类别	文本(255)		前期文件材料(一)
CODE00	00 册档号	文本(255)		

RQ(日期)字段精确到日,即 YYYY.MM.DD。如文件日期只有年份,则补全为 YYYY.12.31。如只有年份和月份,补全为 YYYY.MM.1。SXH(卷内顺序号)从 0 开始,第一条为

案卷封面信息。RELPATH 与 DangHaoX,即案卷在光盘上所在目录和案卷顺序号的值应该相同。DangHaoX 即案件顺序号为 00 的,存放 00 册的数据信息。

② 案卷分目录

格式:EXCEL 数据表格

命名:命名须与 DATABASE.mdb 中的 RELPATH 字段相同。如 0001.xls。

③ 卷内目录

格式:EXCEL 数据表格

命名:命名须与 DATABASE.mdb 中的 RELPATH 字段相同。如 0001.xls。

④ 照片档案卷内目录

格式:EXCEL 数据表格

命名:照片档案卷内目录.xls。

⑤ 照片说明

格式:WORD 文档

命名:照片说明.doc。

⑥ 档案全文扫描 TIFF

格式:TIFF 图像文件

命名:格式为 8 位数字,从 0 开始编号,文件名需补足 8 位。例如:00000023.tif。

扫描范围包括案卷中的文件、图纸等在内的所有文档。TIF 文件须采用 200 dpi 分辨率扫描,黑白二值、GROUP4 压缩方式保存。一份文件如有多页,须合并为一个多页的 TIF 文件。TIF 文件需放在相应目录下,目录名称格式为"××××"。例如:0029。目录名称必须与 DATABASE 中的 RELPATH 和 DangHaoX 字段相一致。

⑦ 照片档案扫描 JPEG

格式:JPEG 图像文件

文件名:格式为 3 位数字,从 0 开始编号,文件名需补足 3 位。例如:001.jpg。

JPEG 文件需采用 100dpi,24 位色深分辨率扫描,以大于 80dpi 的图像质量保存。

5.3.6 声像档案(照片、录像)的编制要求

1) 建设工程声像档案的收集

建设单位应加强声像档案的收集工作,并落实专人负责。建设工程声像档案必须反映以下内容:

(1) 开工前的原址原貌。①原址原貌:重要建设物、植被、自然村落、厂区、街区等的照片、录像;②重要的纪念物:纪念碑、塔、亭等文物及古建筑物的照片、录像;③反映拆迁情况的照片、录像。

(2) 地基及基础工程。①地质结构分析、基础持力层的分析及类型、基础异常情况技术处理、土壤岩样分析等情况的照片、录像;②建筑物基础类型及施工,特殊施工的技术工艺现场照片、录像;③建筑物位移、沉降、变形及处理的照片、录像。

(3) 主体工程。①主体设计模型照片、录像;②各项主要隐蔽工程工艺现场的照片、录像;③钢筋制作、布局、型号、节点焊接情况的照片、录像;④砌体工程的拉结筋布局,混凝土灌注及

施工缝留置、处理情况的照片、录像;⑤主体结构布局、大型构件安装等现场照片、录像;⑥防水、保温、防腐工程的现场照片、录像;⑦管道安装中管沟类型、结构,管道走向、埋设情况,以及制作工艺等照片、录像;⑧主要电缆、光缆、光纤等走向、敷设情况的照片、录像;⑨采用新材料、新技术、新工艺的照片、录像;⑩质量事故及处理情况的照片、录像。

(4)其他方面。①开工仪式及施工中的重要活动、重大事件的照片、录像;②工程质量中间检查验收情况的照片、录像;③正式竣工验收情况的照片、录像;④工程整体面貌及室内功能装饰等照片、录像。

2)建设工程声像档案的整理要求

建设工程声像档案以项目为单位,按照建设程序、施工过程整理编目。声像档案的整理应遵循保持档案的有机联系、利于保管、便于利用的原则。

(1)照片档案案卷的组成内容

照片档案案卷包括卷盒相册、照片档案卷内目录、工程项目照片说明、照片材料、文字说明卡、卷内备考表等。

(2)照片档案案卷的组卷要求

① 案卷的规格要求

a. 卷盒:采用中华人民共和国国家标准(GB/T 11822—89)统一的规格尺寸,硬壳卷盒尺寸为 310 mm×220 mm,卷盒厚度尺寸为 20 mm。

b. 照片相册内芯页使用 A4 规格大小。照片要装入相册,插入相册内芯页,每张照片必须有文字说明,写清楚该照片反映的内容、时间、地点、单位、任务、拍摄者和底片编号。

② 卷内目录的填写要求

照片卷内目录应与卷内照片材料内容相符,必须按规范要求进行打印,并置于卷首。卷内目录中各项内容填写要求如下:

a. 照片/底片号。以每一卷为单位,按案卷内照片排列先后(一般按照工程项目实施阶段的先后次序)用阿拉伯数字从 1 开始依次标注。

b. 题名。亦称照片标题,即根据照片反映的内容拟写标题。按照项目实施不同阶段来拟写,在第一个照片材料的题名前必须加上项目名称和单体名称,如"××厂××车间开工仪式"。

c. 拍摄时间。填写照片材料拍摄的年、月、日,例如:2009.1.2。

d. 备注。填写需要说明的问题。

③ 工程项目照片说明的填写要求

a. 照片号。按卷内流水号编。

b. 填写文字说明和介绍。工程建设单位、工程项目名称、工程项目地址、工程建筑面积、高度、工程投资规模、开竣工日期、工程设计单位、工程施工单位、工程监理单位、工程重要记事等。

c. 填写拍摄者、文字说明填写者、参见号等。

④ 文字说明卡的填写要求

照片文字说明卡应与卷内照片材料内容相符,必须按规范要求进行打印,并插入相册。要填写照片号/底片号、事由、时间、地点、人物、背景、摄影者和参见号。

⑤ 照片卷内备考表的填写

a. 卷内备考表分为上、下两部分内容。

b. 备考表上栏部分为本卷情况说明,要标明本案卷已编号的照片材料的总张数,以及其他需要说明的情况。

c. 备考表下栏部分,立卷人:由责任立卷人签名;检查人:根据案卷的完整情况及质量情况由审核人检查合格后签名;立卷时间:年、月、日按立卷、审核时间填写。

⑥ 案卷相册卷皮、卷盒封面的填写要求

a. 案卷题名,即案卷的标题,简明、完整、准确地揭示卷内照片材料的内容。案卷题名应由建设单位名称、项目和单体名称、卷内照片材料的名称三部分组成,如"上海市××房产公司××花苑工程照片"。

b. 编制单位,案卷内文件直接形成单位或主要责任单位。报送城建档案管理机构的一套档案要填写建设单位名称。

c. 编制日期,填写整套竣工档案编制完成的日期。

d. 保管期限,建设单位一套保管期限参照第二部分"归档范围",移交城建档案管理机构的,一律为"永久"。

e. 缩微号,由建设单位填写,报城建档案管理机构的,由城建档案管理机构统一编制。

f. 密级,由建设单位按照国家保密局有关文件规定填写,移交城建档案管理机构的,一律为"秘密"。

g. 档案馆(室)号,由建设单位填写,报城建档案管理机构的一套按《建设工程竣工档案室编档号编制细则》要求填写。

h. 档号,填写档案的分类号和案卷顺序号,报城建档案管理机构的案卷档号由城建档案管理机构统一编制。

5.4 建设工程项目竣工图编制要求

1) 竣工图的概念

《建设工程文件归档整理规范》第二章术语第八条对竣工图的定义是,工程竣工验收后,真实反映建设工程项目施工结果的图样。该条款严格界定了竣工图与施工图的本质区别。竣工图是工程竣工档案的核心组成部分,它是把施工前已设计好的工程施工图,经过各专业工种技术工人的再加工而变成建筑实体的最终定型图。

一份施工图从设计单位生产完成后到交付施工单位实施,在施工过程中难免会遇到因原材料、工期、气候、使用功能、施工技术等各种因素的制约而发生变更、修改。竣工后其设计蓝图就与建筑实体有不相符合之处(图物不符),如果把这样与建筑物实体不相符的施工图,不按一定的规则进行修改就草率归档,必将给今后工程维修、改建、扩建、城市规划带来严重隐患。因此工程竣工后,就必须由各专业施工技术人员按有关设计变更文件和工程洽商记录遵循规定的法则进行修改后重新绘制,使竣工后的建筑实体图和物相符。

2) 编制竣工图的重要性

(1) 竣工图是进行管理维修、改建扩建的技术依据。因为使用功能上的需要,如住宅改建成办公楼或者办公楼改建成商业用门面房等须对建筑物结构进行改变,那么就必须弄清楚它的结构形式,如该楼是框架结构还是砖混结构等等,对于砖混结构要拆除某砖墙就必须考虑此墙是承重墙还是非承重墙,否则盲目的拆除承重墙或者加层增加楼房自重都是非常危险的。同时,随着建筑物使用年限的延长,原来的电线电缆、给排水管线等逐步老化或者因原来的设计容量小不能满足居民的使用,必须对原有建筑进行维修增容,要做好此项工作首先要搞清原有的管线走向位置、管沟大小等。要搞清这些重要信息就必须查看完整、准确的竣工图。

(2) 竣工图是城市规划、建设审批等活动的重要依据。竣工图的重要作用还体现在城市规划、建设审批中,特别是对城市的地下空间的规划非常重要。随着城市服务功能的增加,地下建筑和管线越来越多,合理地安排新建地下建筑物和地下管线的布置,同样离不开完整、准确的竣工图。如果在施工图上管线位置变更没有改绘标注,新的管线又规划在同一位置,那么在施工时就可能会发生挖断光缆、电力电缆、输水管线的重大事故和造成人身伤亡。

(3) 竣工图是抗震防灾、灾后恢复重建的重要保障。完整、准确的竣工图对于抗震救灾、灾后恢复重建具有重要意义。当地震灾害发生后,及时恢复灾区通讯、供电、供水、交通(桥梁、隧涵)等基础设施工程是燃眉之急,完整、准确的灾区地下管线工程、地下构筑物工程竣工图将会发挥重大的其他物质不可替代的作用。因此,完整、准确的竣工图与城镇居民的正常生活及生命财产息息相关,必须以高度的职业道德和责任感做好这一工作。

(4) 竣工图是司法鉴定裁决的法律凭证。竣工图具有司法鉴定裁决的法律凭证作用,对于发生的重大建设工程质量事故的技术责任鉴定,首先要对工程图纸进行核对,检查施工单位是否严格按图施工,有变更的部位是否经过设计同意,签字手续是否完备,其次才是对设计计算、原材料是否合格、施工过程是否符合规范要求的检查。

3) 竣工图的编制时间

关于竣工图的编制时间,根据《建设工程文件归档整理规范》条文说明第4.2.2条,规定竣工图的编制应按原国家建委1982年〔建发施字50号〕《关于编制基本建设竣工图的几项暂行规定》执行。该规定第二条中规定"编制各种竣工图,必须在施工过程中(不能在竣工后)",这一规定说明竣工图的编制必须是一边施工,一边编制。在施工过程中最少先编制一份与实际情况相符的竣工图,工程验收完成后,以此份竣工图为母本,根据实际需要的套数再复制所需的套数,这样做的目的在于避免因建设工期时间长,有关机构、人事的变化等因素而引起的遗忘或责任不清造成竣工图不准确。

4) 竣工图的编制单位、人员与编制套数

(1) 因为施工单位是建筑产品的直接生产者,对工程变更最清楚,所以由施工单位编制竣工图,归档整理规范条文说明第4.2.2条规定竣工图的编制应按原国家建委1982年〔建发施字50号〕《关于编制基本建设竣工图的几项暂行规定》执行。该规定同时指出建设工程实行总承包的工程,总承包单位负责其自建项目竣工图的编绘工作,分包单位负责所分包工程竣工图的编绘工作,分包单位没有能力编绘的,由总包单位负责编绘。

(2) 根据国家有关编制竣工图的规定,原则上规定为:一般不少于2套,一套移交生产使用单位保管,一套移交有关主管部门或技术档案部门长期保存,国家重点建设项目,以及其他重要工程,若2套竣工图不能满足需要时,建设单位、施工单位在施工合同中必须明确其编制竣工图的套数。因编制竣工图须增加的图纸,由建设单位负责及时提供给施工单位。

(3) 施工单位在工程建设过程中履行编制竣工图的职责时,必须贯彻谁施工谁负责的原则。一般应由参加工程施工的有关技术人员承担,原因是:

① 编制竣工图是一项技术性较强的工作,而且要承担技术责任,因此,应由参加组织施工的施工技术人员或由(处)队的工程师、技术员负责编制。

② 负责施工的工程技术人员对施工情况最了解,对变动部位知道得最详细,尤其对隐蔽部位验收质量情况最清楚,而绝大部分原始记录等第一手资料都掌握在施工技术人员手中,因此,由施工技术人员编制竣工图能做到准确,符合实际,能够保证竣工图的质量。

③ 负责施工的工程技术人员的主要任务是按照施工图指导工人施工,解决和处理施工中的技术问题。一旦由于发生技术变更而使建筑物与施工图不相符合时,工程技术人员有责任更改绘制竣工图,以保证图、物相符。

5) 编制竣工图的原则

(1) 凡在施工中完全按原设计施工,无任何变动的,则由施工单位在原设计图上加盖"竣工图"标志章作为竣工图。

(2) 凡在施工中,虽有一般性设计变更,但能将原施工图加以修改补充作为竣工图的,可不重新绘制,由施工单位负责在原施工图(必须是新图)上注明修改的部分,并附以设计变更通知单和施工说明,然后加盖"竣工图"标志章作为竣工图。

(3) 凡结构形式、工艺、平面布置、项目改变以及有其他重大改变,或者图面变更面积超过35%的,不宜再在原施工图上修改、补充,应重新绘制改变后的竣工图。特别是基础、结构、管线等隐蔽工程部位的变更应重新绘制竣工图。(设计原因——设计单位负责重绘;施工原因——施工单位负责重绘;其他原因——建设单位负责或委托)

(4) 施工图被取消,包括设计变更取消或现场未施工的,不需要编制竣工图。但应在原图纸目录中注明"取消",并将原图作废。

(5) 由于特殊原因,新的施工内容在没有正式施工图的情况下进行施工的(这种情况一般是不允许的),应按实际施工最终状况由施工单位绘制竣工图,经设计单位签署意见并补充修改依据后方可作为竣工图。

6 工程资料的归档及移交

知识点

(1) 掌握建筑工程资料的分类。
(2) 掌握建设工程资料的归档质量要求及归档范围。
(3) 掌握建设工程资料的工程文件的验收与移交。

基本要求

本单元共分两部分,学生通过本单元的学习应达到以下基本要求:
(1) 能应用《建设工程文件归档整理规范》对建设工程文件资料进行整理、归档。
(2) 培养学生对于工程资料的归档范围与质量要求的掌握能力。
(3) 培养学生对建筑工程档案的验收与移交的知识掌握。

6.1 工程文件的归档

1) 建筑工程资料的分类

(1) 建筑工程资料的分类是按照文件资料的来源、类别、形成的先后顺序以及收集和整理单位的不同来进行分类的,以便于资料的收集、整理、组卷。

从整体上把全部的资料划分为 4 大类,即分为建设单位的文件资料、监理单位的文件资料、施工单位的文件资料、竣工图资料。其中,建设单位的文件资料又划分为立项文件、建设规划用地文件、勘察设计文件、工程招投标及合同文件、工程开工文件、商务文件、工程竣工验收及备案文件、其他文件 8 小类;监理单位的文件资料划分为监理管理资料、监理质量控制资料、监理进度控制资料、监理造价控制资料 4 小类;施工单位的文件资料划分为施工管理资料、施工技术资料、施工物资资料、施工测量记录、施工记录、隐蔽工程检查验收记录、施工检测资料、施工质量验收记录、单位(子单位)工程竣工验收资料 9 小类;竣工图资料划分为综合竣工图、室外专业竣工图、专业竣工图 3 小类。在每一小类中,再细分为若干种文件、资料或表格。

(2) 施工资料的分类应根据类别和专业系统来划分。参见《建设工程文件归档整理规范》(GB/T 50328—2001)、《建筑工程施工质量验收统一标准》(GB 50300—2001)。

(3) 施工资料的分类、整理和保存除执行《建设工程文件归档整理规范》或地方标准及规程外,尚应执行相应的国家法律法规及行业或地方的有关规定。

2) 工程文件的归档质量要求及归档范围

建设工程文件归档是指工程文件形成单位完成其工作任务并将形成的文件整理立卷后,按规定移交档案管理机构。对一个建设工程而言,归档有两方面含义:一是建设、勘察、设计、施工、监理等单位将本单位在工程建设过程中形成的文件向本单位档案管理机构移交;二是勘察、设计、施工、监理等单位将本单位在工程建设过程中形成的文件向建设单位档案管理机构移交。

(1) 工程文件归档的质量要求:① 归档的工程文件应为原件。② 工程文件的内容及其质量必须符合国家有关工程勘察、设计、施工、监理等方面的技术规范、标准和规程。③ 工程文件的内容必须真实、准确,与工程实际相符合。④ 工程文件应采用耐久性强的书写材料,如碳素墨水、纯蓝墨水、圆珠笔、复写纸、铅笔等。⑤ 工程文件应字迹清楚,图样清晰,图表整洁,签字盖章手续完备。⑥ 工程文件中文字材料幅面尺寸规格宜为 A4 幅(297 mm×210 mm),图纸宜采用国家标准图幅。⑦ 工程文件应采用能够长期保存的韧性大、耐久性强的纸张。图纸一般采用蓝晒图,竣工图应是新蓝图。计算机出图必须清晰,不得使用计算机出图的复印件。⑧ 所有竣工图均应加盖竣工图章。竣工图章的基本内容应包括"竣工图"字样、施工单位、编制人、审核人、技术负责人、编制日期、监理单位、现场监理、总监。竣工图章尺寸为50 mm×80 mm。竣工图章应使用不易褪色的红印泥,应盖在图标栏上方空白处。竣工图章示例如图 6-1 所示。⑨ 利用施工图改绘竣工图,必须标明变更修改依据;凡施工图结构、工艺、平面布置等有重大改变,或变更部分超过图面 1/3 的,应当重新绘制竣工图。⑩ 不同幅面的工程图纸应按《技术制图复制图的折叠方法》(GB/10609.3—89)统一折叠成 A4 幅面(297 mm×210 mm),图标栏露在外面。

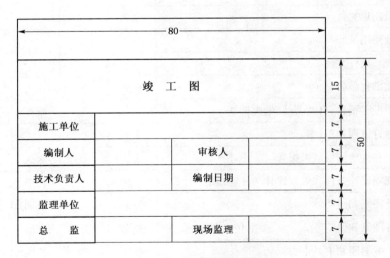

图 6-1 竣工图章示例

(2) 工程文件的归档范围:对与工程建设有关的重要活动、记载工程建设主要过程和现状、具有保存价值的各种载体的文件,均应收集齐全,整理立卷后归档。建设工程文件和档案资料的具体归档范围见表 6-1。

表 6-1　建设工程文件归档范围和保管期限

序号	归档文件	保存单位和保管期限				
		建设单位	施工单位	设计单位	监理单位	城建档案馆
工程准备阶段文件						
一	立项文件					
1	项目建议书	永久				√
2	项目建议书审批意见及前期工作通知书	永久				√
3	可行性研究报告及附件	永久				√
4	可行性研究报告审批意见	永久				√
5	关于立项有关的会议纪要、领导讲话	永久				√
6	专家建议文件	永久				√
7	调查资料及项目评估研究材料	长期				√
二	建设用地、征地、拆迁文件					
1	选址申请及选址规划意见通知书	永久				√
2	用地申请报告及县级以上人民政府城乡建设用地批准书	永久				√
3	拆迁安置意见、协议、方案等	长期				√
4	建设用地规划许可证及其附件	永久				√
5	划拨建设用地文件	永久				√
6	国有土地使用证	永久				√
三	勘察、测绘、设计文件					
1	工程地质勘察报告	永久		永久		√
2	水文地质勘察报告、自然条件、地震调查	永久		永久		√
3	建设用地钉桩通知单(书)	永久				√
4	地形测量和拨地测量成果报告	永久		永久		√
5	申报的规划设计条件和规划设计条件通知书	永久		长期		√
6	初步设计图纸和说明	长期		长期		
7	技术设计图纸和说明	长期		长期		
8	审定设计方案通知书及审查意见	长期		长期		√
9	有关行政主管部门(人防、环保、消防、交通、园林、市政、文物、通讯、保密、河湖、教育、白蚁防治、卫生等)批准文件或取得的有关协议	永久				√
10	施工图及其说明	长期		长期		
11	设计计算书	长期		长期		

续表 6-1

序号	归档文件	保存单位和保管期限				
		建设单位	施工单位	设计单位	监理单位	城建档案馆
12	政府有关部门对施工图设计文件的审批意见	永久		长期		√
四	招投标文件					
1	勘察设计招投标文件	长期				
2	勘察设计承包合同	长期		长期		√
3	施工招投标文件	长期				
4	施工承包合同	长期	长期			√
5	工程监理招标文件	长期				
6	监理委托合同	长期				√
五	开工审批文件					
1	建设项目列入年度计划的申报文件	永久				√
2	建设项目列入年度计划的批复文件或年度计划项目表	永久				√
3	规划审批申报表及报送的文件和图纸	永久				
4	建设工程规划许可证及其附件	永久				√
5	建设工程开工审查表	永久				
6	建设工程施工许可证	永久				√
7	投资许可证、审计证明、缴纳绿化建设费等证明	长期				√
8	工程质量监督手续	长期				√
六	财务文件					
1	工程投资估算材料	短期				
2	工程设计概算材料	短期				
3	施工图预算材料	短期				
4	施工预算		短期			
七	建设、施工、监理机构及负责人					
1	工程项目管理机构(项目经理部)及负责人名单	长期				√
2	工程项目监理机构(项目监理部)及负责人名单	长期			长期	√
3	工程项目施工管理机构(施工项目经理部)及负责人名单	长期	长期			√
监理文件						
1	监理规划					
①	监理规划		长期		短期	√
②	监理实施细则		长期		短期	√

续表 6-1

序号	归档文件	保存单位和保管期限				
		建设单位	施工单位	设计单位	监理单位	城建档案馆
③	监理部总控制计划等	长期			短期	
2	监理月报中的有关质量问题	长期			长期	✓
3	监理会议纪要中的有关质量问题	长期			长期	✓
4	进度控制					
①	工程开工/复工审批表	长期			长期	✓
②	工程开工/复工暂停令	长期			长期	✓
5	质量控制					
①	不合格项目通知	长期			长期	✓
②	质量事故报告及处理意见	长期			长期	
6	造价控制					
①	预付款报审与支付	短期				
②	月付款报审与支付	短期				
③	设计变更、洽商费用报审与签认	长期				
④	工程竣工决算审核意见书	长期				✓
7	分包资质					
①	分包单位资质材料	长期				
②	供货单位资质材料	长期				
③	试验等单位资质材料	长期				
8	监理通知					
①	有关进度控制的监理通知	长期			长期	
②	有关质量控制的监理通知	长期			长期	
③	有关造价控制的监理通知	长期			长期	
9	合同与其他事项管理					
①	工程延期报告及审批	永久			长期	✓
②	费用索赔报告及审批	长期			长期	
③	合同争议、违约报告及处理意见	永久			长期	✓
④	合同变更材料	长期			长期	✓
10	监理工作总结					
①	专题总结	长期			短期	
②	月报总结	长期			短期	

续表 6-1

序号	归档文件	保存单位和保管期限				
		建设单位	施工单位	设计单位	监理单位	城建档案馆
③	工程竣工总结	长期			长期	√
④	质量评价意见报告	长期			长期	√
	施 工 文 件					
一	建筑安装工程					
(一)	土建(建筑与结构)工程					
1	施工技术准备文件					
①	施工组织设计	长期				
②	技术交底	长期	长期			
③	图纸会审记录	长期	长期	长期		√
④	施工预算的编制和审查	短期	短期			
⑤	施工日志	短期	短期			
2	施工现场准备					
①	控制网设置资料	长期	长期			√
②	工程定位测量资料	长期	长期			√
③	基槽开挖线测量资料	长期	长期			√
④	施工安全措施	短期	短期			
⑤	施工环保措施	短期	短期			
3	地基处理记录					
①	地基钎控记录和钎探平面布点图	永久	长期			√
②	验槽记录和地基处理记录	永久	长期			√
③	桩基施工记录	永久	长期			√
④	试桩记录	长期	长期			√
4	工程图纸变更记录					
①	设计会议会审记录	永久	长期	长期		√
②	设计变更记录	永久	长期	长期		√
③	工程洽商记录	永久	长期	长期		√
5	施工材料预制构件质量证明文件及复验报告					
①	砂、石、砖、水泥、钢筋、防水材料、隔热保温、防腐材料、轻集料试验汇总表	长期				√
②	砂、石、砖、水泥、钢筋、防水材料、隔热保温、防腐材料、轻集料出厂证明文件	长期				√

续表 6-1

序号	归档文件	保存单位和保管期限				
		建设单位	施工单位	设计单位	监理单位	城建档案馆
③	砂、石、砖、水泥、钢筋、防水材料、隔热保温、防腐材料、轻集料、焊条、沥青复试试验报告	长期				√
④	预制构件(钢、混凝土)出厂合格证、试验记录	长期				√
⑤	工程物质选样送审表	短期				
⑥	进场物质批次汇总表	短期				
⑦	工程物质进场报验表	短期				
6	施工试验记录					
①	土壤(素土、灰土)干密度试验报告	长期				√
②	土壤(素土、灰土)击实试验报告	长期				√
③	砂浆配合比通知单	长期				
④	砂浆(试块)抗压强度试验报告	长期				√
⑤	混凝土配合比通知单	长期				
⑥	混凝土(试块)抗压强度试验报告	长期				√
⑦	混凝土抗渗试验报告	长期				√
⑧	商品混凝土出厂合格证、复试报告	长期				√
⑨	钢筋接头(焊接)试验报告					√
⑩	防水工程试水检查记录					
⑪	楼地面、屋面坡度检查记录					
⑫	土壤、砂浆、混凝土、钢筋连接、混凝土抗渗试验报告汇总表	长期				√
7	隐蔽工程检查记录					
①	基础和主体结构钢筋工程	长期	长期			√
②	钢结构工程	长期	长期			√
③	防水工程	长期	长期			√
④	高程控制	长期	长期			√
8	施工记录					
①	工程定位测量检查记录	永久	长期			√
②	预检工程检查记录	短期				
③	冬施混凝土搅拌测温记录	短期				
④	冬施混凝土养护测温记录	短期				
⑤	烟道、垃圾道检查记录	短期				

续表 6-1

序号	归档文件	保存单位和保管期限				
		建设单位	施工单位	设计单位	监理单位	城建档案馆
⑥	沉降观测记录	长期				√
⑦	结构吊装记录	长期				
⑧	现场施工预应力记录	长期				√
⑨	工程竣工测量	长期	长期			√
⑩	新型建筑材料	长期	长期			√
⑪	施工新技术	长期	长期			√
9	工程质量事故处理记录	永久				√
10	工程质量检验记录					
①	检验批质量验收记录	长期	长期		长期	
②	分项工程质量验收记录	长期	长期		长期	
③	基础、主体工程验收记录	永久	长期		长期	√
④	幕墙工程验收记录	永久	长期		长期	√
⑤	分部(子分部)工程质量验收记录	永久	长期		长期	√
(二)	电气、给排水、消防、采暖、通风、空调、燃气、建筑智能化、电梯工程					
1	一般施工记录					
①	施工组织设计	长期	长期			
②	技术交底		短期			
③	施工日志		短期			
2	图纸变更记录					
①	图纸会审	永久	长期			√
②	设计变更	永久	长期			√
③	工程洽商	永久	长期			√
3	设备、产品质量检查、安装记录					
①	设备、产品质量合格证、质量保证书	长期				√
②	设备装箱单、商检证明和说明书、开箱报告	长期				
③	设备安装记录	长期	长期			√
④	设备试运行记录	长期				√
⑤	设备明细表	长期				√
4	预检记录		短期			

续表 6-1

序号	归档文件	保存单位和保管期限				
		建设单位	施工单位	设计单位	监理单位	城建档案馆
5	隐蔽工程检查记录	长期	长期			✓
6	施工试验记录					
①	电气接地电阻、绝缘电阻、综合布线、有线电视末端等测试记录	长期				✓
②	楼宇自控、监视、安装、视听、电话等系统调试记录	长期				✓
③	变配电设备安装、检查、通电、满负荷测试记录	长期				✓
④	给排水、消防、采暖、通风、空调、燃气等管道强度、严密性、灌水、通水、吹洗、漏风、试压、通球、阀门等试验记录	长期				✓
⑤	电气照明、动力、给排水、消防、采暖、通风、空调、燃气等系统调试、试运行记录	长期				✓
⑥	电梯接地电阻、绝缘电阻测试记录；空载、半载、满载、超载试运行记录；平衡运速、噪声调整试验报告	长期				✓
7	质量事故处理记录	永久	长期			
8	工程质量检验记录					
①	检验批质量验收记录	长期	长期		长期	
②	分项工程质量验收	长期	长期		长期	
③	分部（子分部）工程质量验收记录	永久	长期		长期	✓
（三）	室外工程					
1	室外安装（给水、雨水、污水、热力、燃气、电讯、电力、照明、电视、消防等）施工文件	长期				✓
2	室外建筑环境（建筑小品、水景、道路园林绿化等）施工文件	长期				✓
二	市政基础设施工程					
（一）	施工技术准备					
1	施工组织设计	短期	短期			
2	技术交底	长期	长期			
3	图纸会审记录	长期	长期			✓
4	施工预算的编制和审查	短期	短期			
（二）	施工现场准备					
1	工程定位测量资料	长期	长期			✓
2	工程定位测量复核记录	长期	长期			✓
3	导线点、水准点测量复核记录	长期	长期			✓

续表 6-1

序号	归档文件	保存单位和保管期限				
		建设单位	施工单位	设计单位	监理单位	城建档案馆
4	工程轴线、定位桩、高程测量复核记录	长期	长期			√
5	施工安全措施	短期	短期			
6	施工环保措施	短期	短期			
(三)	设计变更、洽商记录					
1	设计变更通知单	长期	长期			√
2	洽商记录	长期	长期			√
(四)	原材料、成品、半成品、构配件、设备出厂质量合格证及试验报告					
1	砂、石、砌块、水泥、钢筋(材)、石灰、沥青、涂料、混凝土外加剂、防水材料、粘接材料、防腐保温材料、焊接材料等试验汇总表	长期				√
2	砂、石、砌块、水泥、钢筋(材)、石灰、沥青、涂料、混凝土外加剂、防水材料、粘接材料、防腐保温材料、焊接材料等质量合格证书和出厂检(试)验报告及现场复试报告	长期				√
3	水泥、石灰、粉煤灰混合料;沥青混合料、商品混凝土等试验汇总表	长期				√
4	水泥、石灰、粉煤灰混合料;沥青混合料、商品混凝土等出厂合格证和试验报告、现场复试报告	长期				√
5	混凝土预制构件、管材、管件、钢结构构件等试验汇总表	长期				√
6	混凝土预制构件、管材、管件、钢结构构件等出厂合格证书和相应的施工技术资料	长期				√
7	厂站工程的成套设备、预应力混凝土张拉设备、各类地下管线井室设施、产品等汇总表	长期				√
8	厂站工程的成套设备、预应力混凝土张拉设备、各类地下管线井室设施、产品等出厂合格证书及安装使用说明	长期				√
9	设备开箱报告	短期				
(五)	施工试验记录					
1	砂浆、混凝土试块强度、钢筋(材)焊接连接、填土、路基强度试验等汇总表	长期				√
2	道路压实度、强度试验记录					
①	回填土、路床压实度试验及土质的最大干密度和最佳含水量试验报告	长期				√
②	石灰类、水泥类、二灰类无机混合料基层的标准击实试验报告	长期				√

续表 6-1

序号	归档文件	保存单位和保管期限				
		建设单位	施工单位	设计单位	监理单位	城建档案馆
③	道路基层混合料强度试验记录	长期				√
④	道路面层压实度试验记录	长期				√
3	混凝土试块强度试验记录					
①	混凝土配合比通知单	短期				
②	混凝土试块强度试验报告	长期				√
③	混凝土试块抗渗、抗冻试验报告	长期				√
④	混凝土试块强度统计、评定记录	长期				√
4	砂浆试块强度试验记录					
①	砂浆配合比通知单	短期				
②	砂浆试块强度试验报告	长期				√
③	砂浆试块强度统计评定记录	长期				√
5	钢筋(材)焊、连接试验报告	长期				√
6	钢管、钢结构安装及焊缝处理外观质量检查记录	长期				
7	桩基础试(检)验报告	长期				√
8	工程物质选样送审记录	短期				
9	进场物质批批次汇总记录	短期				
10	工程物质进场报验记录	短期				
(六)	施工记录					
1	地基与基槽验收记录					
①	地基钎探记录及钎探位置图	长期	长期			√
②	地基与基槽验收记录	长期	长期			√
③	地基处理记录及示意图	长期	长期			√
2	桩基施工记录					
①	桩基位置及示意图	长期	长期			√
②	打桩记录	长期	长期			√
③	钻孔桩钻进记录及成孔质量检查记录	长期	长期			√
④	钻孔(挖孔)桩混凝土浇灌记录	长期	长期			√
3	构件设备安装和调试记录					
①	钢筋混凝土大型预制构件、钢结构等吊装记录	长期	长期			√
②	厂(场)、站工程大型设备安装调试记录	长期	长期			√

续表 6-1

序号	归档文件	保存单位和保管期限				
		建设单位	施工单位	设计单位	监理单位	城建档案馆
4	预应力张拉记录					
①	预应力张拉记录表	长期				√
②	预应力张拉孔道压浆记录	长期				√
③	孔位示意图	长期				√
5	沉井工程下沉观测记录	长期				√
6	混凝土浇灌记录	长期				
7	管道、箱涵等工程项目推进记录	长期				√
8	构筑物沉降观测记录	长期				√
9	施工测温记录	长期				
10	预制安装水池壁缠绕钢丝应力测定记录	长期				√
(七)	预检记录					
1	模板预检记录					
2	大型构件和设备安装前预检记录	短期				
3	设备安装位置检查记录	短期				
4	管道安装检查记录	短期				
5	补偿器冷拉及安装情况记录	短期				
6	支(吊)架位置、各部位连接方式等检查记录	短期				
7	供水、供热、供气管道吹破(冲)洗记录	短期				
8	保温、防腐、油漆等检查记录	短期				
(八)	隐蔽工程质量检查(验收)记录	长期	长期			√
(九)	隐蔽工程质量检查评定记录					
1	工序工程质量评定记录	长期	长期			
2	部位工程质量评定记录	长期	长期			
3	分部工程质量评定记录	长期	长期			√
(十)	功能性试验记录					
1	道路工程的弯沉试验记录	长期				√
2	桥梁工程的动、静载试验记录	长期				√
3	无压力管道的严密性试验记录	长期				√
4	压力管道的强度试验、严密性试验、通球试验等记录	长期				√
5	水池满水试验	长期				√

续表 6-1

序号	归档文件	保存单位和保管期限				
		建设单位	施工单位	设计单位	监理单位	城建档案馆
6	消化池气密性试验	长期				√
7	电气绝缘电阻、接地电阻测试记录	长期				√
8	电气照明、动力试运行记录	长期				√
9	供热管网、燃气管网等管网试运行记录	长期				√
10	燃气储罐总体试验记录	长期				√
11	电讯、宽带网等试运行记录	长期				√
(十一)	质量事故及处理记录					
1	工程质量事故报告	永久	长期			√
2	工程质量事故处理记录	永久	长期			√
(十二)	竣工测量资料					
1	建筑物、构筑物竣工测量记录及测量示意图	永久	长期			√
2	地下管线工程竣工测量记录	永久	长期			√
竣　工　图						
一	建筑安装工程竣工图					
(一)	综合竣工图					
1	综合图					√
①	总平面布置图(包括建筑、建筑小品、水景、照明、道路、绿化等)	永久	长期			√
②	竖向布置图	永久	长期			√
③	室外给水、排水、热力、燃气等管网综合图	永久	长期			√
④	电气(包括电力、电讯、电视系统等)综合图	永久	长期			√
⑤	设计总说明书	永久	长期			√
2	室外专业图					
①	室外给水	永久	长期			√
②	室外雨水	永久	长期			√
③	室外污水	永久	长期			√
④	室外热力	永久	长期			√
⑤	室外燃气	永久	长期			√
⑥	室外电讯	永久	长期			√
⑦	室外电力	永久	长期			√

续表 6-1

序号	归档文件	保存单位和保管期限				
		建设单位	施工单位	设计单位	监理单位	城建档案馆
⑧	室外电视	永久	长期			√
⑨	室外建筑小品	永久	长期			√
⑩	室外消防	永久	长期			√
⑪	室外照明	永久	长期			√
⑫	室外水景	永久	长期			√
⑬	室外道路	永久	长期			√
⑭	室外绿化	永久	长期			√
(二)	专业竣工图					
1	建筑竣工图	永久	长期			√
2	结构竣工图	永久	长期			√
3	装修装饰工程竣工图	永久	长期			√
4	电气工种智能化工程竣工图	永久	长期			√
5	给排水工程、消防工程竣工图	永久	长期			√
6	采暖、通风、空调工程竣工图	永久	长期			√
7	燃气工程竣工图	永久	长期			√
二	市政基础设施工程竣工图					
1	道路工程	永久	长期			√
2	桥梁工程	永久	长期			√
3	广场工程	永久	长期			√
4	隧道工程	永久	长期			√
5	铁路、公路、航空、水运等交通工程	永久	长期			√
6	地下铁道等轨道交通工程	永久	长期			√
7	地下人防工程	永久	长期			√
8	水利防灾工程	永久	长期			√
9	排水工程	永久	长期			√
10	供水、供热、供气、电力、电讯等地下管线工程	永久	长期			√
11	高压架空输电线工程	永久	长期			√
12	污水处理、垃圾处理处置工程	永久	长期			√
13	场、厂、站工程	永久	长期			√

续表 6-1

序号	归档文件	保存单位和保管期限				
		建设单位	施工单位	设计单位	监理单位	城建档案馆
竣 工 验 收 文 件						
一	工程竣工总结					
1	工程概况表	永久				√
2	工程竣工总结	永久				√
二	竣工验收记录					
(一)	建筑安装工程					
1	单位(子单位)工程质量竣工验收记录	永久	长期			√
2	竣工验收证明书	永久	长期			√
3	竣工验收报告	永久	长期			√
4	竣工验收备案表(包括各专项验收认可文件)	永久				√
5	工程质量保修书	永久	长期			√
(二)	市政基础设施工程					
1	单位工程质量评定表及报验单	永久	长期			√
2	竣工验收证明书	永久	长期			√
3	竣工验收报告	永久	长期			√
4	竣工验收备案表(包括各专项验收认可文件)	永久	长期			√
5	工程质量保修书	永久	长期			√
三	财务文件					
1	决算文件					
2	交付使用财产总表和财产明细表	永久	长期			√
四	声像、缩微、电子档案					
1	声像档案					
①	工程照片	永久				√
②	录音、录像材料	永久				√
2	缩微品	永久				√
3	电子档案					
①	光盘	永久				√
②	磁盘	永久				√

注:"√"表示应向城建档案馆移交。

6.2 工程文件的验收与移交

6.2.1 工程竣工资料的验收

1) 工程竣工资料验收应具备的条件

列入城建档案馆(室)档案接收范围的工程,建设单位在组织工程竣工验收前,应提前请城建档案管理机构对工程档案进行预验收。建设单位未取得城建档案管理机构出具的认可文件,不得组织工程竣工验收。

(1) 工程竣工验收前,各参建单位的主管(技术)负责人对本单位形成的工程资料进行竣工审查;建设单位应按照国家验收规范规定和城建档案管理的有关要求,对勘察、设计、监理、施工单位汇总的工程资料进行验收,使其完整、准确。

(2) 单位(子单位)工程完工后,施工单位应自行组织有关人员进行检查评定,合格后填写《单位工程竣工预验收报验表》,并附相应的竣工资料(包括分包单位的竣工资料)报项目监理部,申请工程竣工预验收。总监理工程师组织项目监理部人员与施工单位进行检验验收,合格后总监理工程师签署《单位工程竣工预验收报验表》(表6-2)。

(3) 单位工程竣工预验收通过后,应由建设单位(项目)负责人组织设计、监理、施工(含分包单位)等单位(项目)负责人进行单位(子单位)工程验收,形成《单位(子单位)工程质量竣工验收记录表》。当参加验收各方对工程验收意见不一致时,可请当地建设行政主管部门或工程质量监督机构协调处理。

(4) 国家、省、市重点工程项目或大型工程项目的预验收和验收会,应有城建档案馆参加。

(5) 属于城建档案馆接手范围的工程档案,还应由城建档案管理部门对工程档案资料进行预验收,并出具《建设工程竣工档案预验收意见》。

凡列入城建档案馆(室)档案接手范围的工程,建设单位未取得城建档案管理机构出具的认可文件,不得组织工程竣工验收。经城建档案馆验收不合格的,应由城建档案馆责成建设单位重新进行编制,符合要求后重新报送。

表6-2 建设工程竣工档案预验收意见

××市城档建字×××号

工程名称	×××小区工程	建筑面积	
工程地址	××区××街×号	结构类型	
建设单位	×××房地产开发公司	层数	地上: 地下:
项目管理单位			
施工单位	×××建筑工程有限公司	开工日期	××年×月×日
监理单位	×××监理公司	竣工日期	××年×月×日
建设单位联系人	×××	联系电话	××××

续表 6-2

项目管理单位联系人	×××	联系电话	××××
施工单位联系人	×××	联系电话	××××
工程竣工档案内容与编审意见			
根据国务院 279 号令《建设工程质量管理条例》和建设部《城市建设档案管理规定》，经审查，本工程竣工档案的基建文件、监理文件、施工文件及竣工图已基本收集齐全，可以满足竣工档案编制需求。 建设单位已正式办理了竣工档案编制的委托合同，并已在城建档案管理部门备案。竣工档案应在××年×月×日之前向城建档案管理部门移交。			
建设单位：(盖章) 负责人： 联系电话： ××年×月×日		城建档案馆预验收意见： 　　该工程的工程档案已具备竣工验收条件，可以进行工程竣工验收。 　　(公章) 验收人：　　　　　　　　负责人： ××年×月×日	

注：此表一式三份，一份交质量监督机构备案，一份交城建档案管理部门，一份交建设单位。

2）工程竣工资料验收的内容

城建档案管理部门在进行工程竣工资料预验收时，应着重验收以下内容：①工程竣工资料是否齐全、系统、完整；②工程竣工资料的内容是否真实、准确地反映工程建设活动和工程实际状况；③工程档案是否已整理立卷，立卷是否符合规范的规定；④竣工图绘制方法、图式及规格等是否符合专业要求，图面整洁，盖有竣工图章；⑤文件的形成、来源是否符合实际，要求单位和个人签章的文件，其签章手续完备；⑥文件材质、幅面、书面、绘图、用墨、托裱等是否符合要求。

【说明】　纸张的加固方式之一：托裱法

托裱是我国传统的技艺，是行之有效的加固方法。一般可分为单面托裱和双面托裱。单面托裱，就是在有文字的背面进行裱托。双面托裱，则适用于两面有文字的纸张。托裱工艺两种方法基本相同，所不同的是使用的托纸要求不同。

托裱目前应用较为广泛，操作方法是：把需托裱的纸张用湿毛巾覆盖在上，或以清水喷湿，使之湿润，舒展平整。施以浆水，再把托纸盖在上面，用糊帚把它刷平。在上刷托纸时，左手拿着纸张另一头，时时将托纸和纸张书页轻轻掀松，并要与右手动作配合，以不刷出夹皱为度。待全部刷好后，翻开转放到一张干纸上，用糊帚排刷，使之粘接牢固。

托裱又分湿托和干托。操作方法基本与上述方法相同，主要区别在于干托是把浆糊刷在托纸上，湿托却是把浆糊刷在文件上。使用时应根据字迹的耐水程度来决定。

6.2.2　工程竣工资料的移交

施工、监理等工程参建单位应将工程资料按合同或协议在约定的时间内按规定的套数移交给建设单位，并填写移交目录，双方签字、盖章后按规定办理移交手续。

1）移交要求

工程项目实行总承包的，总包单位负责收集、汇总各分包单位形成的工程档案，并应及时向建设单位移交;各分包单位对本单位承包的工程文件负责收集、整理、立卷,并应及时向建设单位移交。

(1) 勘察、设计、施工监理等有关单位应将工程资料按合同或协议约定时间、套数移交给建设单位,向建设单位移交档案时,应填写工程资料移交书、移交目录,双方签字、盖章后方可交接。

(2) 凡列入城建档案馆接手范围的工程档案,竣工验收通过后3个月内,建设单位必须向城建档案馆(室)移交一套符合规定的工程档案,并办理移交手续。推迟报送日期,应在规定报送时间内向城建档案馆申请延期报送,并申明延期报送原因,经同意后办理延期报送手续。

(3) 停建、缓建建设工程的档案,暂时由建设单位保管。

(4) 对改建、扩建和维修工程,建设单位应当组织设计、施工单位据实修改、补充和完善原工程档案。对改变的部位,应当重新编制工程档案,并在工程竣工验收后3个月内向城建档案馆(室)移交。

2) 移交的步骤

对于不同类别的工程,档案移交的步骤如下:

(1) 列入城建档案馆(室)档案接收范围的工程,建设单位在工程竣工验收后3个月内,必须向城建档案馆(室)移交一套符合规定的工程档案。

(2) 停建、缓建建设工程的档案,暂由建设单位保管。各参建方应将已生成的工程资料整理后向建设单位移交。

(3) 对改建、扩建和维修工程,建设单位应当组织设计、施工单位据实修改、补充和完善原工程档案。对改变部位,应当重新编制工程档案,并在工程竣工验收后3个月内,向城建档案馆(室)移交。

(4) 建设单位向城建档案馆(室)移交工程档案时应办理移交手续,填写移交目录,双方签字、盖章后交接。城建档案馆(室)应出具建设工程档案接收证明书(表6-3)。

表6-3 建设工程档案接收证明书

编号:

报送建设工程档案单位			
建设工程项目名称			
建设工程规划许可证号			
工程地点			
工程总投资(万元)		工程建筑面积(长度)	
开工日期		竣工日期	
报送建设工程档案情况	建设工程档案总数　　　卷(盒)。其中:文字材料　　　卷;图纸　　　卷;照片　　　张;录像带　　　盒;其他材料　　　。		
	附:工程档案移交目录　　　份,共　　　张。		

续表 6-3

报送单位(单位印章)：	接收单位(单位印章)：
报送单位法定代表人：	接收人(签字)：
报送人(签字)：	接收时间：

注：本证明书为城建档案管理机构接收城建档案的凭证，房产权属登记管理机构验证此证明书后办理产权证。

3) 移交内容

(1) 工程资料移交书。工程资料移交书是工程资料进行移交的凭证，应有移交日期和移交单位、接手单位盖章(表 6-4)。

(2) 工程档案移交书。使用城市建设档案馆移交书为竣工档案移交的凭证，应有移交日期和移交单位、接收单位盖章(表 6-5)。

(3) 工程档案微缩品移交书。使用城市建设档案馆微缩品移交书为竣工档案进行移交的凭证，应有移交日期和移交单位、接收单位盖章(表 6-6)。

(4) 工程资料移交目录。工程资料移交，办理的工程资料移交书应附工程资料移交目录。

(5) 工程档案移交目录。使用城市建设档案移交目录作为工程档案移交目录的凭证。工程档案移交，办理的城市建设档案移交书应附城市建设档案移交目录(表 6-7)。

表 6-4 工程资料移交书

编号：

　　　　(单位)按有关规定向　　　　(单位)办理工程资料移交手续。共　　册。其中图样材料　　册，文字材料　　册，其他材料　　册。
附：移交明细表

移 交 单 位：(单位印章)	接 收 单 位：(单位印章)
单位负责人：	单位负责人：
移 交 人：	接 收 人：
	移交日期：　　年　月　日

注：本移交书一式两份。一份由报送或移交单位保存，一份由接收单位保存。

表 6-5 城市建设档案移交书

编号：

向城建档案馆移交：
　　档案共计　　卷(盒)。其中：文字材料　　卷(盒)，图纸　　卷(盒)，照片　　张，录像带　　盒，其他材料　　。
　　附：城建档案移交目录　　份，共　　页。

移交单位：(单位印章)	接收单位：(单位印章或"城建档案接收专用章")
单位负责人：	单位负责人：
移交人：	接收人：
	移交时间：　　年　月　日

注：本移交书一式两份。一份由报送或移交单位保存，一份由城建档案馆保存。

表6-6 城市建设档案缩微品移交书

编号

　　　　（单位）向××市城市建设档案馆移交工程缩微品档案。档号　　　　，缩微号　　　　。卷片共　　盘，开窗卡　　张。其中母片：卷片　　盘，开窗卡　　张；拷贝片：卷　片套盘，开窗卡　套张。

　　缩微原件共　　册。其中文字材料　　册，图样材料　　册，其他材料　　册。

　　附：城市建设档案缩微品移交目录

移交单位：（单位印章）　　　　　　　　　　接收单位：（单位印章或"城建档案接收专用章"）
单位负责人：　　　　　　　　　　　　　　　单位负责人：
移交人：　　　　　　　　　　　　　　　　　接收人：

　　　　　　　　　　　　　　　　　　　　　　移交时间：　　年　月　日

注：本移交书一式两份。一份由报送或移交单位保存，一份由城建档案馆保存。

表6-7 工程资料移交目录

序号	工程项目名称	案卷题名	形成年代	××市××工程 资料数量						备注
				文字材料		图样材料		综合卷		
				卷	张	卷	张	卷	张	
1	建设单位资料			1	119	1	16			
2	施工技术资料			1	58	1	16			
3	施工监测资料			1	153					
4	隐藏工程验收记录			1	63					
5	施工质量验收记录			1	43					
6	监理资料			3	217					
7	建筑竣工图					2	37			
8	结构竣工图					3	59			
9	给水竣工图					1	7			
10	排水竣工图					1	7			
11	采暖竣工图					1	5			
12	电器竣工图					1	9			
13	智能竣工图					1	11			

注：综合卷指文字和图样材料混装的案卷。

第二篇 实训指导篇

1 填写施工监理日志

[情景描述]

近期拟在建筑工地的项目监理部进行学习。

[任务要求]

请利用周末在附近的建筑工地或实训基地进行实践活动,根据现场巡查工作的情况,学习草填一篇施工监理日志。

[注意事项]

(1) 在书写监理日志之前,必须做好现场巡查,巡查结束后进行记录。

(2) 除记录工程进度、监理发现存在的问题外,还应记录是怎样科学、合理地解决问题的,以及整改的过程和程度。

(3) 记录应真实、准确,全面地记录、反映与工程相关的问题。

(4) 规范用字,内容严谨。

[参考资料]

(1)《建设工程文件归档整理规范》(GB/T 50328—2001)。

(2) 建设工程应用文写作。

(3)《建设工程监理规范》(GB 50319—2000)。

学习者自评	小组评价	教师评价

1 填写施工监理日志

施工监理日志

工程名称：_____　　　　　　　　　　　　　　　　　　　　　编号：_____

施工部位			
气象情况	最高气温　℃	最低气温　℃	风力：级

注意事项记载：

记录人：

2 编制监理工程师通知单

[情境描述]

某高校5#学生宿舍工程地下室顶板施工监理工程师发现以下问题：

（1）梁内底筋设计数量较多，施工中采用的是支设好梁板、在上部绑扎好梁钢筋骨架后下落的安装方式。由于钢筋的绑扎点偏少，下落过程中铅丝很容易崩断或者滑移，影响到主筋间距、排距。

（2）由于顶板与侧墙分次浇筑混凝土，导致顶板主梁钢筋在边柱（侧墙处）无法实施弯锚，锚固长度及方式不符合规范要求。

[任务要求]

认识、理解、正确把握《监理工程师通知单》，并请就此问题代表监理单位向工程项目部下达一份监理通知，编号为：XG 012。

[注意事项]

（1）对问题的内容描述清楚，文字通顺。
（2）使用专业用语，措辞符合有关技术标准规定。
（3）抄送单位正确。

[参考资料]

（1）《建设工程文件归档整理规范》(GB/T 50328—2001)。
（2）建设工程应用文写作。
（3）××省建筑工程资料表格填写范例。
（4）《建设工程监理规范》(GB 50319—2000)。

学习者自评	小组评价	教师评价

2　编制监理工程师通知单

监理工程师通知单

工程名称：　　　　　　　　　　　　　　　　　　　编号：

致：

事由：

内容：

抄送：

项目监理机构：
总/专业监理工程师：
日期：　　年　月　日

3 图纸会审记录

[情境描述]

某高校 5#学生宿舍工程开工在即,施工现场正召开图纸会审会议。会上,施工单位对施工图提出讨论建议。

[任务要求]

(1) 以小组为单位模拟施工现场图纸会议。请根据教学所提供的图纸或图集及施工说明,按照教师现场布置的题目,分组完成图纸会审。由施工单位代表对本次会议内容作详细记载,与会单位人员分别签字,以作日后施工的依据。

(2) 尝试写出工程概况。

[注意事项]

(1) 图纸会审之前施工人员应熟悉图纸,领会设计意图,掌握工程特点、难点,找出需要解决的重点问题。

(2) 对图纸上表达不清的或有疑问之处应尽量在讨论中及时提出,请求相关单位解答。

(3) 重点关注:

① 建筑、结构单个专业图纸各方面是否有误?施工能否顺利进行?

② 图纸之间是否统一?

③ 结构混凝土质量、钢筋等各种材料设计是否合理,各构件截面尺寸能否优化?

④ 土建、管件有什么特殊要求?

⑤ 各种装饰材料是否满足使用功能,施工是否困难?

⑥ 提出各种利于施工的措施(如材料代换等)。

(4) 工程概况应简明扼要。

[参考资料]

(1)《建设工程文件归档整理规范》(GB/T 50328—2001)。

(2) 建设工程应用文写作。

(3) ××省建筑工程资料表格填写范例。

(4)《建筑法律法规》,中国建筑工业出版社,2006。

学习者自评	小组评价	教师评价

图纸会审记录

工程编号：

工程名称		会审日期及地点	
建筑面积		结构类型	
参与人员	设计单位		
	工程单位		
	监理单位		
	建设单位		
主持人			
记录内容			

记录人：

建设单位签章	设计单位签章	监理单位签章	施工单位签章
代表：	代表：	代表：	代表：

4 施工技术交底记录

[情境描述]

　　某高校 5# 学生宿舍工程正处于地基与基础工程施工阶段，依据工程进展情况，项目部需要对各施工班组进行相应的技术交底活动。假设你是一名施工人员，请撰写施工技术交底文件。

[任务要求]

　　(1) 以学习小组为单位，按教师的安排，分别召开一次不同分项目工程的技术交底会。
　　(2) 就本次工程技术交底会的情况填写形成一份技术交底记录。
　　(3) 交底内容可在以下施工内容自选：现浇框架结构钢筋绑扎工艺、剪力墙结构大模板墙体钢筋绑扎工艺、地下室钢筋绑扎工艺、钢筋手工电弧焊施工工艺、钢筋闪光对焊施工工艺、钢筋电渣压力焊施工工艺、组合钢框木(竹)胶合板模板的安装与拆除工艺、普通混凝土现场拌制工艺、现浇框架结构混凝土浇筑施工工艺。
　　(4) 技术交底的内容要突出重点。记录用语专业、简洁、正确。

[注意事项]

　　(1) 熟悉相关技术标准、规范、工法等。
　　(2) 明确工程技术交底的基本内容、要求。
　　(3) 重视施工准备、操作工艺、应注意的质量问题、质量标准、成品保护等问题。

[参考资料]

　　(1) 建筑工程应用文写作。
　　(2) ××省建筑工程资料表填写范例。
　　(3)《建筑施工手册》，中国建筑工业出版社，2003。

学习者自评	小组评价	教师评价

4 施工技术交底记录

施工技术交底记录

工程名称：	施工单位：	编号：
项目技术负责人：	项目专业施工员：	项目专业质量检查员：
专业组长：	交底时间：　年　月　日	交底地址：

1. 交底分部(子分部)、分项工程名称：
2. 交底内容摘要：
3. 交底内容：

施工单位交底人签字：　　　　　　　　　　　　　　　施工班组接收人签字：

注：1. 执行标准名称及编号是施工单位自行制定的企业标准(如施工操作工艺标准、工法等)的名称编号。
　　2. 企业标准应有编制人、批准人、批准时间、执行时间、标准名称及编号。
　　3. 企业标准的质量水平不得低于国家施工质量验收规范的规定要求。
　　4. 施工单位当前如无企业标准,可暂选用国家有关部委、省市及其他企业公开发布的标准,但选用标准的质量水平不得低于国家现行施工质量验收的规定要求。
　　5. 交底内容摘要,只填写已交代执行标准中的章、节标题和补充内容概要。

5 编写单位工程开工报告

[情境描述]

某高校5♯学生宿舍工程已办理好相关的建设手续,经过审批,假设计划在今年当月当日开工建设。

[任务要求]

请对开工的基本情况进行考察后,根据教师指定的具体项目代表施工单位编写《单位工程开工报告》,并分别报送建设单位、监理单位。

[注意事项]

(1) 把握建设工程开工的基本条件。
(2) 明确工程基本情况。难点是掌握开工准备工作等情况。
(3) 正确填写表格内容,认真把握表中的几个时间。
(4) 把握工程审批的专业用语,明确审查意见。

[参考资料]

(1)《建设工程文件归档整理规范》(GB/T 50328—2001)。
(2) 建设工程应用文写作。
(3) ××省建筑工程资料表格填写范例。
(4)《建筑法律法规》,中国建筑工业出版社,2006。

学习者自评	小组评价	教师评价

单位工程开工报告

工程名称			工程地点			
建筑面积			结构类型		层次	
建设单位			工程造价		承包方式	
施工单位			计划进场人数		实际进场人数	
预定开工日期	年 月 日		计划竣工日期		年 月 日	
国家定额工期	合同协议竣工日期		年 月 日		审查意见	
单位工程开工的基本条件						

建设单位：	监理单位：	施工单位：
年 月 日	年 月 日	年 月 日

6 填写工程开工/复工报审表

[情境描述]

某高校5#学生宿舍工程在基础施工过程中发现疑似古墓而暂时停工。两天后,经文物部门鉴定,现已妥善处理好相关问题。

[任务要求]

按照教师布置的分组编写要求,代表施工单位项目经理草拟一份《过程复工报审表》。

[注意事项]

(1) 应说明复工/开工的充分理由。

(2) 如有相关附件须注明。

[参考资料]

(1)《建设工程文件归档整理规范》(GB/T 50328—2001)。

(2) 建设工程应用文写作。

(3) ××省建筑工程资料表格填写范例。

(4)《建筑法律法规》,中国建筑工业出版社,2006。

学习者自评	小组评价	教师评价

6 填写工程开工/复工报审表

工程开工/复工报审表

工程名称：　　　　　　　　　　　　　　　　　　　编号：

_____：

项目经理：
施工单位(章)：
　　年　月　日

审查意见：

项目经理：
施工单位(章)：
　　年　月　日

7 施工组织设计审批

[情境描述]

某高校 5#学生宿舍工程(框架 12 层,建筑面积 13 600 m²)已经做好了施工组织设计准备工作。

[任务要求]

以学习小组为单位,就施工组织设计开展讨论,评价施工组织设计的可行性、完整性、经济性,并给出评价结论。各小组根据各自的评价结论对施工组织设计开展报批、审核工作并做好记录。

[注意事项]

(1) 熟悉施工组织设计的基本知识等。

(2) 填写报批资料前应理解、熟悉施工组织设计(方案)审批程序,掌握施工组织方案审批的编写方法。

[参考资料]

(1)《建设工程文件归档整理规范》(GB/T 50328—2001)。

(2) 建设工程应用文写作。

(3) ××省建筑工程资料表格填写范例。

学习者自评	小组评价	教师评价

7 施工组织设计审批

施工组织设计(方案)审批记录

工程名称：		结构类型：
结构层次：		建筑面积：

项目经理：
项目部(章)：
　　　　年　月　日

专业监理工程师审查意见：

专业监理工程师：
　　　　年　月　日

监理(建设)单位审核意见：

监理单位项目部总监理工程师：　　　　　　　　　监理(建设)项目部(章)：
(建设单位项目技术负责人)：　　　　　　　　　　　　　　年　月　日

8 填写施工现场质量管理检查记录

[情景描述]

某高校土木工程专业实习生在建筑施工现场了解质量管理检查程序及相关知识。

[任务要求]

（1）通过课余时间参与工程实践的方式，以实习生的身份，根据现场实习掌握的情况，针对某个项目的质量检查情况，填写一份《施工现场质量管理检查记录》。

（2）检查项目及主要内容应具体、明确，检查记录应真实，其技术数据、项目要求应符合设计要求和验收规范规定。

（3）表格填写完毕后，由现场总监理工程师或建设单位项目负责人签署意见并盖章签名。

[注意事项]

熟悉施工质量管理的基本知识，准确把握国家现行施工质量验收标准等。

[参考资料]

（1）《建设工程文件归档整理规范》(GB/T 50328—2001)。
（2）建设工程应用文写作。
（3）××省建筑工程资料表格填写范例。
（4）《建设工程项目管理规范》(GB/T 50326—2006)。

学习者自评	小组评价	教师评价

8 填写施工现场质量管理检查记录

施工现场质量管理检查记录

(GB 50300—2010) 表 A.0.1

开工日期： 年 月 日

工程名称		施工许可证号	
建设单位		项目负责人	
设计单位		项目负责人	
监理单位		总监理工程师	
施工单位		项目经理	项目技术负责人

序号	项 目	主 要 内 容

检查结论：

总监理工程师：
(设计单位项目负责人)：
　　　　　　年　月　日

9 编制混凝土浇灌令

[情景描述]

某高校 5♯学生宿舍工程基础施工中,已经确定当年 6 月 8 日使用 C30 级商品混凝土浇灌①-⑩～①-20 轴/A-F 轴基础梁;7 月 1 日浇灌主体部分竖向构件①-⑩/A-F 轴。假设你是该项目的施工员在施工工地现场。

[任务要求]

(1) 根据相关图纸,按分组工作安排,对施工准备情况进行自抽自检,准确、严格地把握混凝土浇筑质量控制要求,并学习填写一份《混凝土浇灌令》,报监理单位审批。此外,根据要求,做好混凝土施工记录。

(2) 课外以小组为单位调研一个工地,了解混凝土浇灌基本要求。

[注意事项]

检查内容主要有:工程实体的隐藏质量验收以及工程实体进行隐蔽的各项措施情况。

比较学习《混凝土浇灌令》和《商品混凝土施工记录》。

[参考资料]

(1)《建设工程文件归档整理规范》(GB/T 50328—2001)。

(2) 建设工程应用文写作。

(3) ××省建筑工程资料表格填写范例。

学习者自评	小组评价	教师评价

9 编制混凝土浇灌令

混凝土浇灌令

工程名称：　　　　　　　　　　　　　　　　　施工单位：

单位工程名称：

浇灌部位：

浇灌日期	计划　年　月　日	核定　年　月　日
浇灌条件检查核实内容	施工自检意见	记录核实意见
隐蔽工程记录签证情况		
预留预埋情况		
模板稳固性及湿润情况		
混凝土配合比及基梁设施等情况		
混凝土施工机械及运输机完好情况		
水源、电源保障情况		
附注		

项目经理：　　　　　　　　　　　　　　　　　监理工程师：

商品混凝土施工记录

工程名称：　　　　　　天气：　　　　　　温度：　　　　　　　　　　共　页，第　页

混凝土浇捣部位（轴线、标高及构件名称）：	混凝土设计强度：
商品混凝土生产单位及联系电话：	厂家计量认证证书：
浇捣时间：	连续浇捣量：
实验室设计配合比：　　　　　　编号	配合比试块推算强度：
商品混凝土生产单位实验资质证书编号：	
掺入外加剂的种类及水泥重量掺量比例：　　　　　　水泥：	

商品混凝土计算机出料单

施 工 事 项 检 查 落 实 情 况

1	钢筋绑扎及支模体系是否符合要求：
2	管线的预留预埋预设是否符合设计要求：
3	浇水养护时间、覆盖方式等情况交代检查：
4	坍落度共检查　　次，其检查值(cm)分别为：
5	留置混凝土试块共　组。其中，标准强度实验　组，抗渗实验　组，同条件养护实验　组

检查落实情况说明：	记录是否真实可靠：
施工单位项目 专业技术负责人： 　　　　　　年　月　日	监理(建设)项目部(章) 监理(建设)单位旁站监督人： 　　　　　　年　月　日

注：该记录由施工单位填写；对现浇混凝土构件应有专人跟踪调正钢筋偏位。管线安装专业在浇筑混凝土施工时应派专人进行施工。

10 填写隐蔽工程验收资料

[情景描述]

某高校5#学生宿舍工程已完成1-6轴交A-G轴基础梁钢筋安装工程,施工项目部的技术负责人员安排在下道工序开始前对所有钢筋的规格型号、数量、绑扎、间距、锚固、焊接等情况进行检查。假设你是项目部的质量检查员,正在履行自己的工作职责。

[任务要求]

(1) 在监理验收检查前,向工程监理部门报告,并提交《建筑结构隐蔽工程验收记录》。
(2) 学习时请仔细阅读表格下方的说明,并按照教师的布置分别填写。

[注意事项]

(1) 掌握隐蔽工程验收工作的基本情况,准确把握国家现行相关施工质量验收标准等。
(2) 检查情况应注明是否按设计图(XS结施-12)配筋和施工;是否符合设计要求和施工规范规定。施工所用的钢筋应具备送检合格的相关证明。
(3) 必要时应画出平面图。

[参考资料]

(1)《建设工程文件归档整理规范》(GB/T 50328—2001)。
(2) 建设工程应用文写作。
(3) ××省建筑工程资料表格填写范例。
(4)《混凝土结构工程施工质量验收规范》(GB 50204—2011)。
(5)《钢筋混凝土用钢》(GB 1499.1—2008)。

学习者自评	小组评价	教师评价

建筑结构隐蔽工程验收记录(一)

工程名称：　　　　　　　　　验收日期：　　年　　月　　日　　共　　页，第　　页

分项工程名称：	子分部工程名称：	隐蔽部位：
项目经理：	施工技术负责人：	施工图号：

施工执行标准名称及编号：

隐蔽工程部位(轴线、标高)	数量	施工单位全数检查情况及说明	监理(建设)单位验收记录

施工单位工程部位检查评定结果：

项目专业质量检查员：　　　　　　　　项目专业技术负责人：　　　年　　月　　日

监理(建设)单位验收结论：

　　　　　　　　　　　　　　　　　　　　　　　　　监理(建设)项目部(章)
专业监理工程师(建设单位项目技术负责人)：　　　　　　　　年　　月　　日

勘察设计技术交底会议等列入须经设计人员参与隐蔽验收的部位签证

勘察设计单位参加验收人意见：

　　　　　　　　　　　　　　　　　　　　　　　　　验收人签名：　　　年　　月　　日

注：1. 该记录由施工项目专业质量检查员填写，监理工程师(建设单位项目技术负责人)组织项目专业技术负责人等进行验收。
2. 记录时应首先说明是否按设计图号施工，如有设计变更应立即在备用竣工图纸上用红色文字注明变更情况或绘制变更补充图；凡有、无设计变更，监理(建设)单位的旁站监督人均应在备用竣工图号上签字认可后，才能办理该部位隐蔽验收手续。
3. 隐蔽验收时，必须严格按国家施工质量验收规范的主控项目，一般基础上的内容要求全数检查，凡有不合格的必须当即整改达到合格后才能办理隐蔽验收手续。
4. 检查评定结论必须语言规范，并针对主控项目、一般项目，特别是结构构造措施的内容要求，填写真实可靠的结果和结论。

建筑结构隐蔽工程验收记录(二)

工程名称:		验收日期: 年 月 日 共 页,第 页	
分项工程名称:	子分部工程名称:		隐蔽部位:
项目经理:	施工技术负责人:		施工图号:
施工执行标准名称及编号:			

隐蔽工程部位(轴线、标高)	数量	施工单位全数检查情况及说明	监理(建设)单位验收记录

施工单位工程部位检查评定结果:

项目专业质量检查员:　　　　　　　　项目专业技术负责人:　　　　年　月　日

监理(建设)单位验收结论:

　　　　　　　　　　　　　　　　　　　　　　　　　　监理(建设)项目部(章)
专业监理工程师(建设单位项目技术负责人):　　　　　　　　年　月　日

勘察设计技术交底会议等列入须经设计人员参与隐蔽验收的部位签证

勘察设计单位参加验收人意见:

　　　　　　　　　　　　　　　　　　　　　　　　　　验收人签名
　　　　　　　　　　　　　　　　　　　　　　　　　　　年　月　日

注:1. 该记录由施工项目专业质量检查员填写,监理工程师(建设单位项目技术负责人)组织项目专业技术负责人等进行验收。
　　2. 记录时应首先说明是否按设计图号施工,如有设计变更应立即在竣工图纸上用红色文字注明变更情况或绘制变更,监理(建设)单位的旁站监督人均应在备用竣工图号上签字认可后,才能办理该部位隐蔽验收手续。
　　3. 隐蔽验收时,必须严格按国家施工质量验收规范的主控项目,一般基础上的内容要求全数检查,凡有不合格的必须当即整改达到合格后才能办理隐蔽验收手续。
　　4. 检查评论结论必须语言规范,并针对主控项目、一般项目,特别是结构构造措施的内容要求,填写真实可靠的结果或结论。

11 填写施工日志

[情景描述]

施工员小黄因故请假,由在工地实习的你暂时代班。

[任务要求]

根据实习的观察或根据教师选用的工程项目情况教学案例,填写一篇施工日志。

[注意事项]

(1) 熟悉施工技术管理的基本规范和质量管理方法等,掌握技术要求。

(2) 施工日志记录应写明具体时间、气象情况,内容主要记录当天的施工生产情况,施工现场发生的大事、要事等。

(3) 施工情况记录应客观真实,详略得当。

[参考资料]

(1)《建设工程文件归档整理规范》(GB/T 50328—2001)。

(2) 建设工程应用文写作。

(3) ××省建筑工程资料表格填写范例。

学习者自评	小组评价	教师评价

11 填写施工日志

施工日志

日期		星期		平均气温		气象	
施工单位		出勤人数		操作人员		上午	下午
工长				记录员			

12 填写工程联系函

[情景描述]

某高校 5♯学生宿舍向西与第 4 栋学生宿舍相连。5♯学生宿舍工程竣工后,学校确定需拆除西向 2-6 楼两楼公共走廊之间的隔墙,以形成正常的消防通道。

[任务要求]

就拆除 180 隔墙相关的系列问题向该工程的监理单位草拟一份《工程联系函》。

[注意事项]

(1)填报内容应包括拆墙造成的影响,需要补门洞、门边抹灰、补地砖、补踢脚线、垃圾清运等问题。

(2)文字简明扼要,涉及工程质量请列出计算式。

(3)处理建议、处理方案等符合技术工艺要求。

[参考资料]

(1)《建设工程文件归档整理规范》(GB/T 50328—2001)。

(2)建设工程应用文写作。

(3)××省建筑工程资料表格填写范例。

学习者自评	小组评价	教师评价

工程联系函

工程名称		编号	

施工单位名称：
项目经理(签字)：
　　年　月　日

13 建筑测量放线定位工作报验

[情景描述]

施工单位根据市建设局给定的总结,完成了对某高校5#学生宿舍的测量定位工作。

[任务要求]

(1) 根据相关图纸及测量数据向监理单位填报一份《建筑测量定位报验申请表》。

(2) 应说明完成施工测量方案、红线桩核成果、水准点引测成果及施工过程中各种测量的概况,有示意图的要注明。

(3) 编号符合资料管理要求。

[注意事项]

(1) 明确过程定位测量的内容及相关要求。

(2) 明确资料的归档责任人。

[参考资料]

(1)《建设工程文件归档整理规范》(GB/T 50328—2001)。

(2) 建设工程应用文写作。

(3) ××省建筑工程资料表格填写范例。

(4)《工程测量规范》(GB 50026—2007)

学习者自评	小组评价	教师评价

13 建筑测量放线定位工作报验

建筑测量定位报验申请表

工程名称： 　　　　　　　　　　　　　　　　　编号：

致：＿＿＿＿＿＿＿＿＿＿

施工单位(章)：
项目经理：
日期： 年 月 日

审查意见：

总/专业监理工程师：
监理项目部(章)：
日期： 年 月 日

14 建筑物沉降、变形观测测量记录

[情景描述]

某高校5#学生宿舍工程已完成地基基础工程。假设你是一名测量员,依据规范要求需对所建房屋建筑物设置沉降观测点,并进行第一次沉降观测。

[任务要求]

请根据相关图纸及具体数据向施工单位测量学习如何填写《建筑物沉降、变形观测测量记录》,并将上述沉降观测点布设及观测数据准确填入相关表格中。

[注意事项]

(1) 熟悉测量仪器的操作。
(2) 掌握沉降观测点的设置要求。
(3) 掌握沉降观测成果的整理及方法。

[参考资料]

(1)《建设工程文件归档整理规范》(GB/T 50328—2001)。
(2) 建设工程应用文写作。
(3) ××省建筑工程资料表格填写范例。
(4)《建筑地基基础设计规范》(GB 50007—2011)。

学习者自评	小组评价	教师评价

14 建筑物沉降、变形观测测量记录

建筑物沉降、变形观测测量记录

工程名称		观测日期	自　年　月　日至　年　月　日

观测点平面布置图及说明：

施工单位工程结果：	监理（建设）单位核查结论：
	项目专业监理工程师 （建设单位项目技术负责人）：
施工单位项目专业技术负责人： 　　　　　　　　　　年　月　日	监理（建设）项目部（章） 　　　　　　　　　年　月　日

注：如果竣工验收时观测点的沉降、变形尚未稳固，应交代清楚有关继续观测直至稳定为止的事项。固定水准点应按规定设置、保护好；建筑物上的观测点应布置合理，水平间距符合规定要求，并在平面图上标注其尺寸。

建筑物沉降、变形观测测量记录(续表)

观测名称				观测日期		
观测时施工形象进度:						
观测点编号	观测部位	前次观测高程(m)	本次沉降高程(mm)	本次沉降数(高程高差)(mm)	累计沉降数(mm)	备 注

专职测量员:　　　　　　　　　　　　　　监理(建设)单位旁站监督人:

观测记录员:　　　　　　　　　　　　　　　　　　　　　　　年　月　日

第　次观测:　　　　　　　　　　　　　　　　　　　　　　　共　页,第　页

15 工程物资进场报告

[情景描述]

在某高校5#学生宿舍施工现场,需报验 GTS/-322 全站仪等设备,25t 水泥,新进场一批室内饰面采用的天然花岗石材、人造木板和饰面人造板材等材料。根据施工管理要求,需要对工程材料、构配件、设备等履行质量控制自查,实行见证取样和送检。请按程序开展相应的工作并分别填写《工程材料/构配件/设备报审表》。

[任务要求]

(1) 深入教学工地或一个建筑施工现场进行调研,了解工程材料、构配件及设备报审工作情况。

(2) 请依据施工现场材料员的工作职责,针对工程材料、预制构配件、设备报审任务程序分别填写《工程材料/构配件/设备报审表》。将产品出厂合格证(粘贴表)、工程材料进场检验记录、送检委托单、水泥试验报告、工程物资报审表等资料向监理机构报验(设备按调研或教师给定的名称填报)。

(3) 请每人收集一项建筑原材料、半成品、成品质量证明文件,并对质量的有效性进行鉴别。通过对有关物理性能等参数指标的检测作出施工需要的符合性判定。

[注意事项]

(1) 应明确建筑材料、构配件和设备进场管理规范及具体工作程序。

(2) 国家规定必须实行见证取样和送检的试块试件材料:承重结构混凝土试块、墙体砌筑砂浆试块、钢筋及连接接头试件、承重墙砖及小型砌块,拌和用水泥、拌和用外加剂、防水材料等。对涉及结构安全的试块、试件及有关材料,应当在建设单位或者工程监理单位的监督下现场取样并送检。

(3) 填报内容应包括工程材料/构配件/设备进场时间、数量、产品质量合格证明、自检是否符合设计文件和规范的要求情况等。

(4) 附件应体现数量清单、质量证明文件、自检结果等其余文件资料

[参考资料]

(1)《建设工程文件归档整理规范》(GB/T 50328—2001)。

(2) ××省建筑工程资料表格填写范例。

学习者自评	小组评价	教师评价

工程材料/构配件/设备报审表

工程名称：　　　　　　　　　　　　　　　　　　　　　　　编号：

　　　　　　　　　：

项目经理：
工程单位（章）：
年　　月　　日

审查意见：
　　经检查，上述工程材料/构配件/设备，符合/不符合设计文件和规范的要求，准许/不准许进场/，同意/不同意使用于拟定部位。

总/专业监理工程师：
监理项目部（章）：
年　　月　　日

15　工程物资进场报告

工程材料/构配件/设备报审表

工程名称：　　　　　　　　　　　　　　　　　　　　　　　　编号：

　　_____：

　　　　　　　　　　　　　　　　　　　　　　　　项目经理：
　　　　　　　　　　　　　　　　　　　　　　　工程单位（章）：
　　　　　　　　　　　　　　　　　　　　　　　　　年　　月　　日

审查意见：
　　经检查，上述工程材料/构配件/设备，符合/不符合设计文件和规范的要求，准许/不准许进场/，同意/不同意使用于拟定部位。

　　　　　　　　　　　　　　　　　　　　　　总/专业监理工程师：
　　　　　　　　　　　　　　　　　　　　　　监理项目部（章）：
　　　　　　　　　　　　　　　　　　　　　　　　年　　月　　日

工程材料/构配件/设备报审表

工程名称：　　　　　　　　　　　　　　　　　　　　　　　　编号：

　　_____：

　　　　　　　　　　　　　　　　　　　　　　　　项目经理：
　　　　　　　　　　　　　　　　　　　　　　　工程单位（章）：
　　　　　　　　　　　　　　　　　　　　　　　　　年　　月　　日

审查意见：
　　经检查，上述工程材料/构配件/设备，符合/不符合设计文件和规范的要求，准许/不准许进场/，同意/不同意使用于拟定部位。

　　　　　　　　　　　　　　　　　　　　　　总/专业监理工程师：
　　　　　　　　　　　　　　　　　　　　　　监理项目部（章）：
　　　　　　　　　　　　　　　　　　　　　　　　年　　月　　日

16 见证取样送检

[情景描述]

施工现场需要进场一批原料如下：

(1) 100 t PO 32.5 级水泥。该批水泥由星光集团湖南水泥优先公司生产，出厂质量等级为 32.5 级，送检量为 12 kg。

(2) 普通烧结砖 10 万块，混凝土小型砌块砖 15 万块，均由湘中砖厂生产。

(3) 由耐力钢铁公司生产的 30 t 直径为 22 mm 的螺纹钢，用于基础；30 t 直径为 10 mm 的圆钢，用于柱、梁；各 30 t HRB 400，牌号分别为 20 MnSiV、20 MnSiNb、20 MnSiTi 的 Ⅲ 级混凝土用热轧带肋钢筋。

[任务要求]

按分组学习安排，按照送检要求，就送样检验向湖南省工程质量检测中心上报《见证取样送检委托书》，完成一次报审工作。

[注意事项]

(1) 熟悉材料的各项技术要求，严格质量控制。
(2) 正确填写《见证取样送检委托书》。
(3) 熟悉见证取样、封样、送检方法要求。

[参考资料]

(1)《混凝土结构工程施工质量验收规范》(GB/50204—2002.2011 年修订版)。
(2)《混凝土强度检验评定标准》(GB/T 50107—2010)。
(3)《钢筋焊接及验收规程》(JGJ 18—2012)。
(4) ××省建筑工程资料表格填写范例。
(5) 常用原材料及施工过程试验取样规定。

学习者自评	小组评价	教师评价

见证取样送检委托书

工程名称: 　　　　　　　　　　　　　　　　　　　　　　　　　　　年　月　日

产品(含混凝土砂浆试块及焊件等)名称:					实验项目:			
规格型号								
出厂批(炉、编)号								
进场批量(吨、个、件)								
出厂质量证明书								
出厂质量等级								
出厂日期								
生产厂名								
供应商品								
样品编号								
代表部位(层次、轴线)								
样品重量								
样品单件数								
取样人签名								
见证人签名								
收样人签名								
施工单位:			电话:		检测单位:			电话:

取样说明:

　　　　　　　　　　　　　　　　　　　　　　　　　　　监理(建设)项目部(章):
　　　　　　　　　　　　　　　　　　　　　　　　　　　　　　　　年　月　日

注:1. 本委托书一式三份,监理(建设)、施工、检测各一份。
　　2. 施工单位应将本委托书及其检测试验报告一并归档。
　　3. 见证人签名处应加盖见证人单位章。

17 实验报告汇总

[情景描述]

施工现场先后进场的几批红砖、桩基础工程钢筋已先后分别提交送检,并出具检测报告。

[任务要求]

请你根据所学的知识,以及教学提供的水泥、混凝土、砂浆、红砖、钢筋等不同的检测试验报告及相关数据,分别认真进行数据的汇总统计,并核定砖的强度等级,对《钢筋材质试验报告汇总表》进行正确的填报和判断。

[注意事项]

(1) 熟悉见证取样、封样、送检方法和各项技术要求,认真、正确地填写《砖材质试验报告汇总表》、《钢筋材质试验报告汇总表》。

(2) 汇总表上的项目应分检测批如实对应填全。

[参考资料]

(1)《混凝土结构工程施工质量验收规范》(GB/50204—2002)2011年修订版。
(2)《混凝土强度检验评定标准》(GB/T 50107—2010)。
(3)《钢筋焊接及验收规程》(JGJ 18—2012)。

学习者自评	小组评价	教师评价

砖材质试验报告汇总表

工程名称：　　　　　　　　　　　　　　　　　　　　　　年　月　日　共　页,第　页

批次	品种	出厂批(编号)	进场数量(万块)	使用部位	进场日期	试验日期	设计强度等级	试验强度				外观质量	生产质量	出产厂家	出厂材质证明	备注
								强度平均值(MPa)	强度标准值($\delta \leqslant 0.21$)	单块强度最小值($\delta > 0.21$)	认定强度等级					

施工单位填报人：　　　　　　　　　　　　　　　　监理(建设)单位检查人：

钢筋材质试验报告汇总表

工程名称： 　　　　　　　　　　检查日期：　　年　月　日　共　页,第　页

批次	钢材牌号	钢筋直径(mm)	进场批量(t)	进场批(炉)号	使用部位	送检日期	试验日期	每组试件根数	物理力学性能试验结果						出厂材质证明	备注
									强度(MPa)		伸长率(%)	冷弯性能	焊接性能	结论		
									屈服点	抗拉强度						
1																
2																
3																
4																
5																
6																
7																
8																
9																
10																
合计																

施工单位填报人(签字)：　　　　　　　　　　监理(建设)单位核查人(签字)：

18 填写施工技术核定单

[情景描述]

某高校5#学生宿舍工程已施工至地上主体结构第5标准层。合同内指定的某品牌热轧钢筋市场供应不稳定,尤其是18 mm、20 mm两种规格出现断货。

[任务要求]

请你根据此情况找出处理方法,并就上述问题草拟一份《施工技术核定单》提请建设方审批。

[注意事项]

(1) 认识、熟悉和正确使用《施工技术核定单》。
(2) 明确《施工技术核定单》的工程用途及操作程序。

[参考资料]

(1)《建设工程文件归档整理规范》(GB/T50328—2001)。
(2) 建筑工程应用文写作。
(3) ××省建筑工程资料表格填写范例。

学习者自评	小组评价	教师评价

施工技术核定单

工程名称		施工单位	
图　号		联系日期	

原则问题及说明	
	施工单位：　　　　　　经办人：　　　　　　审核人： 　　　　　　　　　　　　　　　　　　　　　　年　月　日

核定单位意见	监理单位意见： 核定人：　　　　　　　　　　　　　　　　　　　年　月　日
	建设单位意见： 核定人：　　　　　　　　　　　　　　　　　　　年　月　日
	设计单位意见： 核定人：　　　　　　　　　　　　　　　　　　　年　月　日

19 填写工程经济签证单

[情景描述]

某高校 5♯ 学生宿舍工程中,建设方要求增加排污化粪池配套设施功能,项目内容包括:采用 240 mm 厚砖砌井壁,井深 1 400 mm(含 100 mm C15 垫层),井内径 100～700 mm,井盖复合材料,土方外运 1 km。

[任务要求]

(1) 请按教学要求分别填写《工程经济签证单》、《工程洽商记录》。
(2)《工程商洽记录》中应明确施工项目、施工范围、工程量、施工方案等。
(3)《工程经济签证单》中应明确签证项目、工程量、套用单价等。

[注意事项]

(1) 明确《工程经济签证单》与《工程商洽记录》的性质与区别,正确填写《工程经济签证单》的内容。
(2) 熟悉施工过程、技术规范及施工方法、工艺等,正确计算工程量。

[参考资料]

(1)《建设工程文件归档整理规范》(GB/T50328—2001)。
(2) 建筑工程应用文写作。
(3) ××省建筑工程资料表格填写范例。
(4)《建设工程工程量清单计价规范》(GB/T50500—2013)或《××省建设工程工程量清单计价办法》(×建价〔2009〕406 号)。

学习者自评	小组评价	教师评价

工程经济签证单

工程名称		日期	年　月　日

建设单位签章：	财政单位签章：	监理单位签章：	施工单位签章：
日期：	日期：	日期：	日期：

19 填写工程经济签证单

工程洽商记录

工程名称		专业名称	
提出单位		日期	
内容提要			

洽商内容：

建设单位	监理单位	设计单位	施工单位
代表(盖章)：	代表(盖章)：	代表(盖章)：	代表(盖章)：

20 编制质量事故报告

[情景描述]

假设某工程在桩基础施工过程中出现以下问题：

(1) 桩型为正循环泥浆护壁钻孔灌注桩，平均长 16 m。
(2) 地下水位为地面以下 5 m 左右，采用了水下浇筑混凝土施工方法。
(3) 用超声波检测桩身完整性，发现有 10% 不同程度断桩。

经监理工程师初步认定已构成工程质量等级事故，要求施工单位依据工程质量事故处理程序上报。

[任务要求]

(1) 请根据这一情况，分析质量事故产生的原因，并编写一份质量事故报告。
(2) 掌握《工程质量事故报告》及编制方法，按照国家建设行政主管部门规定的程序上报。

[注意事项]

(1) 对质量事故的原因要作出科学的分析。
(2) 要根据已掌握的知识，提出技术改进措施；改进措施应切实可行。

[参考资料]

(1)《建设工程文件归档整理规范》(GB/T 50328—2001)。
(2) 建筑工程应用文写作。
(3) ××省建筑工程资料表格填写范例。
(4)《建设工程项目管理规范》(GB/T50326—2006)。
(5)《建筑法律法规》，中国建筑工业出版社，2006。

学习者自评	小组评价	教师评价

20 编制质量事故报告

工程质量事故报告

建设单位		施工单位	
工程地址		事故类型	
事故发生时间及部位			
经济损失		死亡人数	
事故情况及主要原因			
采取的措施及事故控制情况			
备注			

施工企业负责人：　　　　　　　　填报人：　　　　　　施工企业（章）：

　　　　　　　　　　　　　　　　　　　　　　　　　　填报日期：　　年　月　日

21 填写安全检查、考核资料

[情景描述]

  今天项目部将会同建设单位、监理单位对施工现场安全文明生产情况、安全生产责任制落实情况进行一次专项检查和考核。你作为施工单位的安全员全程参与检查并负责记录。

[任务要求]

  (1) 安全生产检查的重点是：
  ① 基坑边坡、土质情况。
  ② 临时用电线路搭设情况。
  ③ 外脚手架搭设情况。
  ④ 对检查发现的问题，请提出整改计划。整改计划应具体、可行、规范。
  (2) 填写《安全检查记录表》、《安全生产责任制考核记录》。

[注意事项]

  (1) 特别注意基坑边坡有无裂缝，边坡防护搭设是否符合规范要求。
  (2) 外脚手架搭设过程中架体地基是否进行地基处理，有无架体落在回填土上的现象，搭设是否正确，扣件连接紧密情况，架板摆放是否正确，是否存在安全隐患。
  教师可根据教学情况变更或另定检查内容。学习者可以根据教师布置的课内外实践活动完成该任务，也可以根据教学工地检查或调研的实际情况进行填写。

[参考资料]

  (1)《建设工程项目管理规范》(GB/T 50326—2006)。
  (2)《建筑工程施工质量验收规范》(GB 50204—2011)。

学习者自评	小组评价	教师评价

安全检查记录表

单位工程名称		施工单位	
检查日期		检查人员	

检查内容：

检查意见：

整改意见（对重大事故隐患另附整改通知单）：

整改结果：

项目部安全负责人： 　　　　　　　　　　　　　　　　　　　　　　　　年　月　日

安全生产责任制考核记录

工程名称：

被考核部门（人）		考核时间	
责任制执行情况			
存在的问题			
考核意见			

考核单位：　　　　　　　　　　　　　　　　　　　　考核负责人：

　　　　　　　　　　　　　　　　　　　　　　　　　　　　年　　月　　日

注：考核与被考核部门（人）各一份。　　　　　　　　　制表人：

22 填写土方开挖工程检验批质量验收记录表

GB 5020—2002

[情景描述]

项目基础部分 H 段进行开挖浅基础、管沟。按施工设计要求,槽宽 60 cm,深度 0.5 m,边坡为 1∶0.5。挖土自上而下水平分段进行,每层 0.3 m 左右。土方开挖工程已完成,检查评定已作出相关记录。

[任务要求]

请就地基与基础工程的基槽①-⑩/A-F轴检查记录情况填写检查评定意见。

[注意事项]

(1) 熟悉《建筑地基基础工程施工质量验收规范》(GB 50202—2002)等土方开挖工程相关质量验收规范要求,准备执行标准。

(2) 认真阅读填表说明,掌握土方开挖工程检验批质量验收记录的编写方法。对比熟悉土方回填工程检验批质量验收记录。明确土方开挖/回填工程检验批质量验收资料的收集归档责任人。

(3) 难点:准确把握主控项目、一般项目的验收标准。

[参考资料]

(1)《建设工程文件归档整理规范》(GB/T 50328—2001)。
(2) 建筑工程应用文写作。
(3)《建筑工程施工质量验收规范》(GB 50204—2011)。
(4)《建筑地基基础工程施工质量验收规范》(GB 50202—2002)。

学习者自评	小组评价	教师评价

土方开挖工程检验批质量验收记录表
GB 5020—2002

010101□□

单位(子单位)工程名称							
分部(子分部)工程名称				验收部位			
施工单位				项目经理			
分包单位				分包项目经理			
施工执行标准名称及编号							

施工质量验收规范的规定							施工单位检查评定记录	监理(建设)单位验收记录
项目		允许偏差或允许值(mm)						
		桩基基坑基槽	挖方场地整平		管沟	地面基层		
			人工	机械				
主控项目	1 标高	−50	±30	±50	−50	−50		
	2 长度、宽度(由设计中心线向两边量)	+200 −50	+300 −100	+500 −150	+100	—		
	3 边坡	设 计 要 求						
一般项目	1 表面平整度	20	20	50	20	20		
	2 基底土性	设 计 要 求						

专业工长(施工员)		施工班组长	

施工单位检查评定结果	项目专业质量检查员： 年 月 日
监理(建设)单位验收结论	专业监理工程师 (建设单位项目专业技术负责人)： 年 月 日

说明：1. 土方开挖是一个综合性项目,使用哪一项打□注明,或在表名前加上"××土方开挖"更清楚。

2. 主控项目：①标高,是指挖后的基底标高,用水准仪测量,检查测量记录。②长度、宽度,是指基底的长度、宽度。用经纬仪,拉线尺检查,检查测量记录。③边坡,符合设计要求。按第6.2.3条观察检查或用坡度尺检查。只能坡,不能陡。

3. 一般项目：①表面平整度,主要是指基底,用2m靠尺和楔开塞尺检查。②基底土性,符合设计要求。观察、检查或土样分析。通常请勘察、设计单位来验槽,形成验槽记录。土方开挖前检查定位放线、排水和降低地下水位系统,合理安排土方运输车的行走路线及弃土场。施工过程中检查平面位置、水平标高、边坡坡度、压实度、排水、降低地下水位系统,并随时观测周围的环境变化。

4. 施工挖成后进行验槽,形成施工记录及检验报告,检查施工记录及验槽报告。

23 填写建筑安装材料、设备及配件产品进场验收记录

[情景描述]

某高校 5♯学生宿舍建筑安装材料、设备已陆续进场。

[任务要求]

请对卫生洁具、防盗门进行验收，并向本省工程质量检测中心上报一份《建筑安装材料、设备及配件产品进场验收记录》。

[注意事项]

（1）熟悉《见证取样、封样、送检方法要求》。
（2）明确材料进场验收的具体工作程序。
（3）验收记录应与产品实际相符。

[参考资料]

（1）《建设工程文件归档整理规范》(GB/T 50328—2001)。
（2）建筑工程应用文写作。
（3）××省建筑工程资料表格填写范例。

学习者自评	小组评价	教师评价

建筑安装材料、设备及配件产品进场验收记录

工程名称：　　　　　　　　　　　　　　　　　　　年　月　日　共　页，第　页

序号	产品名称	生产厂家	规格型号	单位	进场数量	有无质量证明书	外观质量是否合理	是否抽样送检	施工单位验收人	旁站监督人

监理（建设）项目部（章）

注：质量证明书是指该批产品出厂前的质量检查报告；外观质量是指国家标准规定该产品的外观质量；是否抽样送检是指国家规定，需进行物理力学等安全、功能性检（试）验的产品是否抽样送检。

24 填写模板安装工程检验批质量验收记录表

[情景描述]

某高校 5♯学生宿舍主体工程实施验收,准备进入下道工序。

[任务要求]

请根据主体工程二层柱、梯①-⑩/A-F 轴检查记录,作出检查验收评定结果判断。

[注意事项]

(1) 熟悉工程相关质量验收规范要求,准确执行标准。
(2) 填表前认真阅读并理解填表说明,对照设计进行观察检查。
(3) 难点:把握主控项目质量验收标准。
(4) 明确模板安装、拆除工程检验批质量验收资料的收集归档责任人。

[参考资料]

(1)《建设工程文件归档整理规范》(GB/T 50328—2001)。
(2) 建筑工程应用文写作。
(3) ××省建筑工程资料表格填写范例。
(4)《混凝土结构工程施工质量验收规范》(GB 50204—2011)。

学习者自评	小组评价	教师评价

模板安装工程检验批质量验收记录表

单位(子单位)工程名称					
分部(子分部)工程名称				验收部位	
施工单位				项目经理	
施工执行标准名称及编号					

		施工质量验收规范的规定			施工单位检查记录	监理(建设)单位验收记录
主控项目	1	模板支撑、立柱位置和垫板		第4.2.1条		
	2	避免隔离剂沾污		第4.2.2条		
一般项目	1	模板安装的一般要求		第4.2.3条		
	2	用作模板地坪、胎膜质量		第4.2.4条		
	3	模板起拱高度		第4.2.5条		
	4	预埋件、预留孔允许偏差(mm)	预埋钢板中心线位置		3	
			预埋管、预留孔中心线位置		3	
			插筋	中心线位置	5	
				外露长度	+10,0	
			预埋螺栓	中心线位置	2	
				外露长度	+10,0	
			预留洞	中心线位置	10	
				尺寸	+10,0	
	5	模板安装允许偏差(mm)	轴线位置		5	
			底模上表面标高		±5	
			截面内部尺寸	基础	±10	
				柱、墙、梁	+4,−5	
			层高垂直度	不大于5 m	6	
				大于5 m	8	
			相邻两板表面高低差		2	
			表面平整度		5	

施工单位检查评定结果	专业工长(施工员)		施工班组长		
	项目专业质量检查员:			年 月 日	
监理(建设)单位验收结果	专业监理工程师: (建设单位项目专业技术负责人):			年 月 日	

说明:

24 填写模板安装工程检验批质量验收记录表

模板安装工程检验批质量验收记录表

单位(子单位)工程名称				
分部(子分部)工程名称			验收单位	
施工单位			项目经理	
施工执行标准名称及编号				

		施工质量验收规范的规定		施工单位检查评定记录	监理(建设)单位验收记录
主控项目	1	底模及其支架拆除时的混凝土强度	第4.3.1条		
	2	后张法预应力构件侧模和底模的拆除时间	第4.3.2条		
	3	后浇带拆模和支顶	第4.3.3条		
一般项目	1	避免拆模损伤	第4.3.4条		
	2	模板拆除、堆放和清运	第4.3.5条		

施工单位检查评定结果	专业工长(施工员) 施工班组长 项目专业质量检查员： 年 月 日
监理(建设)单位验收结论	专业监理工程师： (建设单位项目专业技术负责人)： 年 月 日

模板拆装工程检验批质量验收记录表

单位(子单位)工程名称				
分部(子分部)工程名称			验收单位	
施工单位			项目经理	
施工执行标准名称及编号				

		施工质量验收规范的规定		施工单位检查评定记录	监理(建设)单位验收记录
主控项目	1	底模及其支架拆除时的混凝土强度	第4.3.1条		
	2	后张法预应力构件侧模和底模的拆除时间	第4.3.2条		
	3	后浇带拆模和支顶	第4.3.3条		

343

续表

一般项目	1	避免拆模损伤	第4.3.4条		
	2	模板拆除、堆放和清运	第4.3.5条		

施工单位检查评定结果	专业工长(施工员)		施工班组长	
	项目专业质量检查员：		年 月 日	

监理(建设)单位验收结论	
专业监理工程师： (建设单位项目专业技术负责人)：	年 月 日

说明：1. 主控项目：①安装现浇结构的上层模板及其支架时,下层楼板应具有承受上层荷载的承载能力,或加设支架；上、下层支架的支柱应对准,并铺设垫板。对照设计观察检查。②涂刷模板隔离剂时,不得沾污钢筋和混凝土接槎处。观察检查。

2. 一般项目：①模板安装的一般要求。观察检查。模板的解封不应漏浆；在浇筑混凝土前,木模板应浇水温润,模板内的杂物应清理干净。对清水混凝土工程及装饰混凝土工程,应使用能达到设计效果的模板。②用作模板的地坪、胎膜等应平整光洁,不得产生影响构件质量的下沉、裂缝、起砂或起鼓。观察检查。③对跨度不小于4m的现浇钢筋混凝土、梁、板,其木块应按设计要求起拱,设计无具体要求时,起拱高度宜为跨度的1‰~3‰。水准仪、拉线和尺量检查。④固定在模板上的预埋件、预留孔和预留洞不得遗漏,且应安装牢固,其偏差符合规定。尺量检查。⑤现浇机构模板安装的偏差符合规定。

底模拆除时的混凝土强度要求	构件类型	构件强度	达到设计的混凝土立方体抗压强度标准值的百分率(%)
	板	≤2	≥50
		>2,≤8	≥75
		>8	≥100
	梁、拱、壳	≤8	≥75
		>8	≥100
	悬臂构件	—	≥100

说明：1. 主控项目：①底模及其支架拆除时混凝土强度应符合设计要求。检查同条件试件试验报告。②后张法预应力混凝土结构构件侧模在预应力张拉前拆除,底模拆除试件应符合设计方案,并不得在结构构件建立预应力前拆除。③后浇带模板的超出和支顶应按施工技术方法执行。对照技术方案观察检查。

2. 一般项目：①侧模拆除时的混凝土强度应能保证其表面及棱角不受损伤。观察检查。②模板拆除时,不应对楼层形成冲击荷载,拆除的模板和支架宜分散堆放并及时清运。按拆模方案观察检查。

25 编制钢筋加工、钢筋安装工程检验批质量验收资料

[情景描述]

检验项目：主体工程二层柱、梯①-⑩/A-F轴。

[任务要求]

（1）请对检验数据进行认真分析后，作出检查评定意见。
（2）主控项目和一般项目均应符合设计要求和施工质量验收规范。若没有问题的栏目可以填"合格"或者"符合要求"。

[注意事项]

（1）填表前请仔细阅读填表说明。
（2）明确本资料的收集归档责任人。

[参考资料]

（1）《建设工程文件归档整理规范》(GB/T 50328—2001)。
（2）建筑工程应用文写作。
（3）××省建筑工程资料表格填写范例。
（4）《混凝土结构工程施工质量验收规范》(GB 50204—2011)。

学习者自评	小组评价	教师评价

钢筋加工检验批质量验收记录表
GB 50204—2002（Ⅰ）

单位(子单位)工程名称											
分部(子分部)工程名称					验收单位						
施工单位					项目经理						
施工执行标准名称及编号											

		施工质量验收规范的规定		施工单位检查评定记录							监理(建设)单位验收记录
主控项目	1	力学性能检测	第5.2.1条								
	2	抗震用钢筋强度实测值	第5.2.2条								
	3	化学成分等专项检测	第5.2.3条								
	4	受力钢筋的弯钩和弯折	第5.2.1条								
	5	箍筋弯钩形式	第5.3.2条								
一般项目	1	外观质量	第5.2.4条								
	2	箍筋调直	第5.3.3条								
	3	箍筋加工的形状、尺寸	受力钢筋顺长度方向的净尺寸	±10							
			弯起钢筋的弯折位置	±20							
			箍筋内净尺寸	±5							

施工单位检查评定结果	专业工长(施工员)		施工班组长	
	项目专业质量检查员：			年 月 日
监理(建设)单位验收结论	专业监理工程师： (建设单位项目专业技术负责人)：			年 月 日

说明：主控项目：①按现行国家标准GB1499等规定，抽取试件作力学性能检查。检查产品合格证的复验报告。②有抗震要求的框架结构纵向受力钢筋的强度，当设计无要求时，对一、二级抗震等级应符合以下要求：钢筋抗震强度实测值与屈服强度实测值的比值不小于1.25；钢筋屈服强度实测值与强度标准的比值不大于1.3。检查钢筋复试报告。③当钢筋发生脆断，焊接性能不良或力学性能显著不正常时，应对该批钢筋进行化学成分检验或其他专项检验。检查化学成分等专项检验报告。④受力钢筋弯钩和弯折应符合以下规定：HPB 235级、HPB 400级钢筋的弯钩内直径不小于钢筋直径的4倍，弯后平直长度符合设计要求。

钢筋加工检验批质量验收记录表
GB 50204—2002(Ⅱ)

单位(子单位)工程名称										
分部(子分部)工程名称					验收单位					
施工单位					项目经理					
施工执行标准名称及编号										

		施工质量验收规范的规定			施工单位检查评定记录					监理(建设)单位验收记录
主控项目	1	纵向受力钢筋的连接方式		第5.4.1条						
	2	机械连接和焊接接头的力学性能		第5.4.2条						
	3	受力钢筋的品种、级别、规格和数量		第5.5.1条						
一般项目	1	接头位置和数量		第5.4.3条						
	2	机械连接、焊接的外观质量		第5.4.4条						
	3	机械连接、焊接的接头面积百分率		第5.4.5条						
	4	绑扎搭接接头面积百分率和搭接长度		第5.4.6条 附录B						
	5	搭接长度范围内的箍筋		第5.4.7条						
	6	钢筋安装允许偏差	绑扎钢筋网	长、宽(mm)	±10					
				网眼尺寸(mm)	±20					
			绑扎钢筋骨架	长(mm)	±10					
				宽、高(mm)	±5					
			受力钢筋	间距(mm)	±10					
				排距(mm)	±5					
				保护层厚度(mm)	基础	±10				
					柱梁	±5				
					板墙壳	±3				
			绑扎箍筋、横向钢筋间距(mm)		±20					
			钢筋弯起点位置(mm)		20					
			预埋件	中心线位置(mm)	5					
				水平高差(mm)	±3,0					

续表

施工单位检查评定结果	专业工长（施工员）		施工班组长	
	项目专业质量检查员：			年　月　日
监理（建设）单位验收结论	专业监理工程师： （建设单位项目专业技术负责人）：			年　月　日

26 填写混凝土原材料及配合比设计检验批质量验收记录

[情景描述]

已知:验收项目为主体工程二层梁板梯①—⑩/A-F轴,验收执行标准为 GB 50204—2002。

[任务要求]

掌握《混凝土原材料及配合比设计检验批质量验收记录表》的编写方法。在学习小组内职责分工的基础上,各组栏目的责任人应分别签署检查意见并签名。

[注意事项]

(1)熟悉并准确把握现行国家标准相关质量验收规范。
(2)填表前请仔细阅读填写说明。
(3)明确本资料的收集归档责任人。

[参考资料]

(1)《建设工程文件归档整理规范》(GB/T 50328—2001)。
(2)建筑工程应用文写作。
(3)××省建筑工程资料表格填写范例。
(4)《混凝土结构工程施工质量验收规范》(GB 50204—2011)。

学习者自评	小组评价	教师评价

混凝土原材料及配合比设计检验批质量验收记录
GB 50204—2002（1）

单位(子单位)工程名称			
分部(子分部)工程名称		验收单位	
施工单位		项目经理	
施工执行标准名称及编号			

		施工质量验收规范的规定		施工单位检查评定记录	监理(建设)单位验收记录
主控项目	1	水泥进场检验	第7.2.1条		
	2	外加剂质量及应用	第7.2.2条		
	3	混凝土中氯化物、碱的总含量	第7.2.3条		
	4	配合比的设计	第7.3.1条		
一般项目	1	矿物掺和料质量及掺量	第7.2.4条		
	2	粗细骨料的质量	第7.2.5条		
	3	拌制混凝土用水	第7.2.6条		
	4	开盘鉴定	第7.3.2条		
	5	依砂、石含水率调整配合比	第7.3.3条		

施工单位检查评定结果	专业工长(施工员)		施工班组长	
	项目专业质量检查员：			年　月　日

监理(建设)单位验收结论	
	专业监理工程师： (建设单位项目专业技术负责人)：　　　　　　　　　　　年　月　日

说明：主控项目：①水泥进场检查及复试的要求，其性能指标应符合《通用硅酸盐水泥》(GB175)标准的规定，对使用中的水泥质量有怀疑或水泥出厂超过3个月的(快硬硅酸盐水泥超过1个月)应进行复试，并按复试结果使用。钢筋混凝土、预应力混凝土结构中，严禁使用含氯化物的水泥。检查产品合格证及复试报告。②混凝土中掺用外加剂的质量应符合《混凝土外加剂》(GB807)、《混凝土外加剂应用技术规范》(GB50119)标准和有关环境保护的规定。预应力混凝土结构中，严禁使用含氯化物的外加剂。钢筋混凝土结构中，当使用含氯化物外加剂时应符合《混凝土质量控制标准》(GB50164)的规定。检查产品合格证及进场复试报告。③混凝土中氯化物和碱的总含量应符合设计要求。检查原材料实验报告、氯化物和碱的总含量计算书。④配合比设计符合《普通混凝土配合比设计规程》(JGJ55)的规定，并按混凝土强度等级、耐久性和工作性能进行调整。有特殊要求的混凝土，其配合比尚应符合有关规定。检查产品合格证和进场复试报告。

27 填写检验批质量验收记录

[情景描述]

以下规程已经如期完成：
（1）装饰装修工程施工项目一层的一般抹灰工程。
（2）给水、排水工程的六层卫生器具及给水配件安装。
（3）建筑物照明通电试运行。

[任务要求]

请你参与以上工程的质量验收并学习作出相应的记录。验收前应掌握相应《检验批质量验收记录表》的编写方法。在学习小组内职责分工的基础上，各相应栏目的责任人应分别签署检查意见并签名。

验收执行标准分别为：GB 50300—2001、GB 50210—2001、GB 50303—2002、GB 50242—2002。

[注意事项]

（1）熟悉并准确把握现行国家标准相关质量验收规范。
（2）明确本资料的收集归档责任人。

[参考资料]

（1）《建设工程文件归档整理规范》(GB/T 50328—2001)。
（2）《建设工程项目管理规范》(GB/T 50326—2006)。
（3）《建筑工程施工质量验收统一标准》(GB 50300—2001)。
（4）《建筑电气工程施工质量验收规范》(GB 50303—2002)。
（5）《建筑给水排水及采暖工程施工质量验收规范》(GB 50242—2002)。

学习者自评	小组评价	教师评价

_____工程检验批质量验收记录
GB 50210—2001

单位(子单位)工程名称			
分部(子分部)工程名称		验收单位	
施工单位		项目经理	
分包单位		分包项目经理	
施工执行标准名称及编号			

		施工质量验收规范的规定		施工单位检查评定记录	监理(建设)单位验收记录
主控项目	1	基层材料	第4.2.2条		
	2	材料品种和性能	第4.2.3条		
	3	操作要求	第4.2.4条		
	4	层粘结及面层质量	第4.2.5条		
一般项目	1	表面质量	第4.2.6条		
	2	细部质量	第4.2.7条		
	3	层与层间材料要求层总厚度	第4.2.8条		
	4	分格缝	第4.2.9条		
	5	滴水线(槽)	第4.2.10条		
	6	允许偏差	第4.2.11条		

	专业工长(施工员)		施工班组长	
施工单位检查评定结果	项目专业质量检查员： 年 月 日			
监理(建设)单位验收结论	专业监理工程师： (建设单位项目专业技术负责人)： 年 月 日			

卫生器具及给水配件安装工程检验批质量验收记录
GB 50242—2002

单位(子单位)工程名称				
分部(子分部)工程名称			验收单位	
施工单位			项目经理	
分包单位			分包项目经理	
施工执行标准名称及编号				

		施工质量验收规范的规定			施工单位检查评定记录	监理(建设)单位验收记录
主控项目	1	卫生器具满水试验和通水		第7.2.2条		
	2	排水栓与地漏安装		第7.2.1条		
	3	卫生器具给水配件		第7.3.1条		
一般项目	1	卫生器具安装允许偏差(mm)	坐标 单独器具	10		
			坐标 成排器具	5		
			标高 单独器具	±15		
			标高 成排器具	±10		
			器具水平度	2		
			器具垂直度	3		
	2	给水配件安装允许偏差(mm)	高、低水箱,阀角,及截止阀水嘴	±10		
			淋浴器喷头下沿	±15		
			浴盆软管淋浴器挂钩	±20		
	3	浴盆检修门、小便槽冲洗管安装		第7.2.4条 第7.2.5条		
	4	卫生器具的支、托架		第7.2.6条		
	5	浴盆淋浴器挂钩高度距地1.8 m		第7.3.3条		

施工单位检查评定结果	专业工长(施工员)		施工班组长	
	项目专业质量检查员：			年　月　日

监理(建设)单位验收结论	专业监理工程师： (建设单位项目专业技术负责人)：			年　月　日

建筑物照明通电试运行检验批质量验收记录
GB 50303—2002

单位(子单位)工程名称				
分部(子分部)工程名称			验收单位	
施工单位			项目经理	
分包单位			分包项目经理	
施工执行标准名称及编号				
		施工质量验收规范的规定	施工单位检查评定记录	监理(建设)单位验收记录
主控项目	1	灯具回路控制与照明箱及回路的标识一致,开关与灯具控制顺序相对应	第23.1.1条	
	2	照明系统全负荷通电连续试运行无故障	第23.1.2条	

施工单位检查评定结果	专业工长(施工员)　　　　　　　　　　施工班组长 项目专业质量检查员：　　　　　　　　　　　　　年　月　日
监理(建设)单位验收结论	 专业监理工程师： (建设单位项目专业技术负责人)：　　　　　　　年　月　日

28 填写分项工程质量验收记录

[情景描述]

施工单位对某高校 5# 学生宿舍工程各分部分项工程质量进行自检验收,今天将对主体钢筋工程进行质量验收。

主体钢筋检验部位、区段分别为:1~6 层柱 1-10 轴/A-F 轴,2~6 层梁板梯 1-10 轴/A-F 轴,屋面梁板 1-10 轴/A-F 轴。

[任务要求]

事先学习建筑工程施工质量验收相关知识,掌握《分项工程质量验收》、《分部(子分部)工程验收记录》的编写方法。根据学习小组内职责分工,各相应栏目的责任人应分别签署检查意见并签名。

建筑工程施工质量验收统一标准为:GB 50328—2001。

[注意事项]

(1) 熟悉并准确把握现行国家标准相关质量验收规范。
(2) 明确本资料的收集归档责任人。

[参考资料]

(1)《建设工程文件归档整理规范》(GB/T 50328—2001)。
(2)《建设工程项目管理规范》(GB/T 50326—2006)。
(3)《建筑工程施工质量验收统一标准》(GB 50300—2001)。

学习者自评	小组评价	教师评价

_____分项工程质量验收记录

验收日期　　　年　　月　　日

工程名称		结构类型		检验批数	
施工单位		项目经理		项目技术负责人	
分包单位		分包单位负责人		分包项目经理	

序号	检验批部位、区段	施工单位检验评定结果	监理(建设)单位验收结果	备注

施工单位检查结论：	验收结论：
施工单位项目专业负责人：　　　年　月　日	项目总监理工程师(建设)单位项目专业技术负责人：　　　　　　　监理(建设)项目部(章)　　　年　月　日

注：分项工程质量验收所含的检验批均符合合格质量的规定；所含的检验批的质量验收记录应完整。分项工程质量的验收均应在施工单位自行检查评定的基础上进行，参加验收的各方人员应具备规定的专业技术资格。

29 填写分部(子分部)工程验收记录

[情景描述]

今天将对主体工程的第九批分部工程,包括模板工程、混凝土工程、现浇结构、原材料及配合比施工、第六批砌体工程进行质量验收。

[任务要求]

学习建筑工程施工质量验收规范,掌握《分部(子分部)工程验收记录》的内涵,对验收合格的项目签署评定结论。各相关责任人也应在参与检查验收后分别签署意见。

[注意事项]

(1)熟悉并准确把握现行国家标准验收规范。
(2)明确本资料的收集归档责任人。

[参考资料]

(1)《建设工程文件归档整理规范》(GB/T 50328—2001)。
(2)《建设工程项目管理规范》(GB/T 50326—2006)。
(3)《建筑工程施工质量验收统一标准》(GB 50300—2001)。

学习者自评	小组评价	教师评价

分部(子分部)工程验收记录
(GB 50300—2001)

工程名称		结构类型		层数	
施工单位		技术部门负责人		质量部门负责人	
分包单位		分包单位负责人		分包技术负责人	

序号	分项名称	检验批数	施工单位检查评定	监理(建设)单位验收意见
1				
2				
3				
4				
5				
6				
	质量控制资料			
	安全和功能(检测)报告			
	观感质量验收			

验收结论(由监理或建设单位填写)	施工单位项目经理: 年　月　日
	分包单位项目经理: 年　月　日
	勘察单位项目负责人: 年　月　日
	设计单位项目负责人: 年　月　日
	总监理工程师: (建设单位项目专业负责人)　　　年　月　日

30 编制监理工程师通知回复单

[情景描述]

某高校5♯学生宿舍施工质量检查中发现以下问题：
(1) 施工方干砖上墙，拉接筋长度不够，留置不当。
(2) 工程材料、设备、构件没有及时报检、送检。
(3) 工程资料滞后。

针对这些问题，监理公司下发了"关于施工质量及相关问题"的编号为201019-2的监理工程师通知。施工单位对监理公司提出的问题进行了认真的分析整改。

[任务要求]

请针对监理工程师通知提出的问题的整改情况写一份《监理工程师通知回复单》。内容要求对监理公司提出的具体整改措施分别加以说明，予以回复。

[注意事项]

(1) 理解、把握《监理工程师通知回复单》的意义。
(2) 本作业以学习小组为单位完成。总监理工程师意见由学习小组讨论后签写。

[参考资料]

(1)《建设工程文件归档整理规范》(GB/T 50328—2001)。
(2)《建筑工程应用文写作》(GB/T 50326—2006)。
(3) ××省建筑工程资料表格填写范例。
(4)《建设工程监理规范》(GB 50319—2000)。

学习者自评	小组评价	教师评价

监理工程师通知回复单

工程名称：　　　　　　　　　　　　　　　　　　编号：

_____（监理单位）：

　　　　　　　　　　　　　　　　　　　　　　　　项目经理：
　　　　　　　　　　　　　　　　　　　　　　　　施工单位（章）：
　　　　　　　　　　　　　　　　　　　　　　　　　　年　　月　　日

复查意见：

　　　　　　　　　　　　　　　　　　　　　　　　总/专业监理工程师：
　　　　　　　　　　　　　　　　　　　　　　　　监理项目部：
　　　　　　　　　　　　　　　　　　　　　　　　　　年　　月　　日

31 填写单位工程观感质量检查记录

[情景描述]

某高校5#学生宿舍工程在进行竣工验收前,施工单位进行了一次工程质量自检。自检内容分为两部分进行:

(1) 核查工程合同、设计文件、工程变更及其他工程洽商文件规定的施工内容是否已完成,工程资料是否完整并符合竣工要求。

(2) 重点对工程外观质量进行检查。

[任务要求]

(1) 检查前查阅《建筑工程质量验收统一标准》(GB 50300—2010)及相关工程质量验收标准。

(2) 请根据工程观感检查记录对工程质量进行核查,作出初步评价。

[注意事项]

学习者可以在分组的情况下参观处于竣工阶段的工程并对照施工验收规范的要求试着给出"好"、"一般"、"差"的评价结论。

[参考资料]

(1)《建设工程文件归档整理规范》(GB/T 50328—2001)。

(2) ××省建筑工程资料表格填写范例。

(3)《施工质量验收规范》(GB 50300—2001)。

学习者自评	小组评价	教师评价

单位(子单位)工程观感质量检查记录

工程名称: 　　　　　　　　　　　　　　　　　　　施工单位:

序号	项目		抽查质量状况										质量评价			抽查人
													好	一般	差	
1	建筑与结构	室外墙面														
2		变形缝														
3		水管、屋面														
4		室内墙面														
5		室内顶棚														
6		室内地面														
7		楼梯、踏步、护栏														
8		门窗														
1	给水排水	管道接口、坡度、支架														
2		卫生器具、支架、阀门														
3		检查口、扫除口、地漏														
4		散热器、支架														
1	建筑电气	配电箱、盘、板、接线盒														
2		设备器具、开关、插座														
3		防雷、接地														
1	通风与空调	风管、支架														
2		风口、风阀														
3		风机、空调设备														
4		阀门、支架														
5		水泵、冷却塔														
6		绝热														
1	电梯	运行、平层、开关门														
2		层门、信号系统														
3		机房														
1	智能建筑	机房设备安装及布局														
2		现场安设备装														
		观感质量综合评价														

核查结论:
施工单位项目经理: 　　　　　　项目总监理工程师 　　　　　　监理(建设)单位(章)
　　年　月　日　　　　　　　(建设单位项目负责人):　　　　　年　月　日

32 填写单位工程质量竣工验收记录

[情景描述]

施工单位对某高校 5#学生宿舍工程各分部分项工程质量进行竣工验收检查。

[任务要求]

（1）请作为建设单位代表对工程质量进行核查，作出验收意见。

（2）填写相关表格前应查阅《建筑工程质量验收统一标准》(GB 50300—2010)及相关工程质量验收标准。

（3）掌握工程建设质量标准和操作规程。

[注意事项]

（1）把握单位工程质量验收的主要内容和要求。

（2）把握对不符合单位（子单位）工程质量验收的处理。

[参考资料]

（1）《建设工程文件归档整理规范》(GB/T 50328—2001)。

（2）××省建筑工程资料表格填写范例。

（3）《施工质量验收规范》(GB 50300—2001)。

学习者自评	小组评价	教师评价

单位(子单位)工程质量竣工验收记录
(GB 50300—2010)

工程名称		结构类型		层数/建筑面积	
施工单位		建设单位负责人		开工日期	年 月 日
项目经理		项目技术负责人		竣工日期	年 月 日

序号	项目	验 收 记 录 (施工单位填写)	验 收 结 论 (监理单位填写)
1	分部工程	共　　分部,经查　　分部,符合标准及设计要求　　分部。	
2	质量控制资料核查	共　　项,经审查符合要求　　项,经抽查核定符合规范要求　　项。	
3	安全和主要使用功能检查及抽查结果	共核查　　项,符合要求　　项,共抽查　　项,符合要求　　项,经返工处理符合要求　　项。	
4	观感质量验收	共抽查　　项,符合要求　　项,不符合要求　　项。	
5	综合验收结论(建设单位填写)		

参加验收单位	建设单位	勘察单位	设计单位	施工单位	监理单位
	(公章)	(公章)	(公章)	(公章)	(公章)
	单位(项目)负责人: 年 月 日	单位(项目)负责人: 年 月 日	单位(项目)负责人: 年 月 日	单位(项目)负责人: 年 月 日	单位(项目)负责人: 年 月 日

参 考 文 献

[1] 吴松勤. 建筑工程管理文件资料形成及常用表示[M]. 北京:中国建筑工业出版社,2008

[2] 北京土木建筑学会. 建筑工程监理资料[M]. 北京:经济科学出版社,2003

[3] 建设电子文件与电子档案管理规范(CJJ/T 117—2007)

[4] 张珍,郝俊. 建筑工程资料管理. 武汉:武汉理工大学出版社,2012

[5] 徐祯,赵鑫. 建筑工程资料管理. 北京:机械工业出版社,2008

[6] 建设部干部学院. 建筑工程资料管理与实务. 武汉:华中科技大学出版社,2009

[7] 中华人民共和国建设部. 建设工程监理规范(GB 50319—2000)[S]. 北京:中国建筑工业出版社,2001

[8] 建筑工程资料管理规范(JGJ/T 185—2009)

[9] 吴锡桐. 建筑工程资料员手册[M]. 上海:同济大学出版社,2005

[10] 吕宗兵. 建筑工程技术资料管理[M]. 武汉:武汉理工大学出版社,2005

[11] 中华人民共和国建设部. 建设工程文件归档整理规范(GB/T50328—2001)[S]. 北京:中国建筑工业出版社,2002

[12] 中华人民共和国建设部. 建筑工程施工质量验收统一标准(GB 50300—2001)[S]. 北京:中国建筑工业出版社,2002

[13] 吴军,高峰. 建筑工程资料管理[M]. 南京:南京大学出版社,2013

[14] 张珍. 建筑工程资料管理实训[M]. 北京:机械工业出版社,2013

[15] 韩秋黎. 建筑工程资料管理实训与指导[M]. 北京:机械工业出版社,2013